DNA PAULISTANO

DNA PAULISTANO

A MAIS ABRANGENTE PESQUISA DE OPINIÃO SOBRE A RELAÇÃO DOS PAULISTANOS COM SUA CIDADE

Datafolha
INSTITUTO DE PESQUISAS
FOLHA DE S.PAULO

FOLHA DE S.PAULO
Diretor de Redação: *Otavio Frias Filho*
Editora-executiva: *Eleonora de Lucena*
Secretários de Redação: *Suzana Singer e Vaguinaldo Marinheiro*
Editores: *Rogério Gentile (caderno "Cotidiano") e Fabio Marra (Arte)*
Repórteres: *Evandro Spinelli, Mariana Barros e Ricardo Gallo*

DATAFOLHA
Diretor Geral: *Mauro Francisco Paulino*
Diretor de Pesquisas: *Alessandro Janoni Hernandes*
Gerente de Planejamento e Operações: *Renata Nunes Cesar*
Gerente de Pesquisas de Opinião Pública: *Luciana Chong*
Coordenador de Projetos: *Joab Dantas da Silva*
Coordenadora de Trabalhos de Campo: *Maria Aparecida Santana*
Coordenador de Crítica e Codificação: *Fábio Francisco Duarte*
Coordenadora de Planejamento e Processamento de Dados: *Ana Cristina Cavalcanti de Souza*

PUBLIFOLHA
Editor-assistente: *Thiago Blumenthal*
Capa e Projeto Gráfico: *Rita da Costa Aguiar*
Foto de Capa: *Tuca Vieira/Folha Imagem*
Editoração Eletrônica: *Leika Yatsunami*
Produção Gráfica: *Soraia Pauli Scarpa*
Assistência de Produção Gráfica: *Mariana Metidieri*
Arte dos Mapas: *Fabio Marra*
Revisão: *Luicy Caetano e Luciana Lima*

As entrevistas do "DNA Paulistano" foram realizadas entre os dias 23 de fevereiro e 21 de julho de 2008. Foram entrevistados 28.389 moradores acima de 16 anos, equivalente a 0,26% da população adulta de São Paulo.

Dados Internacionais de Catalogação na Publicação (CIP)
(Câmara Brasileira do Livro, SP, Brasil)

DNA Paulistano / Datafolha, Caderno "Cotidiano", Publifolha . — São Paulo : Publifolha, 2009.

ISBN 978-85-7914-020-4

1. Distritos - São Paulo (SP) 2. São Paulo (SP) - Aspectos sociais 3. São Paulo (SP) - Descrição 4. São Paulo (SP) - Indicadores 5. São Paulo (SP) - Pesquisas I. Datafolha, Caderno "Cotidiano", Publifolha.

09-00858 CDD-301

Índices para catálogo sistemático:
1. Distritos paulistanos : Perfil social : Indicadores e pesquisas : Pesquisa sociológica 301

A grafia deste livro segue as regras do **Novo Acordo Ortográfico da Língua Portuguesa.**

Publifolha
Divisão de Publicações do Grupo Folha
Al. Barão de Limeira, 401, 6º andar
CEP 01202-900, São Paulo, SP
www.publifolha.com.br

SUMÁRIO

INTRODUÇÃO

Rogério Gentile – Editor de Cotidiano

Este livro é um desdobramento natural e complementar de um projeto que surgiu a partir da iniciativa do instituto Datafolha de realizar a mais abrangente pesquisa de opinião da cidade de São Paulo e que foi encampado pela Redação da *Folha de S.Paulo* por ocasião da realização da eleição municipal de 2008.

Com a pretensão de contribuir para o debate político, apresentando os problemas e as demandas de cada um dos 96 distritos da cidade, a série "DNA Paulistano" resultou em dez cadernos publicados entre os dias 3 de agosto e 4 de outubro de 2008.

Os oito primeiros trouxeram as informações "genéticas" de cada região da cidade, assim divididas: norte, noroeste, sul, extremo sul, centro, leste, extremo leste e oeste. O nono caderno ("São Paulo Total") fez uma comparação entre os distritos e regiões e revelou no que cada um deles se destaca, para o bem ou para o mal.

Um décimo caderno, publicado na véspera do primeiro turno da eleição para prefeito, confrontou as propostas dos candidatos com as demandas da população. Sua manchete não poderia ser mais autoexplicativa: "O que eles propõem... o que a cidade quer".

O trabalho envolveu quatro editorias do jornal (Cotidiano, Arte, Fotografia e Brasil). Seus resultados serviram não apenas para seu objetivo inicial (o debate eleitoral), como também para que o jornal repensasse a sua própria cobertura de cidades.

Apesar da longa e boa tradição da *Folha* na cobertura do município de São Paulo, muitos dos dados coletados serviram para derrubar mitos e rever conceitos e o encaminhamento de pautas na própria Redação.

Diferentemente do que se costuma supor, por exemplo, não é o trânsito nem a violência a principal queixa do habitante de São Paulo, ainda que esses problemas tenham sido citados por moradores de todas as regiões.

O que mais incomoda o paulistano é a má qualidade das ruas e calçadas, cheias de buracos, sem pavimentação e de passagem estreita demais. Problema que, como ressalta o engenheiro Marcos Campagnone – um dos articulistas convidados para comentar os resultados da pesquisa neste livro –, é apontado em grande número dos distritos, "variando apenas o grau de insatisfação dos moradores com esta falha da zeladoria urbana".

Embora seja um problema que afeta diversas regiões, é interessante notar que, de modo geral, as reclamações são maiores quanto mais pobres forem os distritos, e que o grau de satisfação dos moradores com seus bairros tem relação direta com a qualidade dos serviços públicos e da infraestrutura instalada. "Jardim Paulista e Alto de Pinheiros, apontados como os melhores lugares para se viver", constata Campagnone, "apresentam os maiores índices de satisfação da cidade" com essas questões.

Essa cisão entre ricos e pobres, aliás, é uma das mais evidentes linhas que sobressaem da pesquisa sobre esse verdadeiro mosaico que é a cidade de São Paulo, onde cada bairro tem características próprias. *Grosso modo*, habitam São Paulo dois tipos de perfil. Nas áreas afastadas do centro – especialmente no extremo sul, no noroeste e no extremo leste, que se configuram como dormitórios baratos para quem cruza diariamente a cidade até seu trabalho –

vive quem ganha pouco, concluiu apenas o ensino fundamental, é de cor preta ou parda, idade em torno de 35 anos, na maioria homens, católicos ou evangélicos.

São as pessoas que mais sofrem com a violência e que estão entre as que dão as notas mais baixas aos serviços públicos e à oferta de escolas e hospitais. Apreciam música sertaneja e gospel e são proprietárias das casas onde moram. Costumam se deslocar principalmente a pé e de ônibus, e há uma fatia significativa que recorre também à bicicleta, por ser um meio de transporte econômico.

Já o perfil de quem habita as áreas mais centrais e parte das zonas sul e oeste, onde se localiza a melhor infraestrutura, é outro. São pessoas de classes mais altas, com ensino superior completo, que têm em média 40 anos, apreciam MPB e rock e são católicas, ainda que seja significativa a presença de espíritas e ateus. Esses paulistanos sofrem principalmente com o excesso de veículos e de barulho nas ruas onde moram, fatores que se relacionam e que também estão ligados ao uso desorganizado e à falta de planejamento dos espaços urbanos.

No centro expandido também há um número maior de pessoas solteiras, divorciadas ou morando sozinhas. Vivem em apartamentos, muitas vezes alugados, configurando outro paradoxo paulistano: quem possui recursos vive de aluguel, enquanto os que têm baixa renda e não podem arcar com essa despesa encontram meios, ainda que irregulares, de se tornarem donos dos imóveis onde vivem – daí também a razão de buscarem as áreas mais afastadas, onde as chances de ocupação são maiores, bem como a oferta de residências de baixo custo.

Essa configuração espacial, baseada em critérios econômicos, desloca o centro de São Paulo para um meio de caminho, sem que seja bem aproveitado pelas classes mais pobres e pelas mais endinheiradas. O centro, assim como as zonas leste e norte, é predominantemente ocupado pela classe média.

As principais reclamações de quem vive nessa região estão ligadas ao abandono do espaço urbano: a presença de mendigos e de usuários de droga, o receio de passar por certas vias depois que anoitece e a sujeira acumulada nas ruas, também relacionada às queixas sobre enchentes. Como vantagem, esses moradores, de idade média elevada, têm a facilidade de seus deslocamentos: mais de um terço deles leva menos de dez minutos para chegar ao trabalho, em caminhadas que dispensam o uso de carro ou transporte coletivo.

As queixas sobre trânsito, aliás, que aparecem na pesquisa em segundo lugar no ranking das principais dores de cabeça dos moradores, se manifestam de maneira diferente dependendo da renda média de cada local.

Enquanto os distritos mais pobres reclamam da falta de sinalização viária – ausência de lombadas, semáforos e placas –, os mais ricos protestam contra o excesso de carros nas ruas.

E é curioso que a faixa da população que mais reclama do trânsito é justamente aquela que consegue chegar mais rápido ao seu destino. No Itaim Bibi, por exemplo, onde em média os moradores gastam 26,2 minutos para ir da casa ao trabalho, 30% dos moradores elegeram o trânsito como o pior problema.

No Grajaú, contraditoriamente, onde os habitantes perdem em média 61,9 minutos nesses deslocamentos, apenas 9% dizem se incomodar com isso.

Outro dado surpreendente publicado na série foi a constatação de que em bairros violentos o índice de pessoas que dizem se sentir inseguras é menor que o de pessoas que afirmam ter sido vítimas de violência. O oposto ocorre em bairros menos perigosos. No Capão Redondo, por exemplo, distrito notabilizado pelos homicídios, 30% das pessoas relataram ter sofrido algum episódio de violência no bairro, mas apenas 20% se dizem muito inseguros. Já em Moema, 9% relatam violência, mas 21% se dizem muito inseguros.

"Parece não haver causalidade direta entre os fatos e as percepções sociais", afirma o sociólogo Sérgio Adorno, em outro artigo neste livro. "Nos bairros onde habitam moradores com elevada escolaridade e maior renda é mais exacerbado o sentimento de insegurança", afirma. "Em regiões onde as condições sociais são declaradamente desfavoráveis e as taxas de crime são elevadas, o risco de ser vítima é naturalizado a tal ponto que deixa de ser problema", afirma.

Nas próximas páginas, o leitor encontrará um perfil de todas as regiões e distritos da cidade – em textos que foram elaborados pelos repórteres Evandro Spinelli, Mariana Barros e Ricardo Gallo –, quadros com os dados distritais, muitos dos quais inéditos, bem como artigos de especialistas convidados para este projeto.

Por fim, gostaria de agradecer aos 66 jornalistas envolvidos na produção da série, entre editores, repórteres, redatores, fotógrafos, ilustradores e diagramadores, especialmente Fábio Marra, editor de Arte do jornal e responsável pelo projeto gráfico, e Eleonora de Lucena, editora-executiva da *Folha de S.Paulo*, pelo respaldo, incentivo e orientação.

METODOLOGIA

SÃO PAULO EM ALTA DEFINIÇÃO

Mauro Paulino – Diretor Geral do Datafolha

Celebrar o jubileu de prata do Datafolha, comemorado em 2008, com uma contribuição inédita ao desenvolvimento da cidade de São Paulo, berço e objeto de estudo de grande parte das pesquisas do instituto. Deste propósito, associado à experiência acumulada em mais de 3000 pesquisas de opinião pública, nasceu a ideia de uma ampla consulta que mostrasse o retrato em alta definição da relação dos moradores com a cidade.

Batizado inicialmente como "Projeto Ouvindo São Paulo", o "DNA Paulistano" constitui a mais abrangente pesquisa de opinião já realizada na cidade, com amostragem representativa de cada um dos 96 distritos paulistanos que permite detalhar os resultados de cada unidade administrativa segundo o ponto de vista dos moradores, melhores juízes para avaliar a administração pública e o impacto de suas ações no entorno de suas moradias.

Estudos aprofundados sobre a cidade de São Paulo sempre estiveram presentes na trajetória do Datafolha. Já em 1985, exercício desenvolvido por Reginaldo Prandi, Antonio Flavio Pierucci e Antonio Manuel Teixeira Mendes sobre a definição social do voto nas eleições para prefeito de São Paulo daquele ano criava uma segmentação alternativa e inédita da cidade considerando diversos fatores: o contexto urbano, como local de moradia, bairro e região; variáveis demográficas, como gênero, faixa etária, renda, escolaridade e ocupação, além de variáveis de envolvimento político.

Inspirado em trabalhos anteriores de Aziz Simão, Bolívar Lamounier, Vilmar Faria e Maria Tereza Sadek, o estudo permitiu a segmentação da cidade em cinco áreas homogêneas, estratificadas conforme a inclusão social de cada área.

Em 2002, o instituto lançou no mercado o Datafolha Cidades, um *software* de geoprocessamento que faz um mapeamento detalhado do perfil sociodemográfico e dos hábitos de consumo dos transeuntes que circulam pelas principais vias da cidade. Elaborado com base no banco de pontos do instituto os dados podem ser consultados por ruas e avenidas da cidade, distritos, 19 áreas agregadas e 7 regiões, fornecendo informações para planejamento de negócios e estudos sociodemográficos da metrópole.

Da experiência acumulada em trabalhos dessa natureza e nas centenas de pesquisas de mercado, de opinião e eleitorais que realiza surgiu a motivação para propor um grande levantamento focando cada distrito e que revelasse os fortes contrastes entre eles, uma das mais marcantes características de São Paulo. Essa ideia, aliada à tendência cada vez mais presente de aplicação de técnicas objetivas para condução e avaliação de políticas públicas, embasadas no conceito de democracia participativa, foi totalmente bancada pela *Folha* e tomou corpo até que os trabalhos de campo tivessem início em 23 de fevereiro de 2008, estendendo-se por cinco meses.

Foram entrevistadas 28.389 pessoas com 16 anos ou mais, residentes nas localidades avaliadas. Os resultados obtidos em cada um dos 96 distritos da cidade foram agrupados em oito regiões: norte, noroeste, oeste, centro, leste, extremo leste, sul e extremo sul. Cada uma delas foi tema de um dos nove cadernos editados pela *Folha de S.Paulo* que contou ainda com um último número com comparativos entre as regiões.

Os quadros abaixo mostram a distribuição das entrevistas e as margens de erro por região e em cada distrito.

NORTE

DISTRITO	AMOSTRA	*MARGEM DE ERRO MÁXIMA
Jaçanã	301	6
Mandaqui	308	6
Santana	307	6
Tremembé	307	6
Tucuruvi	303	6
Vila Guilherme	301	6
Vila Maria	304	6
Vila Medeiros	316	6
TOTAL	2.447	2

SUL

DISTRITO	AMOSTRA	*MARGEM DE ERRO MÁXIMA
Campo Belo	302	6
Cursino	310	6
Ipiranga	306	6
Jabaquara	311	6
Moema	300	6
Sacomã	309	6
Saúde	302	6
Vila Mariana	304	6
TOTAL	2.447	2

CENTRO

DISTRITO	AMOSTRA	*MARGEM DE ERRO MÁXIMA
Bela Vista	313	6
Bom Retiro	320	6
Brás	200	7
Cambuci	215	7
Consolação	324	6
Liberdade	313	6
Pari	212	7
República	312	6
Santa Cecília	316	6
Sé	110	10
TOTAL	2.635	2

EXTREMO LESTE

DISTRITO	AMOSTRA	*MARGEM DE ERRO MÁXIMA
Cidade Líder	300	6
Cidade Tiradentes	302	6
Ermelino Matarazzo	301	6
Guaianases	305	6
Iguatemi	307	6
Itaim Paulista	306	6
Itaquera	301	6
Jardim Helena	303	6
José Bonifácio	305	6
Parque do Carmo	305	6
São Mateus	302	6
São Miguel Paulista	308	6
São Rafael	302	6
Vila Curuçá	302	6
Vila Jacuí	310	6
Lajeado	304	6
TOTAL	4.863	2

OESTE

DISTRITO	AMOSTRA	*MARGEM DE ERRO MÁXIMA
Alto de Pinheiros	310	6
Barra Funda	207	7
Butantã	300	6
Itaim Bibi	327	6
Jaguara	206	7
Jaguaré	301	6
Jardim Paulista	324	6
Lapa	307	6
Morumbi	307	6
Perdizes	336	5
Pinheiros	308	6
Raposo Tavares	306	6
Rio Pequeno	308	6
Vila Leopoldina	208	7
Vila Sônia	320	6
TOTAL	4.375	2

EXTREMO SUL

DISTRITO	AMOSTRA	*MARGEM DE ERRO MÁXIMA
Campo Grande	313	6
Campo Limpo	312	6
Capão Redondo	309	6
Cidade Ademar	301	6
Cidade Dutra	308	6
Grajaú	312	6
Jardim Ângela	308	6
Jardim São Luís	301	6
Marsilac	205	7
Parelheiros	208	7
Pedreira	309	6
Santo Amaro	304	6
Socorro	302	6
Vila Andrade	301	6
TOTAL	4.093	2

NOROESTE

DISTRITO	AMOSTRA	*MARGEM DE ERRO MÁXIMA
Anhanguera	204	7
Brasilândia	303	6
Cachoeirinha	302	6
Casa Verde	300	6
Freguesia do Ó	309	6
Jaraguá	304	6
Limão	301	6
Perus	309	6
Pirituba	301	6
Pq. São Domingos	309	6
TOTAL	2.942	2

LESTE

DISTRITO	AMOSTRA	*MARGEM DE ERRO MÁXIMA
Água Rasa	307	6
Aricanduva	304	6

DISTRITO	AMOSTRA	*MARGEM DE ERRO MÁXIMA
Artur Alvim	310	6
Belém	303	6
Cangaíba	308	6
Carrão	300	6
Mooca	307	6
Penha	301	6
Ponte Rasa	305	6
São Lucas	304	6
Sapopemba	311	6
Tatuapé	309	6
Vila Formosa	306	6
Vila Matilde	308	6
Vila Prudente	304	6
TOTAL	4.587	2

As disparidades observadas entre os distritos de cada região e mesmo dentro de cada um deles impunham uma dificuldade adicional para o planejamento de cada uma das amostras. Locais como Morumbi, Vila Formosa e Santo Amaro apresentam contrastes socioeconômicos internos, exigindo uma distribuição cuidadosa das abordagens que permita representar e registrar essas diferenças.

Para que todas as áreas de cada distrito fossem contempladas, o Datafolha distribuiu as entrevistas considerando os setores censitários definidos pelo IBGE.

Cada um dos 96 distritos foi dividido em áreas de ponderação que são formadas por agrupamentos dos setores censitários. Cada um desses agrupamentos recebeu obrigatoriamente a visita de profissionais do Datafolha que abordavam os moradores.

Essa dispersão geográfica da amostra, além de garantir a representatividade em cada distrito, possibilitou a análise detalhada dos resultados e a criação do que se denominou "lupa Datafolha", com a localização de problemas específicos de cada localidade. Se em determinada microrregião de um setor censitário um problema fosse citado de forma estatisticamente significativa em relação à média do distrito, localizava-se o local onde se concentravam as citações e buscava-se o endereço.

Esse método revelou, por exemplo, que no Ipiranga o problema que obteve citações acima da média foram as enchentes, e a lupa mostrou que essa é uma reclamação recorrente entre os que moram nas proximidades da avenida Teresa Cristina. Vale lembrar que em janeiro e fevereiro de 2009, dez meses após a realização da pesquisa, essa avenida ficou submersa diversas vezes, assim como outros locais apontados pelos moradores das diversas microrregiões.

O quadro abaixo registra o levantamento completo dos problemas que se destacaram em cada distrito e os locais a que se referem. Essas reclamações surgiram em respostas espontâneas dos moradores sobre o principal problema existente nas proximidades de sua casa.

Problema	Endereço	Distrito
Trânsito intenso	Imediações das ruas Clodomiro Amazonas, Tabapuã e João Cachoeira	Itaim Bibi
	Nas ruas Teodoro Sampaio e Oscar Freire	Jd. Paulista
	Na Vila Progredior	Morumbi
	Bairro Ferreira	Vila Sônia
	Na Vila Nova Conceição	Moema
	Proximidades do metrô Ana Rosa	Vila Mariana
	No Paraíso	Vila Mariana
	No Moinho Velho	Freguesia do Ó
	No Jd. da Felicidade	Pirituba
	Na Vila Bertioga	Água Rasa
	Na rua do Oratório e arredores	Mooca
	Na Vila Esperança	Penha
	Na Vila Ema, Pq. dos Bancários, Jd. Planalto e Jd. Soares	Sapopemba
	Nas ruas Cantagalo, Francisco Marengo, Apucarana, Tuiuti e av. Celso Garcia	Tatuapé
	Rua do Orfanato	Vila Prudente
	Proximidades do metrô Mal. Deodoro	Santa Cecília
	Vila Sabrina	Vila Medeiros
Trânsito intenso	Nos bairros Sabará, Campo Grande e Jurubatuba	Campo Grande
	Pq. da Nações	Cidade Dutra
	Morro do Índio	Jd. Ângela
	Jd. Alfredo	Jd. São Luís
	Jd. Santa Teresinha	Pedreira
	Na rua Itapiuna	Vila Andrade
	Jd. Eliane	Cidade Líder
	Jd. São Carlos	Guaianases

Problema	Endereço	Distrito
Enchentes/ Alagamentos	Proximidades da av. Bolonha, rua Catalunha e av. Dracena	Jaguaré
	Proximidades da av. Presidente Tancredo Neves e rua Vergueiro	Cursino
	Proximidades da av. Teresa Cristina	Ipiranga
	Próximo à rua ibijaú	Moema
	Nas ruas Napoleão de Barros e Onze de Junho	Saúde
	No Jd. dos Francos e Jd. Vista Alegre	Brasilândia
	Vila Industrial	São Lucas
	Proximidades da av. Prof. Luis Inácio Anhaia Melo	Vila Prudente
	Nas ruas Alexandre Levi e Silveira da Mota	Cambuci
	Vila Nova Mazzei	Tremembé
	Proximidades da av. Ataliba Leonel	Santana
	Vila Aurora	Mandaqui
	Proximidades do Promorar Vila Maria	Vila Maria
	Na divisa com Pq. Edu Chaves	Vila Medeiros
	Jd. Umuarama	Campo Limpo
	Jd. Comercial	Capão Redondo
	Jd. Noronha	Grajaú
	Vila Aimoré	Jd. Helena
Falta de iluminação	Ruas de Vila Pajussara	Butantã
	Na rua Cayowá	Perdizes
	Proximidades da av. Dr. Gentil de Moura	Ipiranga
	No Jd. Maria Estela	Sacomã
	Nas ruas da Vila Real, Vila Itaberaba, Jd. dos Francos e Jd. Almanara	Brasilândia
	Nas ruas do Morro Grande	Freguesia do Ó
	Na rua Friederich von Voith e no Jd. Taipas	Jaraguá
	Nas ruas da Vila Carbone e Jd. Primavera	Limão
	Nas ruas da Vila Regina e nas proximidades da av. Paula Ferreira	Pirituba
	Nas ruas da Vila Nhocuné e do Jd. Coimbra	Artur Alvim
	Vila Sílvia e Vila Rui Barbosa	Cangaíba
	Vila Margarida	São Lucas
	Pq. Santa Madalena	Sapopemba
	Proximidades da rua Dona Matilde e da av. Melchert	Vila Matilde
	Ruas Lopes de Oliveira, Barão de Limeira e Albuquerque Lins	Santa Cecília
	Vila Guacá	Mandaqui
	Pq. Novo Mundo	Vila Maria
	Jd. São Lourenço e Jardim Turquesa	Jd. Ângela
	Jd.Itapema	Cidade Líder
	Jd. Lajeado	Lajeado
	Proximidades da rua Dr. Edmur Whitaker	São Mateus
	Jd. Pedro, Jd. Nunes e Pq. Cruzeiro do Sul	Vila Jacuí
Poluição Sonora	Cruzamento das ruas Tabapuã e Dr. Renato Paes de Barros	Itaim Bibi
	Proximidades da av. Pompeia, rua Pe. Chico e rua Venâncio Aires	Perdizes

Problema	Endereço	Distrito
Poluição Sonora	No cruzamento da av. Henrique Schaumann com rua Cardeal Arcoverde	Pinheiros
	Em Americanópolis	Jabaquara
	Em Heliópolis	Sacomã
	Na Chácara Inglesa	Saúde
	Pq. dos Bancários	Sapopemba
	Proximidades da av. Angélica e rua Baronesa de Itu	Santa Cecília
	Barulho dos bares no Jd. Maracá e Pq. Maria Helena	Capão Redondo
	Em Americanópolis	Cidade Ademar
	Vila Santa Lúcia	Jd. Ângela
	Arredores do Conj. Habitacional Inácio Monteiro	Cidade Tiradentes
	Vila Itaim	Itaim Paulista
Lixo/ Sujeira nas ruas	Ruas da Vila Cordeiro	Itaim Bibi
	Rua Artur de Azevedo	Jd. Paulista
	Proximidades da pça. Osvaldo de Oliveira	Raposo Tavares
	Bairro Real Parque	Morumbi
	Proximidades da rua Eusébio de Paula Marcondes	Rio Pequeno
	Nas ruas do Jd. Previdência	Cursino
	Nas ruas de Vila Heliópolis	Sacomã
	Em Mirandópolis	Saúde
	Na Vila Guarani, Jd. Vista Alegre e Jd. Damasceno	Brasilândia
	Nas ruas do Morro Grande	Freguesia do Ó
	Em Cidade A. E. Carvalho e Conj. Padre Anchieta	Artur Alvim
	No bairro Catumbi, especialmente nas proximidades da av. Celso Garcia	Belém
	Vila Rui Barbosa	Cangaíba
	Proximidades da av. Paes de Barros e rua da Mooca	Mooca
	Bairro Guaiaúna	Penha
	Pq. São Jorge, Vila Moreira e proximidades do Pq. do Piqueri	Tatuapé
	Nas ruas Major Diogo, Conselheiro Carrão, Conde e Condessa de São Joaquim	Bela Vista
	Vila Missionária	Cidade Ademar
	Jd. Capela	Jd. Ângela
	Jd. Soares	Guaianases
	Jd. Meliunas	Itaim Paulista
	Conjunto Habitacional A. E. Carvalho	Itaquera
	Jd. São Vicente e Nova São Miguel	São Miguel Paulista
	Cruzamento da av. Nordestina com a rua Joaquim Leal	Vila Curuçá
	Arredores da rua Tejuguaçu	Vila Jacuí
Falta de sinalização/ semáforos/ lombadas	Ruas Min. Gastão Mesquita e Diana	Perdizes
	No bairro do Butantã	Raposo Tavares
	Na Vila Ema, Pq. dos Bancários, Jd. Planalto e Jd. Soares	Sapopemba
	Jd. Eliane	Cidade Líder
	Proximidades da rua Francisco Cardoso Júnior	Cidade Tiradentes

Problema	Endereço	Distrito
Falta de sinalização/ semáforos/ lombadas	Jd. Veronia	Ermelino Matarazzo
	Jd. Nélia	Itaim Paulista
	Chabilândia e Jardim do Campo	Lajeado
Ruas e/ou calçadas esburacadas/ Problemas com calçamento ou asfaltamento	Bairro João XXIII	Raposo Tavares
	Bairro São Francisco	Rio Pequeno
	Nas calçadas da Vila Guarani, proximidades da al. dos Arapanés e rua Juriti	Jabaquara
	Imediações da av. Pujais Sabate	Moema
	Na Vila Liviero	Rio Pequeno
	Na Vila Guarani, Jd. Vista Alegre, Jd. Paraná	Sacomã
	Proximidades da est. Lázaro Amâncio de Barros	Brasilândia
	Na Vila Dionísia e Vila Bela Vista	Brasilândia
	Vila Bandeirantes	Cachoeirinha
	Na Vila Palmeira e Vila Albertina	Casa Verde
	No Recanto do Paraíso e Jd. da Conquista	Freguesia do Ó
	No Jd. Paquetá	Perus
	Proximidades do Pq. São Domingos	Pirituba
	Vila Nova Iorque	Pq. São Domingos
	Vila Buenos Aires e Jd. Piratininga	Aricanduva
	Na Vila Santana	Cangaíba
	Vila Ema	Penha
	Jd. Elba e Jd. Grimaldi	São Lucas
	Vila Lúcia, Vila Alpina e Quinta das Paineiras.	Sapopemba
	Rua Pires da Mota e rua José Getúlio	Vila Prudente
	Proximidades do Conj. Habitacional Jova Rural	Liberdade
	Vila São Pedro	Jaçanã
	Pq. Arariba	Campo Grande
	Jd. São Bento e Jd. Valquíria	Campo Limpo
	Vila Joaniza	Capão Redondo
	Jd. São Benedito	Cidade Ademar
	Pq. Cocaia, Jd. Zilda e Jd. Noronha	Cidade Dutra
	Bairro Nakamura, Vila Santa Lúcia, Jd. Vera Cruz, Jd. São Lourenço, Jd. Turquesa e Cidade Ipava	Grajaú
	Jd. Alfredo	Jd. Ângela
	Jd. Rubi Leme	Jd. São Luís
	Proximidades da rua Barão Luiz de Tefé	Pedreira
	Jd. Iguatemi, Jd. Limoeiro e Jd. Canaã	Cidade Tiradentes
	Loteamento Nova Vitória e Recanto Verde Sol	Iguatemi
	Conjunto Habitacional Águia de Haia	Iguatemi
	Jd. Noêmia e Vila Seabra	Itaquera
	Jd. Aurora, Vila Lourdes e Conjunto Habitacional da Paz	Jd. Helena
	Rua Cel. Benedito Ferreira e arredores	Lajeado
	Proximidades da av. Paulo Nunes Félix, na rua Morro das Pedras e no Jd. Santo André	São Rafael

Problema	Endereço	Distrito
Ruas e/ou calçadas esburacadas/ Problemas com calçamento ou asfaltamento	Proximidades do Pq. Chácara das Flores	Vila Curuçá
	Proximidades da rua das Andorinhas no bairro de São Miguel	Vila Jacuí
Falta de segurança	Bairro Aeroporto	Campo Belo
	No Bosque da Saúde	Cursino
	No Jd. Oriental	Jabaquara
	Em Mirandópolis	Saúde
	No Jd. Almanara	Brasilândia
	Na Chácara Domilice	Freguesia do Ó
	No Jd. Primavera	Limão
	Vila Bertioga	Água rasa
	Na Vila Antonieta	Aricanduva
	Na Vila Laís e Vila Centenário	Penha
	Vila Fidélis Ribeiro	Ponte Rasa
	Nas ruas da Vila Guilhermina	Vila Matilde
	Na rua Santa Madalena com rua Artur Prado	Bela Vista
	Proximidades das ruas Mituto Mizumoto e Barão de Iguape	Liberdade
	Vila Maria Baixa	Vila Maria
	Bairro Samara e Jd. Catanduva	Campo Limpo
	Bairro Campo de Fora	Capão Redondo
	Jd. Prudência e Vila Marari	Cidade Ademar
	Vila do Cruzeiro	Santo Amaro
	Proximidades das ruas Alexandre Benois e Alexandre Archipenko	Vila Andrade
	Fazenda do Carmo	Cidade Tiradentes
	Cidade A. E. Carvalho	Itaquera
	Proximidades da av. Mateo Bei com rua Padre Luis Rossi	São Mateus
	Jd. Casa Pintada	Vila Jacuí
Tráfico e consumo de drogas	Próximo à rua Alba	Jabaquara
	Jd. Planalto	Sapopemba
	Gal. Osório, Santa Ifigênia e rua dos Andradas	República
	Arredores do Lgo. do Arouche, avenidas Duque de Caxias e São João	República
	Rua Guaianazes e Ribeiro da Silva	Santa Cecília
	Jd. Eliane	Cidade Lider
Prostituição	No Planalto Paulista	Saúde
Canalização de esgoto/ córrego	Vila Dionísia	Cachoeirinha
	Bairro de Santa Mônica	Pirituba
	Jd. Mutinga, Jd. Maristela, Anhanguera, Jd. Jaraguá, e Sta. Teresinha	Pq. São Domingos
	Em Nova Carrão	Aricanduva
	Vila Danfer	Cangaíba
	Chácara da Penha	Penha
	Vila Industrial	São Lucas
	Vila Fazzioni e Jd. São Bento	Capão Redondo

Problema	Endereço	Distrito
Canalização de esgoto/ córrego	Proximidades do SESC Interlagos	Cidade Dutra
	Jd. Noronha	Grajaú
	Jd. Vera Cruz	Jd. Ângela
	Piraporinha	Jd. São Luís
	COHAB Barro Branco II	Cidade Tiradentes
	Vila Aimoré	Jd. Helena
	Vila Bela	São Rafael
Falta de transporte coletivo	Na rua Núcleo dos Bandeirantes	Pirituba
	Conjunto Habitacional Fazenda do Carmo	José Bonifácio
Abuso de autoridade por policiais	Na Vila Nhocuné	Artur Alvim

O questionário elaborado pela equipe do Datafolha foi dividido em dois blocos, incluindo uma matriz de avaliação de políticas públicas e uma bateria de perguntas sobre hábitos culturais e de consumo, além do perfil sociodemográfico.

No primeiro bloco, após revelar em respostas espontâneas os principais problemas do entorno onde moram e fazer uma avaliação geral de seu bairro, os moradores atribuíram notas de zero a dez a 27 itens, avaliando a qualidade de vida e a estrutura de serviços públicos. Em seguida avaliavam a percepção de segurança e quantas vezes foram vítimas de violência. Por fim, respondiam a algumas perguntas sobre envolvimento político e participação comunitária

Com base nos resultados desse bloco, o Datafolha elaborou índices de satisfação e fidelidade ao bairro, taxas de percepção de segurança, de risco de violência e de participação comunitária.

A segunda parte do questionário incluía uma bateria de hábitos culturais, como frequência a eventos artísticos, viagens e gastronomia. Abordava também a opção religiosa, times de preferência, hábitos de consumo de mídia, preferências musicais e variáveis de classificação socioeconômica segundo o Critério Brasil, adotado pelos institutos de pesquisas e mercado publicitário e que atribui pontuações de acordo com os bens de consumo existentes nas residências.

O questionário encerrava-se com a declaração de peso e altura dos entrevistados, o que gerou o cálculo do IMC médio de cada um dos 96 distritos pesquisados.

Os resultados dessa pesquisa, comentados nos capítulos seguintes desta publicação e detalhados no CD-ROM que acompanha a obra, retratam com detalhes os contrastes de uma das maiores metrópoles do mundo. Constituem rico material de consulta para a compreensão dos problemas da cidade, para investigar seus diversos aspectos e para administrá-la.

O método desenvolvido pelo Datafolha na pesquisa "DNA Paulistano" pode ser aplicado em cidades de todos os portes, em unidades da Federação e mesmo no país, a partir das mesoregiões criadas pelo IBGE. Se aplicada de forma sistemática, pode se transformar em poderoso instrumento de fiscalização das políticas públicas. O detalhamento dos resultados permite direcionar a priorização de verbas e esforços administrativos. E é uma demonstração de que a parceria entre um grande veículo de comunicação e um instituto de pesquisas pode gerar contribuições decisivas para o aperfeiçoamento da democracia.

REGIÃO 1 — NORTE

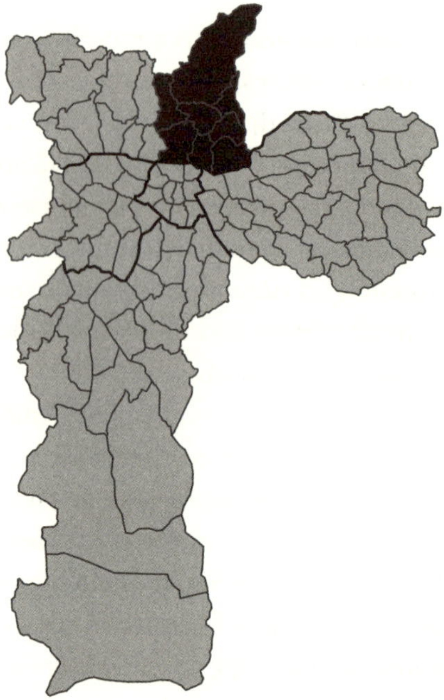

Com duas grandes áreas verdes em sua paisagem, o Horto Florestal e a Serra da Cantareira, a região norte está entre as que possuem maior percentual de frequentadores de parques e jardins: quase um em cada quatro moradores visita esses locais pelo menos uma vez por semana.

A presença verde da região se reflete na maior nota da cidade para a avaliação da qualidade do ar: 6,2. Embora especialistas apontem que a grande concentração de árvores não signifique necessariamente que o ar de um local seja mais puro, na percepção dos moradores respira-se melhor na zona norte do que em qualquer outra parte da cidade.

A proporção de habitantes com nível superior é um pouco inferior à média da cidade, mas há mais concluintes de ensino médio que do fundamental. O percentual de mulheres é o segundo maior do município, atrás apenas da região central e quase empatado com a zona sul. Em relação à renda, a maior parcela ganha, por família, até dois salários mínimos por mês. No entanto, a faixa dos que ganham mais de cinco salários é superior à média paulistana.

O percentual de casados quase se assemelha ao de solteiros, respectivamente, 42,4% e 41,9%. Há mais viúvos e divorciados que na média da cidade. A região norte também supera o padrão médio quanto ao número de ateus e concentra o segundo maior grupo quanto ao número de brancos, equivalente à metade dos habitantes, e também ao de pretos. Em relação aos pardos, o registro se classifica abaixo da média.

Calçamento deteriorado e falhas na rede elétrica encabeçam o *ranking* das principais reclamações, e, neste segundo quesito, a região só perde em frequência de queixas para a região noroeste – indício de que os problemas na rede de energia se concentram na área mais ao norte do município. Os pontos mal iluminados, no entanto, parecem interferir pouco na sensação de segurança dos habitantes da zona norte: 57,9% dizem se sentir muito ou mais ou menos seguros ao andar pelas ruas depois que o sol se pôs. Além disso, o quesito é apontado como a segunda principal qualidade local; depois do comércio, é a segurança o item mais elogiado, seguida de perto pelo bom relacionamento entre vizinhos.

SATISFAÇÃO (NOTA MÉDIA DE 0 A 10)	TOTAL - SP	TOTAL - NORTE	JAÇANÃ	MANDAQUI
a) não-ocorrência de enchentes, isto é, o escoamento das águas das chuvas	7,5	6,9	6,6	7,8
b) fornecimento de água	8,6	8,7	8,6	8,9
c) rede de esgoto	7,1	7,2	6,4	7,7
d) condições de habitação e moradias	7,2	7,5	7,2	7,7
e) conservação das ruas e avenidas	6,1	6,1	5,1	6,1
f) asfaltamento de ruas e avenidas	6,2	6,1	5,2	6
g) quantidade de escolas públicas	6,9	7	7,2	7,1
h) quantidade de escolas particulares	6,3	6,7	5,5	7,3
i) quantidade de postos de saúde	5,2	5,3	4,3	5,2
j) não-ocorrência de trânsito	5,8	6,1	5,8	5,9
k) opções de transportes coletivos como ônibus, metrô, vans e trens	6,7	7,6	6,9	7,4
l) áreas de lazer	4,4	4,9	3,3	4,7
m) áreas para prática de esportes	4,2	4,4	3,1	4,2
n) iluminação de ruas e avenidas	6	5,8	4,6	6
o) atividades de cultura	4,1	3,8	3	3,4
p) ações e eventos para os jovens	3,7	3,7	3	3,1
q) ações e eventos para os idosos	3,7	3,7	3,1	3,7
r) acessibilidade das ruas e avenidas para deficientes físicos	2,9	2,7	2	2,6
s) limpeza de ruas e avenidas	5,5	5,6	5,2	5,6
t) coleta de lixo domiciliar	7,8	8	7,8	7,9
u) qualidade do ar	5,3	6,2	5,8	6,8
v) conservação das áreas verdes	5,7	6	5,5	6,8
w) segurança	4,6	4,9	3,9	5,3
x) quantidade de hospitais públicos	4,5	4,3	3,2	5,1
y) quantidade de hospitais particulares	4,5	4,7	3,3	5,5
z) silêncio das ruas	5,3	5,6	5,1	5,8
aa) fornecimento de energia elétrica	8	8,1	7,6	8,2
I. SATISFAÇÃO COM O BAIRRO	**5,7**	**5,8**	**5,1**	**6,0**
II. PARTICIPAÇÃO COMUNITÁRIA	49	51	55	53
III. *FIDELIDADE AO BAIRRO	136	145,5	129,5	155
IV. RISCO DE VIOLÊNCIA	20	21	34	15
V. PERCEPÇÃO DE SEGURANÇA	21	20	16	19

* Índice de 0 a 200 (0 = extremo negativo e 200 = extremo positivo)

	SANTANA	TREMEMBÉ	TUCURUVI	V GUILHERME	V MARIA	V MEDEIROS
a)	7	5,5	7,6	6,7	7,6	7
b)	8,8	8,5	8,8	8,8	8,7	8,8
c)	7,4	6,6	7,6	7,5	7,2	7,2
d)	8,1	7,3	7,9	7,7	7,4	7,3
e)	6,2	5,4	6,5	6,7	6,8	6,5
f)	6	5,5	6,4	6,7	6,7	6,6
g)	6,7	6,4	7,3	7,1	7,5	7,3
h)	7,6	5,5	7,4	7,1	7,3	6,7
i)	5,5	5	5,6	5,7	5,6	5,6
j)	5,4	6,5	6,1	5,5	6,4	6,8
k)	8,1	6,9	8,2	7,5	7,2	8,4
l)	6,2	3,3	5,8	6,5	5,8	4,7
m)	5,4	2,8	5,2	6,3	5,5	4,1
n)	5,9	5,9	5,9	6,3	5,2	6,4
o)	5,1	2,7	4,5	4,7	4,3	3,9
p)	4,9	2,8	4,1	4,3	4,2	3,7
q)	4,8	2,6	3,9	4	4,4	3,7
r)	3,1	2	2,9	2,7	3,4	3
s)	6	5,2	6,2	5,8	5,5	5,8
t)	8,1	7,8	8,2	8,2	8	8,1
u)	6,2	7,1	6,2	5,6	5,7	5,8
v)	6,1	6,5	5,9	5,9	6,1	5,2
w)	5,6	4,4	5,3	5,2	5	4,8
x)	5,2	3,7	4,5	3,9	4,9	3,9
y)	6,2	3,4	5,2	4	5,8	4,3
z)	5,9	5,3	5,8	5,9	6	5,1
aa)	8,4	8,2	8,2	8,4	8,1	8,1
I.	**6,3**	**5,3**	**6,2**	**6,1**	**6,2**	**5,9**
II.	56	42	57	58	53	44
III.	158	135	157	152,5	145,5	144
IV.	19	23	20	21	20	20
V.	19	24	16	19	21	19

JAÇANÃ

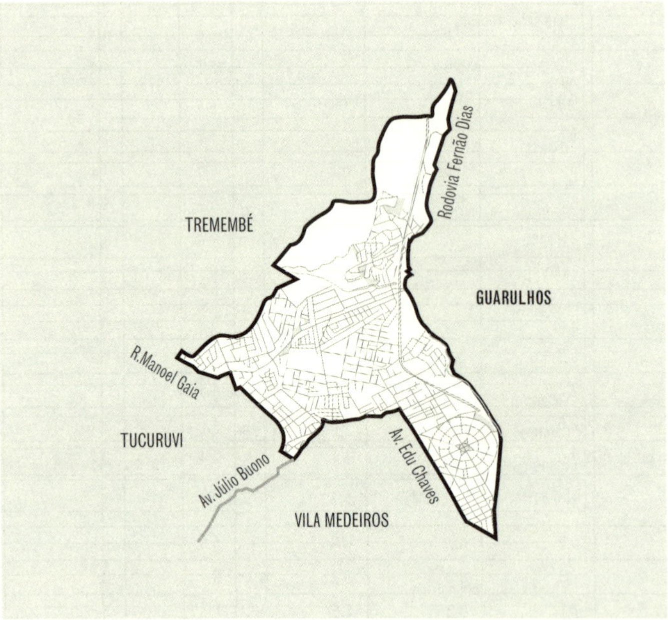

PERFIL (Resposta em %)

		JAÇANÃ	NORTE	SÃO PAULO
SEXO	Masculino	45	46	48
	Feminino	55	54	52
IDADE	16 a 24 anos	26	25	24
	25 a 34 anos	23	24	24
	35 a 44 anos	22	20	20
	45 a 59 anos	19	20	20
	60 anos ou mais	10	12	11
MÉDIA DE IDADE		36,8	37,8	38
ESCOLARIDADE	Fundamental	34	38	40
	Médio	53	47	44
	Superior	13	15	16

PERFIL (Resposta em %)

		JAÇANÃ	NORTE	SÃO PAULO
RENDA FAMILIAR MENSAL	Até 5 S.M.	71	63	69
	Mais de 5 a 10 S.M.	13	18	15
	Mais de 10 a 20 S.M.	7	8	7
	Mais de 20 a 50 S.M.	3	3	3
	Mais de 50 S.M.	*	0	0
	Não sabe/ recusa	6	9	7
CLASSIFICAÇÃO ECONÔMICA	A	1	4	5
	B	36	37	33
	C	53	51	53
	D	9	7	8
	E	0	1	1
	Não sabe/ recusa	0	0	0
OCUPAÇÃO PRINCIPAL	PEA**	70	69	72
	NÃO PEA	30	31	28
ESTADO CONJUGAL	Solteiro(a)	45	42	40
	Casado(a)	42	42	46
	Separado(a)/ desquitado(a)/ divorciado(a)	6	9	8
	Viúvo(a)	6	7	6
RELIGIÃO	Católica	55	55	56
	Evangélica pentecostal	20	19	19
	Evangélica não pentecostal	6	5	5
	Espírita kardecista, espiritualista	4	6	5
	Outra religião	6	5	4
	Não tem religião nenhuma	10	10	10
	É ateu/ não acredita em Deus	0	1	1

PERFIL (Resposta em %)

	JAÇANÃ	NORTE	SÃO PAULO
Mora em casa	94	88	77
Tempo médio para chegar ao trabalho (em min.)	33,6	32,7	37,4
IMC - Média	24,4	24,7	24,8
Tem animal de estimação	64	58	54
TV por assinatura	26	33	28
Telefone fixo	66	71	70
Vai ao cinema pelo menos uma vez por semana	4	4	4
Vai ao shopping pelo menos uma vez por semana	21	22	23
Viaja pelo menos uma vez por mês	8	10	10
Vai à academia pelo menos uma vez ou mais por semana	14	14	12
Costuma acessar a internet	48	52	51

* O espaço em branco indica que não houve citação para essa resposta | ** PEA: População Economicamente Ativa.

Os roubos a casas são mais frequentes no Jaçanã que em qualquer outro distrito: 19% viveram esse problema nos últimos 12 meses, mais que o dobro da média paulistana. A paisagem local é marcada predominantemente por casas, que representam 94% das residências. A presença de cão de guarda é a maneira mais usual de se resguardar o lar e há ainda quem recorra a janelas ou portas especiais e a grades altas, embora 42% afirmem não utilizar nenhum tipo de proteção.

O Jaçanã registra a pior nota da zona norte para o quesito segurança e o segundo maior percentual de pessoas que tenham perdido amigo ou parente vítima de assassinato no distrito no último ano.

Apresenta ainda o maior percentual da região norte de pessoas que foram assaltadas no local onde vivem.

Evitar circular em certas ruas depois do anoitecer é prática comum para 70% dos habitantes, que, em sua maioria, dizem se sentir muito ou um pouco inseguros ao caminhar depois do escurecer. As falhas da rede elétrica podem estar relacionadas a essa sensação de insegurança. Trata-se do segundo principal problema local na opinião dos moradores, atrás apenas das más condições de calçamento. Segundo os entrevistados, há muitos pontos em que simplesmente falta iluminação e diversos locais que, apesar de haver luz, são muito pouco iluminados.

Ensino médio completo é o nível de escolaridade mais comum, apontado por 53%, mesmo percentual dos que compõem a classe C. Há mais pretos e pardos somados que brancos. A torcida corintiana é a maior da região norte e representa 42% do total de torcedores do Jaçanã. Quase um terço da população gostaria de se mudar – Tucuruvi e Santana são, respectivamente, os destinos mais almejados.

MANDAQUI

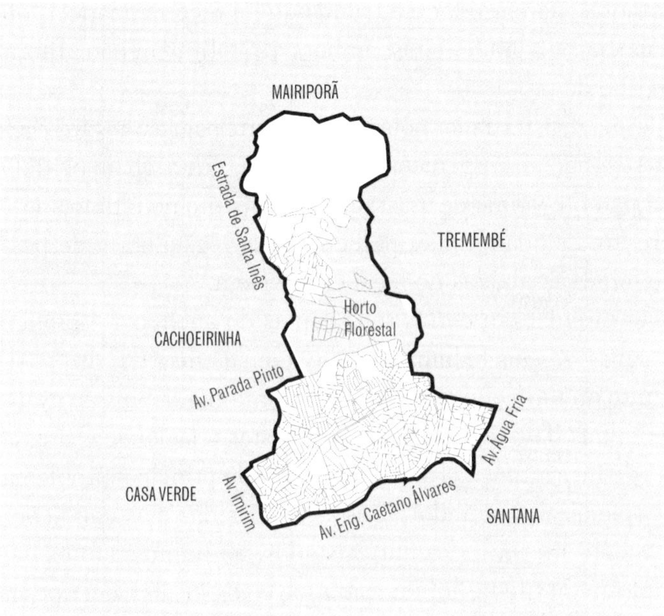

PERFIL (Resposta em %)

		MANDAQUI	NORTE	SÃO PAULO
SEXO	Masculino	44	46	48
	Feminino	56	54	52
IDADE	16 a 24 anos	24	25	24
	25 a 34 anos	24	24	24
	35 a 44 anos	21	20	20
	45 a 59 anos	22	20	20
	60 anos ou mais	10	12	11
MÉDIA DE IDADE		38	37,8	38
ESCOLARIDADE	Fundamental	34	38	40
	Médio	46	47	44
	Superior	20	15	16

PERFIL (Resposta em %)

		MANDAQUI	NORTE	SÃO PAULO
RENDA FAMILIAR MENSAL	Até 5 S.M.	63	63	69
	Mais de 5 a 10 S.M.	16	18	15
	Mais de 10 a 20 S.M.	15	8	7
	Mais de 20 a 50 S.M.	3	3	3
	Mais de 50 S.M.		0	0
	Não sabe/ recusa	3	9	7
CLASSIFICAÇÃO ECONÔMICA	A	5	4	5
	B	40	37	33
	C	49	51	53
	D	6	7	8
	E	0	1	1
	Não sabe/ recusa		0	0
OCUPAÇÃO PRINCIPAL	PEA	73	69	72
	NÃO PEA	27	31	28
ESTADO CONJUGAL	Solteiro(a)	44	42	40
	Casado(a)	42	42	46
	Separado(a)/ desquitado(a)/ divorciado(a)	8	9	8
	Viúvo(a)	6	7	6
RELIGIÃO	Católica	53	55	56
	Evangélica pentecostal	17	19	19
	Evangélica não pentecostal	7	5	5
	Espírita kardecista, espiritualista	6	6	5
	Outra religião	4	5	4
	Não tem religião nenhuma	9	10	10
	É ateu/ não acredita em Deus	3	1	1

PERFIL (Resposta em %)

	MANDAQUI	NORTE	SÃO PAULO
Mora em casa	80	88	77
Tempo médio para chegar ao trabalho (em min.)	31,7	32,7	37,4
IMC - Média	24,4	24,7	24,8
Tem animal de estimação	59	58	54
TV por assinatura	34	33	28
Telefone fixo	79	71	70
Vai ao cinema pelo menos uma vez por semana	5	4	4
Vai ao shopping pelo menos uma vez por semana	32	22	23
Viaja pelo menos uma vez por mês	13	10	10
Vai à academia pelo menos uma vez ou mais por semana	13	14	12
Costuma acessar a internet	58	52	51

Nos últimos cinco anos, as condições de vida melhoraram para 72% dos moradores do Mandaqui, a maior taxa da capital. O distrito também registra um dos maiores percentuais da região norte de moradores que consideram o local onde vivem muito melhor que os demais distritos paulistanos. A avaliação dos serviços públicos e de infraestrutura é uma das melhores da zona norte, especialmente quanto à qualidade do ar e à conservação de áreas verdes. As notas para esse quesito superaram a média da cidade. Para 15% dos moradores, o ambiente é a principal qualidade local. Eles elogiam a sensação de ar puro e a paisagem, que consideram bem arborizada.

Metade dos habitantes visita parques ou jardins ao menos uma vez por mês e 44% optam por caminhar para chegar ao trabalho. Os que vão de ônibus representam 32% e os que utilizam carro, 19%. Independentemente do meio escolhido, o tempo médio gasto no deslocamento diário é inferior a 20 minutos para a maioria dos habitantes.

O Mandaqui apresenta um alto índice de ateus em comparação à média paulistana – 3% e 0,6%, respectivamente. A religião predominante é a católica, seguida pela evangélica pentecostal, a evangélica não pentecostal e a espírita. Quanto ao estado civil, os solteiros compõem a parcela mais numerosa, seguidos de perto pelos casados. De cada cinco habitantes, um concluiu o ensino superior, embora o grupo mais numeroso tenha atingido apenas o ensino médio.

As classes B e C, somadas, correspondem a 89% dos residentes do distrito, dos quais 45% ganham entre dois e cinco salários mínimos por mês por família. A média de pessoas que residem em cada uma das casas é de 3,3, e Mandaqui e Tremembé empatam como os distritos com maior percentual de residências onde habitam cinco pessoas.

SANTANA

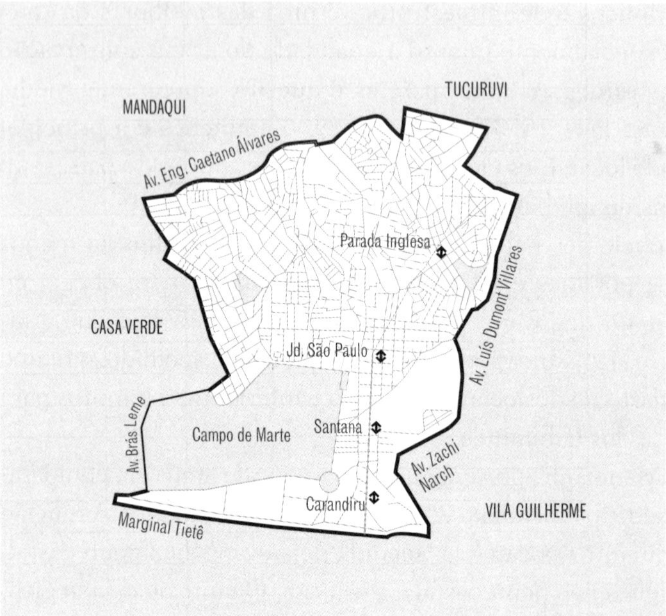

PERFIL (Resposta em %)

		SANTANA	NORTE	SÃO PAULO
SEXO	Masculino	47	46	48
	Feminino	53	54	52
IDADE	16 a 24 anos	21	25	24
	25 a 34 anos	22	24	24
	35 a 44 anos	19	20	20
	45 a 59 anos	22	20	20
	60 anos ou mais	16	12	11
MÉDIA DE IDADE		40,7	37,8	38
ESCOLARIDADE	Fundamental	28	38	40
	Médio	43	47	44
	Superior	29	15	16

PERFIL (Resposta em %)

		SANTANA	NORTE	SÃO PAULO
RENDA FAMILIAR MENSAL	Até 5 S.M.	45	63	69
	Mais de 5 a 10 S.M.	31	18	15
	Mais de 10 a 20 S.M.	12	8	7
	Mais de 20 a 50 S.M.	5	3	3
	Mais de 50 S.M.	0	0	0
	Não sabe/ recusa	6	9	7
CLASSIFICAÇÃO ECONÔMICA	A	8	4	5
	B	48	37	33
	C	38	51	53
	D	5	7	8
	E	0	1	1
	Não sabe/ recusa		0	0
OCUPAÇÃO PRINCIPAL	PEA	63	69	72
	NÃO PEA	37	31	28
ESTADO CONJUGAL	Solteiro(a)	43	42	40
	Casado(a)	32	42	46
	Separado(a)/ desquitado(a)/ divorciado(a)	16	9	8
	Viúvo(a)	9	7	6
RELIGIÃO	Católica	55	55	56
	Evangélica pentecostal	12	19	19
	Evangélica não pentecostal	4	5	5
	Espírita kardecista, espiritualista	7	6	5
	Outra religião	7	5	4
	Não tem religião nenhuma	12	10	10
	É ateu/ não acredita em Deus	2	1	1

PERFIL (Resposta em %)

	SANTANA	NORTE	SÃO PAULO
Mora em casa	67	88	77
Tempo médio para chegar ao trabalho (em min.)	28,5	32,7	37,4
IMC - Média	24,7	24,7	24,8
Tem animal de estimação	53	58	54
TV por assinatura	54	33	28
Telefone fixo	76	71	70
Vai ao cinema pelo menos uma vez por semana	5	4	4
Vai ao shopping pelo menos uma vez por semana	29	22	23
Viaja pelo menos uma vez por mês	9	10	10
Vai à academia pelo menos uma vez ou mais por semana	16	14	12
Costuma acessar a internet	65	52	51

O perfil dos moradores de Santana foge do padrão médio dos habitantes da região norte. O percentual dos que concluíram o ensino superior no distrito é o dobro da média regional, assim como o índice de pertencentes à classe A – a classe B, predominante, registra a maior presença da região, com 48%. Ainda em relação ao perfil regional, o distrito apresenta a menor taxa de desempregados e a maior de estudantes.

É o distrito com a maior incidência de divorciados de toda a cidade, 16%, mas são os solteiros que compõem o grupo mais numeroso. Há mais pessoas de pele branca (64%) e menos pessoas de pele preta ou parda que a média da zona norte.

Santana também se distingue em relação às principais queixas. Enquanto, na média, calçamento ruim e falhas elétricas são o que mais incomoda, no distrito, a principal reclamação é sobre o tráfego intenso, que tira do sério ao menos um em cada cinco moradores. A nota para a não ocorrência de trânsito é a mais baixa da região norte. Curiosamente, a avaliação para as opções de transporte coletivo é uma das mais altas. A proporção dos que vão de carro ao trabalho é semelhante à dos que vão de metrô, 21% e 23%, respectivamente. O grupo mais numeroso opta por fazer o percurso a pé e, em segundo lugar, estão os que utilizam ônibus para realizar o trajeto. O distrito é dono do menor tempo gasto na zona norte nesse tipo de deslocamento, 28,5 minutos, em média, sendo que quase um terço da população do local não chega a consumir dez minutos.

Em relação aos bens, 59% dos moradores possuem computador em casa e 64% acessam a internet todos os dias. Apesar do poder aquisitivo elevado, Santana perde para outros distritos na frequência com que realiza alguns programas de lazer ou cultura. No Mandaqui, o percentual dos que vão ao shopping no mínimo uma vez por semana é maior. O mesmo acontece em relação às idas a restaurantes: um número menor de moradores de Santana faz o programa semanalmente que do Tucuruvi e da Vila Guilherme, por exemplo.

TREMEMBÉ

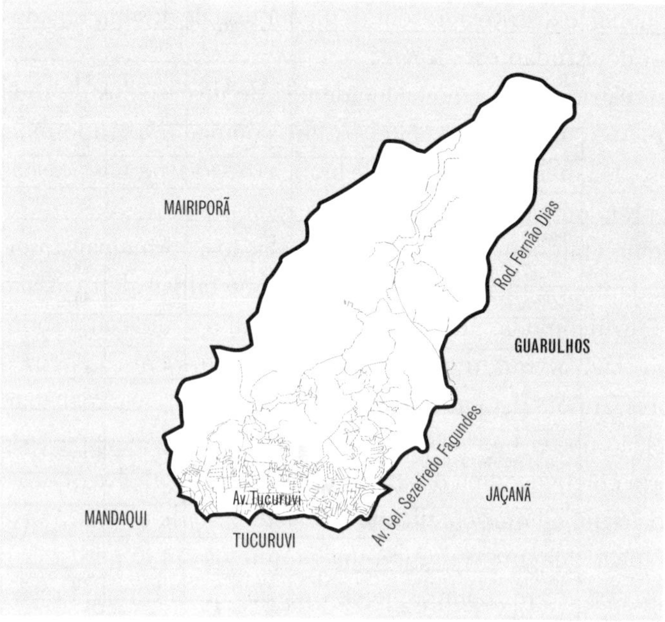

PERFIL (Resposta em %)

		TREMEMBÉ	NORTE	SÃO PAULO
SEXO	Masculino	47	46	48
	Feminino	53	54	52
IDADE	16 a 24 anos	28	25	24
	25 a 34 anos	23	24	24
	35 a 44 anos	20	20	20
	45 a 59 anos	18	20	20
	60 anos ou mais	10	12	11
MÉDIA DE IDADE		36,5	37,8	38
ESCOLARIDADE	Fundamental	47	38	40
	Médio	45	47	44
	Superior	8	15	16

PERFIL (Resposta em %)

		TREMEMBÉ	NORTE	SÃO PAULO
RENDA FAMILIAR MENSAL	Até 5 S.M.	73	63	69
	Mais de 5 a 10 S.M.	15	18	15
	Mais de 10 a 20 S.M.	5	8	7
	Mais de 20 a 50 S.M.	3	3	3
	Mais de 50 S.M.	0	0	0
	Não sabe/ recusa	5	9	7
CLASSIFICAÇÃO ECONÔMICA	A	4	4	5
	B	32	37	33
	C	53	51	53
	D	9	7	8
	E	0	1	1
	Não sabe/ recusa	1	0	0
OCUPAÇÃO PRINCIPAL	PEA	66	69	72
	NÃO PEA	34	31	28
ESTADO CONJUGAL	Solteiro(a)	40	42	40
	Casado(a)	45	42	46
	Separado(a)/ desquitado(a)/ divorciado(a)	9	9	8
	Viúvo(a)	5	7	6
RELIGIÃO	Católica	55	55	56
	Evangélica pentecostal	22	19	19
	Evangélica não pentecostal	3	5	5
	Espírita kardecista, espiritualista	4	6	5
	Outra religião	4	5	4
	Não tem religião nenhuma	12	10	10
	É ateu/ não acredita em Deus	0	1	1

PERFIL (Resposta em %)

	TREMEMBÉ	NORTE	SÃO PAULO
Mora em casa	96	88	77
Tempo médio para chegar ao trabalho (em min.)	37,2	32,7	37,4
IMC - Média	25	24,7	24,8
Tem animal de estimação	62	58	54
TV por assinatura	24	33	28
Telefone fixo	74	71	70
Vai ao cinema pelo menos uma vez por semana	3	4	4
Vai ao shopping pelo menos uma vez por semana	15	22	23
Viaja pelo menos uma vez por mês	10	10	10
Vai à academia pelo menos uma vez ou mais por semana	14	14	12
Costuma acessar a internet	49	52	51

O Tremembé é, em teoria, o distrito paulistano mais bem treinado para a boa convivência doméstica. Sob o mesmo teto chegam a viver até dez pessoas – é a maior média de habitantes por residência de toda a cidade: 3,7. Ainda assim, a parcela mais numerosa das famílias vive com até dois salários mínimos mensais. A maioria integra a classe C, mas quase um em cada dez moradores é classificado como classe D. O nível de escolaridade é baixo: 92% não foram além do ensino médio. A população é predominantemente jovem, a maior parte na faixa etária entre 16 e 34 anos. O distrito apresenta ainda o maior percentual de casa própria da região – na imensa maioria dos casos, trata-se de casas térreas, já que os apartamentos representam apenas 4%.

O sertanejo é, de longe, o gênero musical mais apreciado, estando no topo da preferência de um em cada cinco habitantes. Samba e MPB estão em terceiro e quarto lugar, respectivamente, seguidos por rock e gospel, que empatam na quinta colocação. Os evangélicos representam um quarto da população, levando-se em conta tanto os pentecostais como os não pentecostais. O índice de pessoas sem religião é, empatado com Santana, o maior da zona norte: 12%.

Segundo os moradores, o principal problema local é o calçamento deteriorado e a falta de asfaltamento. Em seguida estão os pontos de inundação e a canalização deficiente de esgoto – o Tremembé obteve a pior nota da região para a não ocorrência de enchentes e ficou abaixo da média quanto à rede de esgoto. O desempenho do distrito também é fraco em relação às opções de lazer e cultura. As áreas verdes, no entanto, tiveram avaliação acima da média. A criação de pássaros é uma das mais frequentes da cidade; 15% dos moradores têm ave como animal de estimação.

TUCURUVI

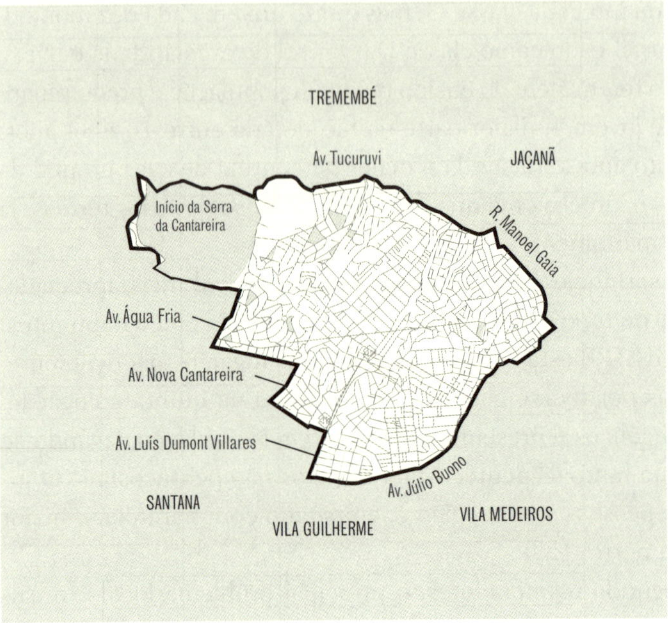

PERFIL (Resposta em %)

		TUCURUVI	NORTE	SÃO PAULO
SEXO	Masculino	45	46	48
	Feminino	55	54	52
IDADE	16 a 24 anos	24	25	24
	25 a 34 anos	22	24	24
	35 a 44 anos	17	20	20
	45 a 59 anos	19	20	20
	60 anos ou mais	17	12	11
MÉDIA DE IDADE		40,2	37,8	38
ESCOLARIDADE	Fundamental	35	38	40
	Médio	46	47	44
	Superior	19	15	16

PERFIL (Resposta em %)

		TUCURUVI	NORTE	SÃO PAULO
RENDA FAMILIAR MENSAL	Até 5 S.M.	54	63	69
	Mais de 5 a 10 S.M.	23	18	15
	Mais de 10 a 20 S.M.	10	8	7
	Mais de 20 a 50 S.M.	2	3	3
	Mais de 50 S.M.		0	0
	Não sabe/ recusa	11	9	7
CLASSIFICAÇÃO ECONÔMICA	A	5	4	5
	B	42	37	33
	C	47	51	53
	D	3	7	8
	E	2	1	1
	Não sabe/ recusa	1	0	0
OCUPAÇÃO PRINCIPAL	PEA	70	69	72
	NÃO PEA	30	31	28
ESTADO CONJUGAL	Solteiro(a)	42	42	40
	Casado(a)	41	42	46
	Separado(a)/ desquitado(a)/ divorciado(a)	9	9	8
	Viúvo(a)	9	7	6
RELIGIÃO	Católica	53	55	56
	Evangélica pentecostal	15	19	19
	Evangélica não pentecostal	7	5	5
	Espírita kardecista, espiritualista	10	6	5
	Outra religião	6	5	4
	Não tem religião nenhuma	8	10	10
	É ateu/ não acredita em Deus	2	1	1

PERFIL (Resposta em %)

	TUCURUVI	NORTE	SÃO PAULO
Mora em casa	88	88	77
Tempo médio para chegar ao trabalho (em min.)	34,7	32,7	37,4
IMC - Média	25,1	24,7	24,8
Tem animal de estimação	60	58	54
TV por assinatura	39	33	28
Telefone fixo	77	71	70
Vai ao cinema pelo menos uma vez por semana	3	4	4
Vai ao shopping pelo menos uma vez por semana	21	22	23
Viaja pelo menos uma vez por mês	13	10	10
Vai à academia pelo menos uma vez ou mais por semana	15	14	12
Costuma acessar a internet	51	52	51

Quando o assunto é transporte coletivo, o Tucuruvi se sobressai com a terceira melhor avaliação do quesito de toda a cidade: nota 8,2. Embora a maioria dos moradores prefira ir de ônibus ao trabalho, o grupo dos que vão a pé e o dos que vão de metrô estão praticamente empatados, com 27% e 26%, respectivamente. O distrito também registra o maior percentual regional de usuários de trem da zona norte.

É interessante notar, no entanto, que, entre os distritos da região, o Tucuruvi apresenta o maior tempo médio para se chegar ao trabalho, 34,7 minutos – e uma parcela numerosa leva de meia hora a uma hora inteira para realizar esse percurso. Mas, se a relativa demora não parece pesar na boa avaliação do sistema de transporte, o mesmo não ocorre em relação ao trânsito, a segunda principal reclamação local. O excesso de veículos e a falta de sinalização são apontados como as maiores causas do tráfego intenso, problema agravado ainda pelas más condições das vias, esburacadas e margeadas por calçadas irregulares, estreitas e quebradas. O calçamento é a queixa número um dos moradores.

Quem não tropeça nos buracos das ruas e calçadas ainda tem de driblar a falta de luz, terceira reclamação mais frequente, para concluir o percurso. Há mais reclamação sobre falta de iluminação do que de problemas de manutenção. No entanto, se na rua a rede elétrica atende mal à demanda dos moradores, o fornecimento de energia doméstico é elogiado, com uma avaliação que supera as médias regional e municipal. O mesmo ocorre com o índice de satisfação, que leva em conta diversos quesitos avaliados pelos moradores. O do Tucuruvi, de 6,2, também fica acima dos índices registrados na média da cidade e da zona norte.

VILA GUILHERME

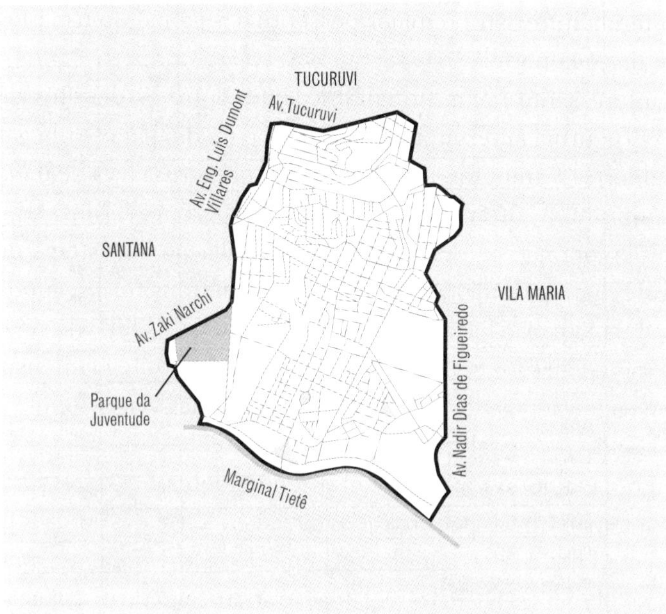

PERFIL (Resposta em %)

		VILA GUILHERME	NORTE	SÃO PAULO
SEXO	Masculino	46	46	48
	Feminino	54	54	52
IDADE	16 a 24 anos	25	25	24
	25 a 34 anos	22	24	24
	35 a 44 anos	19	20	20
	45 a 59 anos	23	20	20
	60 anos ou mais	11	12	11
MÉDIA DE IDADE		38,5	37,8	38
ESCOLARIDADE	Fundamental	30	38	40
	Médio	46	47	44
	Superior	24	15	16

PERFIL (Resposta em %)

		VILA GUILHERME	NORTE	SÃO PAULO
RENDA FAMILIAR MENSAL	Até 5 S.M.	53	63	69
	Mais de 5 a 10 S.M.	19	18	15
	Mais de 10 a 20 S.M.	14	8	7
	Mais de 20 a 50 S.M.	2	3	3
	Mais de 50 S.M.		0	0
	Não sabe/ recusa	12	9	7
CLASSIFICAÇÃO ECONÔMICA	A	5	4	5
	B	42	37	33
	C	48	51	53
	D	5	7	8
	E	1	1	1
	Não sabe/ recusa		0	0
OCUPAÇÃO PRINCIPAL	PEA	73	69	72
	NÃO PEA	27	31	28
ESTADO CONJUGAL	Solteiro(a)	44	42	40
	Casado(a)	42	42	46
	Separado(a)/ desquitado(a)/ divorciado(a)	7	9	8
	Viúvo(a)	6	7	6
RELIGIÃO	Católica	61	55	56
	Evangélica pentecostal	14	19	19
	Evangélica não pentecostal	2	5	5
	Espírita kardecista, espiritualista	5	6	5
	Outra religião	7	5	4
	Não tem religião nenhuma	9	10	10
	É ateu/ não acredita em Deus	1	1	1

PERFIL (Resposta em %)

	VILA GUILHERME	NORTE	SÃO PAULO
Mora em casa	85	88	77
Tempo médio para chegar ao trabalho (em min.)	31,5	32,7	37,4
IMC - Média	24,9	24,7	24,8
Tem animal de estimação	59	58	54
TV por assinatura	37	33	28
Telefone fixo	74	71	70
Vai ao cinema pelo menos uma vez por semana	5	4	4
Vai ao shopping pelo menos uma vez por semana	28	22	23
Viaja pelo menos uma vez por mês	11	10	10
Vai à academia pelo menos uma vez ou mais por semana	14	14	12
Costuma acessar a internet	58	52	51

O nível de escolaridade é um dos pontos fortes da Vila Guilherme, que registra a segunda maior presença de concluintes do ensino superior da zona norte: 24%. O grupo de famílias que ganham entre três e dez salários mínimos é o mais numeroso no que diz respeito à renda. A falta de segurança, porém, surge como um contraponto negativo para os moradores do distrito. Depois do trânsito, a violência e a criminalidade são a principal preocupação local, com 12% das menções, o que faz com que o distrito registre o maior percentual desse tipo de queixa de todo o município.

Em relação à insegurança, os habitantes da Vila Guilherme se queixam especialmente da falta de policiamento e de ruas desertas. Outra reclamação com percentual relevante, apesar de não se enquadrar no topo do *ranking*, está relacionada ao tráfico e consumo de drogas, 6%. Na média da cidade, apenas 2,5% consideram esse o principal problema do local onde vivem. Também se destacam negativamente as notas atribuídas pelos moradores à não-ocorrência de trânsito e à quantidade de hospitais públicos.

Empatada com Tucuruvi, a Vila Guilherme apresenta o maior percentual de obesos, 14%, ainda que a maioria da população seja classificada como de peso normal. O local é reduto da torcida palmeirense, maior concentração de fãs do clube da zona norte.

O distrito tornou-se conhecido por abrigar o antigo Clube do Trote, onde aconteciam disputas entre cavalos que mantinham a tradição trazida pelos imigrantes portugueses que se estabeleceram no local. Na década de 1970, o público que se reunia para assistir aos páreos era em torno de 10 mil pessoas. Atualmente, porém, a Vila Guilherme apresenta o mais baixo percentual de pessoas que frequentam jogos e competições: 84% dos moradores afirmam não ter esse hábito.

VILA MARIA

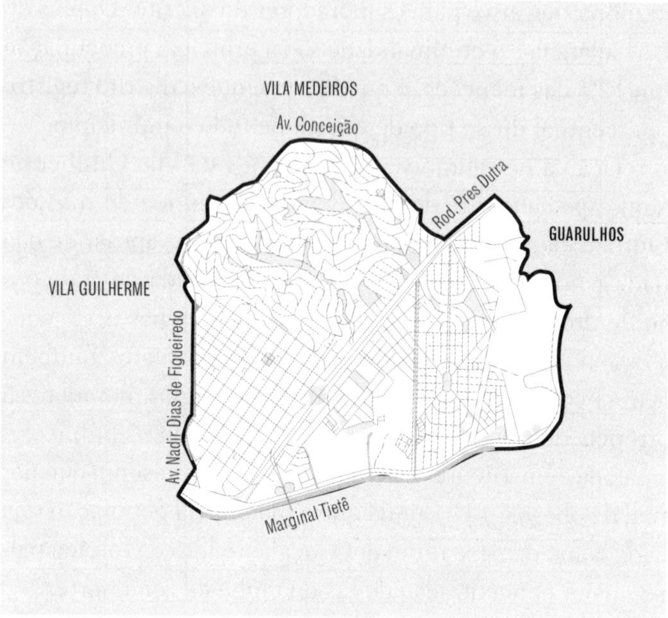

PERFIL (Resposta em %)

		VILA MARIA	NORTE	SÃO PAULO
SEXO	Masculino	44	46	48
	Feminino	56	54	52
IDADE	16 a 24 anos	30	25	24
	25 a 34 anos	24	24	24
	35 a 44 anos	20	20	20
	45 a 59 anos	16	20	20
	60 anos ou mais	11	12	11
MÉDIA DE IDADE		36,1	37,8	38
ESCOLARIDADE	Fundamental	44	38	40
	Médio	47	47	44
	Superior	9	15	16

PERFIL (Resposta em %)

		VILA MARIA	NORTE	SÃO PAULO
RENDA FAMILIAR MENSAL	Até 5 S.M.	67	63	69
	Mais de 5 a 10 S.M.	10	18	15
	Mais de 10 a 20 S.M.	5	8	7
	Mais de 20 a 50 S.M.	2	3	3
	Mais de 50 S.M.		0	0
	Não sabe/ recusa	17	9	7
CLASSIFICAÇÃO ECONÔMICA	A	3	4	5
	B	30	37	33
	C	59	51	53
	D	8	7	8
	E	0	1	1
	Não sabe/ recusa		0	0
OCUPAÇÃO PRINCIPAL	PEA	69	69	72
	NÃO PEA	31	31	28
ESTADO CONJUGAL	Solteiro(a)	43	42	40
	Casado(a)	44	42	46
	Separado(a)/ desquitado(a)/ divorciado(a)	8	9	8
	Viúvo(a)	6	7	6
RELIGIÃO	Católica	56	55	56
	Evangélica pentecostal	22	19	19
	Evangélica não pentecostal	6	5	5
	Espírita kardecista, espiritualista	4	6	5
	Outra religião	3	5	4
	Não tem religião nenhuma	9	10	10
	É ateu/ não acredita em Deus	1	1	1

PERFIL (Resposta em %)

	VILA MARIA	NORTE	SÃO PAULO
Mora em casa	91	88	77
Tempo médio para chegar ao trabalho (em min.)	31,6	32,7	37,4
IMC - Média	24,3	24,7	24,8
Tem animal de estimação	48	58	54
TV por assinatura	24	33	28
Telefone fixo	66	71	70
Vai ao cinema pelo menos uma vez por semana	3	4	4
Vai ao shopping pelo menos uma vez por semana	20	22	23
Viaja pelo menos uma vez por mês	11	10	10
Vai à academia pelo menos uma vez ou mais por semana	11	14	12
Costuma acessar a internet	50	52	51

A Vila Maria é um dos locais mais tradicionais de São Paulo. Apenas 35% dos moradores do distrito vieram de outros locais. Os demais 65% dos moradores nasceram, cresceram e sempre viveram ali, no distrito que projetou politicamente o ex-presidente Jânio Quadros.

A fidelidade dos moradores ao local onde moram também é relevante. Apenas 19% (a média da cidade é de 24%) dizem querer se mudar, e 3% deles têm vontade de ir para outra cidade.

Ser tradicional não significa necessariamente ser velho. A média de idade na Vila Maria é de 36,1 anos, menor que a média da cidade, que atinge 37,8 anos. Há 30% de pessoas entre 16 e 24 anos.

Há um predomínio de moradores de classes C (59%) e B (30%). As famílias de classe E não atingem 1%. Os desempregados chegam a 15%, 17% são assalariados sem registro e apenas 2% dizem viver de "bico". Há 12% de donas de casa, 6% de aposentados e 7% de estudantes.

O principal problema do distrito é a iluminação pública, citada por 18% dos entrevistados. Outros 11% apontaram a sujeira das ruas. Já o melhor, para 16% dos moradores, é o relacionamento com os vizinhos. Como a maioria sempre viveu no bairro e 91% das pessoas moram em casas térreas, os vizinhos são conhecidos.

A participação em organizações ou movimentos sociais no distrito é relativamente alta, com 46% dos moradores. O predomínio é dos movimentos ligados à igreja, que contam com a participação de 39%. São católicos 56% dos moradores do distrito. Outros 22% são evangélicos pentecostais, 6% não pentecostais e 4% espíritas.

A Vila Maria é um distrito essencialmente corintiano. O clube do Corinthians fica próximo dali, no Tatuapé, do outro lado da Marginal do Tietê. Torcedores do São Paulo são 15%; do Palmeiras, 11%; e do Santos, 8%.

VILA MEDEIROS

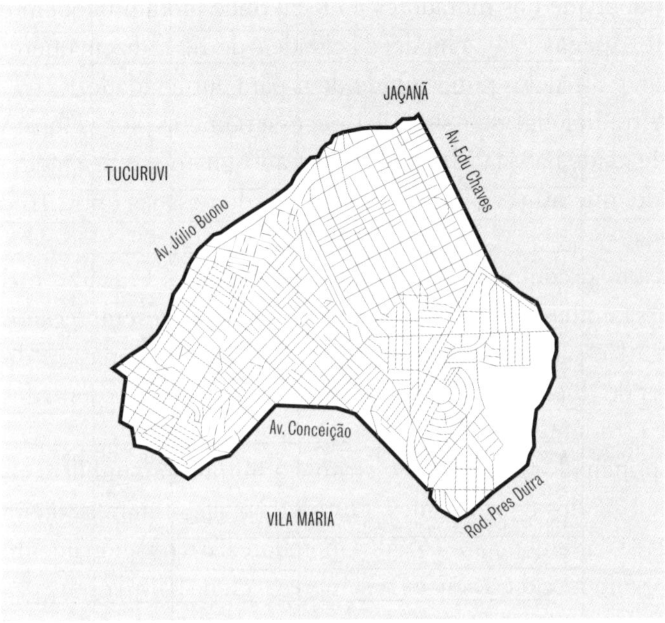

PERFIL (Resposta em %)

		VILA MEDEIROS	NORTE	SÃO PAULO
SEXO	Masculino	49	46	48
	Feminino	51	54	52
IDADE	16 a 24 anos	22	25	24
	25 a 34 anos	26	24	24
	35 a 44 anos	22	20	20
	45 a 59 anos	21	20	20
	60 anos ou mais	9	12	11
MÉDIA DE IDADE		37,3	37,8	38
ESCOLARIDADE	Fundamental	42	38	40
	Médio	49	47	44
	Superior	9	15	16

PERFIL (Resposta em %)

		VILA MEDEIROS	NORTE	SÃO PAULO
RENDA FAMILIAR MENSAL	Até 5 S.M.	67	63	69
	Mais de 5 a 10 S.M.	17	18	15
	Mais de 10 a 20 S.M.	7	8	7
	Mais de 20 a 50 S.M.	1	3	3
	Mais de 50 S.M.		0	0
	Não sabe/ recusa	7	9	7
CLASSIFICAÇÃO ECONÔMICA	A	2	4	5
	B	36	37	33
	C	54	51	53
	D	7	7	8
	E	1	1	1
	Não sabe/ recusa		0	0
OCUPAÇÃO PRINCIPAL	PEA	73	69	72
	NÃO PEA	27	31	28
ESTADO CONJUGAL	Solteiro(a)	38	42	40
	Casado(a)	47	42	46
	Separado(a)/ desquitado(a)/ divorciado(a)	9	9	8
	Viúvo(a)	6	7	6
RELIGIÃO	Católica	57	55	56
	Evangélica pentecostal	21	19	19
	Evangélica não pentecostal	4	5	5
	Espírita kardecista, espiritualista	6	6	5
	Outra religião	3	5	4
	Não tem religião nenhuma	7	10	10
	É ateu/ não acredita em Deus	2	1	1

PERFIL (Resposta em %)

	VILA MEDEIROS	NORTE	SÃO PAULO
Mora em casa	96	88	77
Tempo médio para chegar ao trabalho (em min.)	31,3	32,7	37,4
IMC - Média	24,8	24,7	24,8
Tem animal de estimação	57	58	54
TV por assinatura	33	33	28
Telefone fixo	64	71	70
Vai ao cinema pelo menos uma vez por semana	5	4	4
Vai ao shopping pelo menos uma vez por semana	18	22	23
Viaja pelo menos uma vez por mês	6	10	10
Vai à academia pelo menos uma vez ou mais por semana	14	14	12
Costuma acessar a internet	47	52	51

Na Vila Medeiros, distrito da zona norte de São Paulo, está o segundo maior percentual de trabalhadores assalariados sem registro da cidade (empatado com outros dois distritos). Nesta situação se encontram 19% dos moradores. Considerando-se que 16% procuram emprego e somando-se os 3% de pessoas que vivem de "bico", é um percentual alarmante de 38% de subemprego.

Vizinha da rodovia Fernão Dias, em área de concentração de terminais de carga, a Vila Medeiros tem entre seus principais problemas o trânsito, apontado por 11% dos moradores. As enchentes, constantes em alguns pontos do distrito, e a iluminação pública foram apontados por 12% cada um como o maior problema.

O comércio local é o melhor para 26%. E 19% apontam o transporte coletivo como a principal qualidade. Não há metrô no distrito, mas 10% dos moradores usam o metrô para seus deslocamentos diários ao trabalho, 10% usam carro, 35% andam a pé e 43% usam ônibus. Em média, os deslocamentos demoram 31,3 minutos. Para 11%, o trajeto leva mais de uma hora. Para 31%, até dez minutos.

O distrito é querido. Para 66%, os bairros da Vila Medeiros são melhores que a maioria dos demais da cidade. Na média, esse percentual é de 59% na capital. E 21% dizem querer se mudar, menos que a média da cidade. O sonho de consumo de 5% é uma residência na Vila Maria.

Não têm nenhum interesse por política 53% dos moradores da Vila Medeiros, 34% têm um pouco de interesse e 13% se declaram muito interessados. O PT é o partido da preferência de 23% dos moradores do distrito. O PSDB tem 7% das escolhas.

REGIÃO 2 — SUL

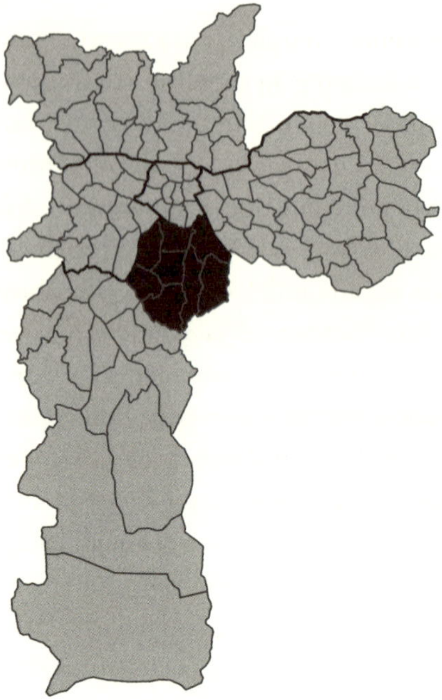

Na região sul, a boa avaliação para as opções de transporte coletivo não significa menos veículos nas ruas. O carro é o meio utilizado para chegar ao trabalho por quase um em cada cinco moradores, índice que em Moema chega a assombrosos 45%. O tempo gasto no deslocamento diário está abaixo da média da capital, o que, no entanto, não impede que o trânsito seja a principal reclamação de quem mora na região.

O excesso de veículos causa ainda outra queixa, a de excesso de barulho. Além do tráfego carregado, a região abriga o aeroporto de Congonhas e concentra boa parte dos bares da cidade, fatores que contribuem para tornar o local um dos mais barulhentos do município.

No entanto, quem consegue tolerar o alto nível de ruído e o trânsito intenso pode desfrutar de um dos locais da capital mais bem servidos de infraestrutura e dono de um comércio bastante apreciado. Tem o maior índice de moradores que afirmam que o lugar onde vivem é completo para atender às suas demandas. Quanto à localização, a região só perde em elogios para a área central.

Apesar de a classe C ser a mais numerosa, chama a atenção a proporção de moradores pertencentes à classe A, mais de um em cada dez, taxa que é superior ao dobro da média paulistana. Alto também é o percentual de famílias que ganham mais de dez salários mínimos, 22,7% – a região abriga o distrito com a maior renda familiar mensal da cidade, Moema, onde 26% ganham entre 20 e 50 salários mínimos. Do total, 28,1% concluíram o ensino superior, segundo maior índice da capital.

A renda e a escolaridade elevadas, no entanto, não faz dos habitantes da zona sul os maiores frequentadores de programas culturais e de lazer do município. A parcela dos que vão a cinemas, teatros e shows ao menos uma vez por semana é maior nas regiões oeste e central. A área, porém, é onde mais gente vai a bares semanalmente e também a que agrega mais fãs de rock – embora os gêneros sertanejo e MPB empatem no topo das preferências musicais.

SATISFAÇÃO (NOTA MÉDIA DE 0 A 10)	TOTAL - SP	TOTAL - SUL	CAMPO BELO	CURSINO
a) não-ocorrência de enchentes, isto é, o escoamento das águas das chuvas	7,5	7,3	8,7	7,5
b) fornecimento de água	8,6	8,7	9	8,7
c) rede de esgoto	7,1	7,6	8,4	7,3
d) condições de habitação e moradias	7,2	7,5	7,9	7,3
e) conservação das ruas e avenidas	6,1	6,3	7,2	6,1
f) asfaltamento de ruas e avenidas	6,2	6,3	7,3	6,1
g) quantidade de escolas públicas	6,9	6,6	6,6	6,8
h) quantidade de escolas particulares	6,3	7,1	7,5	7,2
i) quantidade de postos de saúde	5,2	5,6	4,7	5,5
j) não-ocorrência de trânsito	5,8	5,2	5,2	5,5
k) opções de transportes coletivos como ônibus, metrô, vans e trens	6,7	7	6,7	7
l) áreas de lazer	4,4	5	4,4	4,5
m) áreas para prática de esportes	4,2	4,7	4,1	4,2
n) iluminação de ruas e avenidas	6	6	6,6	5,8
o) atividades de cultura	4,1	4,6	4,4	4
p) ações e eventos para os jovens	3,7	4,1	3,9	3,4
q) ações e eventos para os idosos	3,7	4	3,7	3,3
r) acessibilidade das ruas e avenidas para deficientes físicos	2,9	3,3	3,9	2,6
s) limpeza de ruas e avenidas	5,5	5,6	6,4	5,4
t) coleta de lixo domiciliar	7,8	7,9	7,9	7,7
u) qualidade do ar	5,3	5,2	5,8	5,3
v) conservação das áreas verdes	5,7	5,6	6	5,8
w) segurança	4,6	4,7	5	4,8
x) quantidade de hospitais públicos	4,5	4,8	3,8	4,7
y) quantidade de hospitais particulares	4,5	5,8	5,6	5,4
z) silêncio das ruas	5,3	5,2	5,7	5,1
aa) fornecimento de energia elétrica	8	8,1	8,3	7,7
I. SATISFAÇÃO COM O BAIRRO	5,7	5,9	6,1	5,7
II. PARTICIPAÇÃO COMUNITÁRIA	49	38	31	39
III. *FIDELIDADE AO BAIRRO	136	148,5	156	149
IV. RISCO DE VIOLÊNCIA	20	16	19	21
V. PERCEPÇÃO DE SEGURANÇA	21	18	15	18

* Índice de 0 a 200 (0 = extremo negativo e 200 = extremo positivo)

	IPIRANGA	JABAQUARA	MOEMA	SACOMÃ	SAÚDE	VILA MARIANA
a)	5,5	6,9	7,1	7,1	7,4	8,9
b)	8,7	8	9,3	8,7	9	9,2
c)	7,3	6,9	8,5	7	8,4	8,7
d)	7,4	6,7	8,9	7,1	8,1	8,6
e)	5,6	6,1	6,8	5,8	6,5	7
f)	5,9	6,3	6,6	5,8	6,5	6,9
g)	6,7	6,7	6,2	6,6	6,5	6,7
h)	6,8	6,7	8,4	6	7,7	8,5
i)	6,2	6	4,8	5,6	4,9	5,7
j)	5,6	5,3	3,8	6	4,8	4,4
k)	7,7	7	5,9	6,6	7,5	7,9
l)	5,8	4,6	7,2	3,5	4,6	7,3
m)	5,1	4,3	7,1	3,5	4,1	7
n)	5,6	5,9	6,6	5,6	6	6,9
o)	4,9	4,4	5,9	3,6	4,1	6,9
p)	4,8	3,9	5,4	3,6	3,2	5,7
q)	4,8	3,8	5,1	3,4	3,6	5,6
r)	3,7	3,2	4,3	2,3	3,7	4,2
s)	5	5,6	5,8	5,2	5,6	6,1
t)	7,8	8,2	8,1	7,9	7,9	8
u)	4,8	5,3	5,6	5,1	5,1	5,1
v)	5,4	5,5	6,7	5,2	5,5	6,2
w)	4,6	4	6,1	4,2	4,6	5,6
x)	5,5	4,7	4,3	4,2	4,8	6
y)	5,8	5,8	7,5	3,9	5,7	8
z)	5,7	5,2	5,1	4,4	6	5,8
aa)	8,3	8	8,1	7,9	8,1	8,4
I.	6,0	5,7	6,5	5,4	5,9	6,9
II.	31	44	36	35	43	35
III.	151,5	144	175,5	133,5	154,5	163,5
IV.	14	16	9	17	17	16
V.	15	19	18	20	15	16

CAMPO BELO

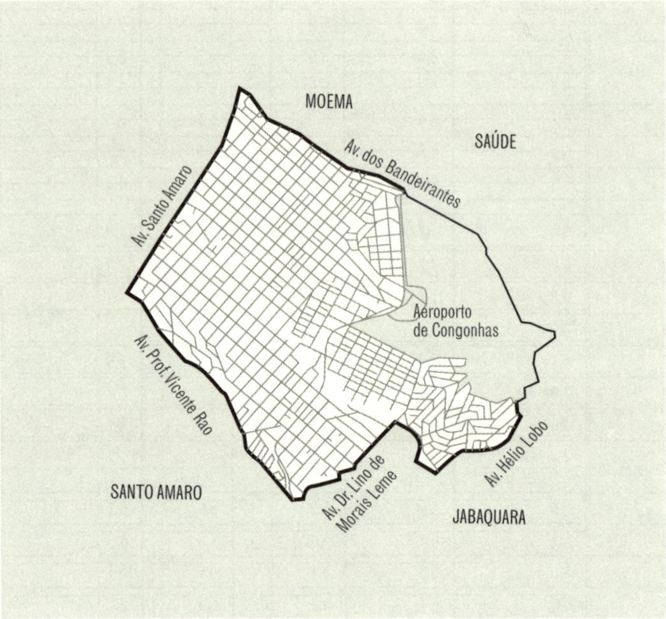

PERFIL (Resposta em %)

		CAMPO BELO	SUL	SÃO PAULO
SEXO	Masculino	45	47	48
	Feminino	55	53	52
IDADE	16 a 24 anos	21	21	24
	25 a 34 anos	24	25	24
	35 a 44 anos	20	20	20
	45 a 59 anos	22	21	20
	60 anos ou mais	14	13	11
MÉDIA DE IDADE		39,9	38,8	38
ESCOLARIDADE	Fundamental	32	32	40
	Médio	30	40	44
	Superior	38	28	16

PERFIL (Resposta em %)

		CAMPO BELO	SUL	SÃO PAULO
RENDA FAMILIAR MENSAL	Até 5 S.M.	44	53	69
	Mais de 5 a 10 S.M.	15	16	15
	Mais de 10 a 20 S.M.	18	14	7
	Mais de 20 a 50 S.M.	12	7	3
	Mais de 50 S.M.	1	2	0
	Não sabe/ recusa	10	8	7
CLASSIFICAÇÃO ECONÔMICA	A	19	11	5
	B	35	40	33
	C	38	42	53
	D	6	7	8
	E	1	1	1
	Não sabe/ recusa	1	0	0
OCUPAÇÃO PRINCIPAL	PEA	74	73	72
	NÃO PEA	26	27	28
ESTADO CONJUGAL	Solteiro(a)	40	44	40
	Casado(a)	45	42	46
	Separado(a)/ desquitado(a)/ divorciado(a)	10	9	8
	Viúvo(a)	4	5	6
RELIGIÃO	Católica	55	60	56
	Evangélica pentecostal	10	11	19
	Evangélica não pentecostal	11	9	5
	Espírita kardecista, espiritualista	7	5	5
	Outra religião	4	4	4
	Não tem religião nenhuma	12	10	10
	É ateu/ não acredita em Deus	1	1	1

PERFIL (Resposta em %)

	CAMPO BELO	SUL	SÃO PAULO
Mora em casa	63	67	77
Tempo médio para chegar ao trabalho (em min.)	27	30,7	37,4
IMC - Média	24,2	24,6	24,8
Tem animal de estimação	56	50	54
TV por assinatura	56	53	28
Telefone fixo	75	73	70
Vai ao cinema pelo menos uma vez por semana	6	6	4
Vai ao shopping pelo menos uma vez por semana	29	27	23
Viaja pelo menos uma vez por mês	11	16	10
Vai à academia pelo menos uma vez ou mais por semana	19	18	12
Costuma acessar a internet	59	59	51

Com 60.949 moradores, Campo Belo tem as benesses e os contratempos de ser cortado por vias importantes e pelo aeroporto de Congonhas, o mais movimentado do país.

Para os moradores, a profusão de comércios é o que há de melhor no distrito. O trânsito e o barulho são o que mais os incomodam. Além do aeroporto, passam pelo Campo Belo as avenidas dos Bandeirantes e Washington Luís, que estão entre os principais corredores de tráfego de São Paulo.

Apesar dos problemas, a população local gosta do Campo Belo. Oito em cada dez pessoas afirmaram que não se mudariam dali, e 45% dos entrevistados acham o distrito muito melhor que os demais. Para eles, o local merece nota 7,8 – a da região é 7,6.

Encravado em uma área com alta concentração de riqueza, o distrito tem mais da metade dos moradores nas classes A e B – em São Paulo, são 38%.

Reflexo da concentração de renda, quem vive no Campo Belo tem nível de escolaridade bem superior à média da cidade e da própria zona sul. Cursaram a faculdade 38% da população do distrito, ante 15,8% e 28%, respectivamente.

O fato de morar perto do trabalho faz com que 44% dos moradores andem a pé até o local. Carro e ônibus apresentam índices bem menores (25% e 22%, respectivamente). Apenas 3% usam o metrô – não há estação no Campo Belo.

Quanto ao lazer, restaurantes, shoppings, parques, bares e clubes são, nessa ordem, os locais que os moradores mais frequentam. MPB é o tipo de música predileta, à frente de rock e sertanejo.

A população é predominantemente branca (64%) – há 23% de pardos e 7% de pretos. Mulheres são maioria, assim como casados e católicos. O morador local tem em média 39,9 anos e é são-paulino, à frente de torcedores de Corinthians e Palmeiras.

CURSINO

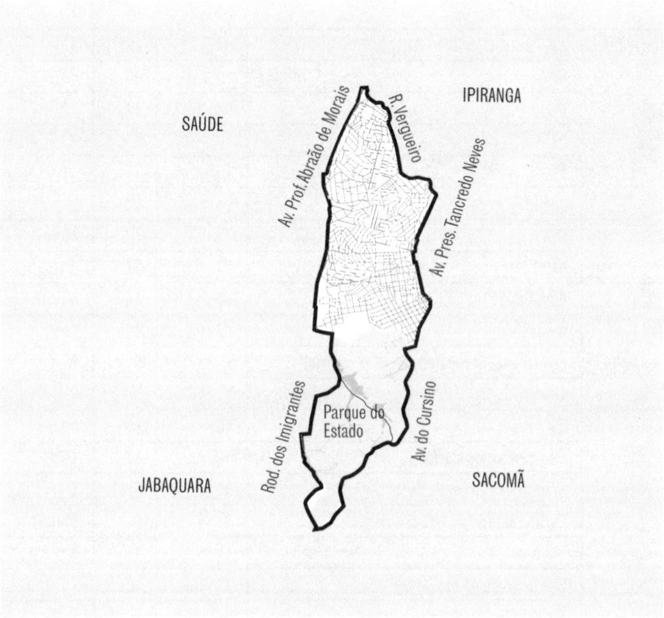

PERFIL (Resposta em %)

		CURSINO	SUL	SÃO PAULO
SEXO	Masculino	47	47	48
	Feminino	53	53	52
IDADE	16 a 24 anos	22	21	24
	25 a 34 anos	23	25	24
	35 a 44 anos	20	20	20
	45 a 59 anos	20	21	20
	60 anos ou mais	15	13	11
MÉDIA DE IDADE		39,5	38,8	38
ESCOLARIDADE	Fundamental	34	32	40
	Médio	44	40	44
	Superior	22	28	16

PERFIL (Resposta em %)

		CURSINO	SUL	SÃO PAULO
RENDA FAMILIAR MENSAL	Até 5 S.M.	58	53	69
	Mais de 5 a 10 S.M.	19	16	15
	Mais de 10 a 20 S.M.	13	14	7
	Mais de 20 a 50 S.M.	3	7	3
	Mais de 50 S.M.		2	0
	Não sabe/ recusa	8	8	7
CLASSIFICAÇÃO ECONÔMICA	A	9	11	5
	B	39	40	33
	C	43	42	53
	D	8	7	8
	E	1	1	1
	Não sabe/ recusa		0	0
OCUPAÇÃO PRINCIPAL	PEA	73	73	72
	NÃO PEA	27	27	28
ESTADO CONJUGAL	Solteiro(a)	43	44	40
	Casado(a)	42	42	46
	Separado(a)/ desquitado(a)/ divorciado(a)	7	9	8
	Viúvo(a)	7	5	6
RELIGIÃO	Católica	60	60	56
	Evangélica pentecostal	10	11	19
	Evangélica não pentecostal	5	9	5
	Espírita kardecista, espiritualista	7	5	5
	Outra religião	5	4	4
	Não tem religião nenhuma	11	10	10
	É ateu/ não acredita em Deus	1	1	1

PERFIL (Resposta em %)

	CURSINO	SUL	SÃO PAULO
Mora em casa	76	67	77
Tempo médio para chegar ao trabalho (em min.)	30,4	30,7	37,4
IMC - Média	24,8	24,6	24,8
Tem animal de estimação	50	50	54
TV por assinatura	47	53	28
Telefone fixo	74	73	70
Vai ao cinema pelo menos uma vez por semana	4	6	4
Vai ao shopping pelo menos uma vez por semana	30	27	23
Viaja pelo menos uma vez por mês	15	16	10
Vai à academia pelo menos uma vez ou mais por semana	15	18	12
Costuma acessar a internet	53	59	51

Às margens da rodovia dos Imigrantes, o distrito do Cursino destoa da maior parte dos vizinhos da zona sul por ser formado por famílias de classe média baixa – mais da metade dos moradores pertence às classes C, D e E. Com efeito, os índices de escolaridade e renda são bem inferiores aos de distritos da mesma região, como Moema, Campo Belo e Vila Mariana.

Quem vive no distrito se irrita com o trânsito ruim, com as ruas e avenidas sujas e com a energia elétrica que às vezes falha. O morador do Cursino gosta, de outro modo, da comodidade de ter uma boa rede de comércio próximo e da vizinhança. Possível consequência, a maioria não pensa em se mudar do distrito.

Morar perto de onde trabalha é outra vantagem: 41% dos moradores vão a pé ao emprego – o percurso em geral leva meia hora. Outros 39% usam ônibus e 16%, metrô. Apenas 12% deixam suas casas de carro para ir ao trabalho. Há 96.744 moradores no Cursino – entre a população economicamente ativa, 29% têm emprego com registro em carteira. Donas de casa somam 11%.

Para a população local, passear em shopping centers é a diversão favorita, à frente de bares e restaurantes. Ir a parques está em quarto lugar entre os hábitos dos moradores, embora se localize no Cursino parte do Zoológico e do Jardim Botânico – com seus jardins verde-escuros inspirados em cenários europeus e suas orquídeas. O morador local, aliás, se incomoda com a ausência de áreas de lazer: o serviço recebeu a modesta nota 3.

O habitante padrão do distrito é homem, branco, solteiro, tem 39 anos, casa própria, cursou o ensino médio, ganha de R$ 830 a R$ 1.245, é católico e torce para o Corinthians.

IPIRANGA

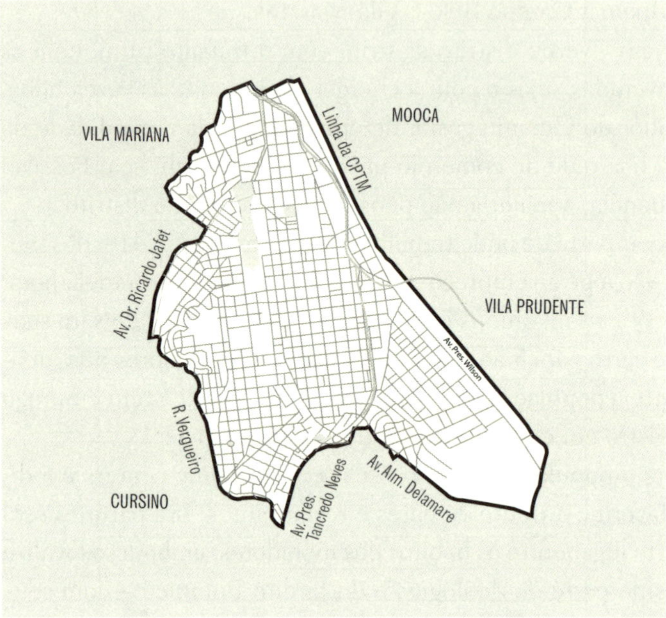

PERFIL (Resposta em %)

		IPIRANGA	SUL	SÃO PAULO
SEXO	Masculino	47	47	48
	Feminino	53	53	52
IDADE	16 a 24 anos	22	21	24
	25 a 34 anos	25	25	24
	35 a 44 anos	19	20	20
	45 a 59 anos	20	21	20
	60 anos ou mais	14	13	11
MÉDIA DE IDADE		39,1	38,8	38
ESCOLARIDADE	Fundamental	38	32	40
	Médio	39	40	44
	Superior	23	28	16

PERFIL (Resposta em %)

		IPIRANGA	SUL	SÃO PAULO
RENDA FAMILIAR MENSAL	Até 5 S.M.	60	53	69
	Mais de 5 a 10 S.M.	16	16	15
	Mais de 10 a 20 S.M.	12	14	7
	Mais de 20 a 50 S.M.	4	7	3
	Mais de 50 S.M.	0	2	0
	Não sabe/ recusa	9	8	7
CLASSIFICAÇÃO ECONÔMICA	A	8	11	5
	B	39	40	33
	C	46	42	53
	D	7	7	8
	E	1	1	1
	Não sabe/ recusa		0	0
OCUPAÇÃO PRINCIPAL	PEA	73	73	72
	NÃO PEA	27	27	28
ESTADO CONJUGAL	Solteiro(a)	43	44	40
	Casado(a)	40	42	46
	Separado(a)/ desquitado(a)/ divorciado(a)	10	9	8
	Viúvo(a)	6	5	6
RELIGIÃO	Católica	63	60	56
	Evangélica pentecostal	9	11	19
	Evangélica não pentecostal	10	9	5
	Espírita kardecista, espiritualista	5	5	5
	Outra religião	4	4	4
	Não tem religião nenhuma	8	10	10
	É ateu/ não acredita em Deus	1	1	1

PERFIL (Resposta em %)

	IPIRANGA	SUL	SÃO PAULO
Mora em casa	75	67	77
Tempo médio para chegar ao trabalho (em min.)	24,2	30,7	37,4
IMC - Média	24,8	24,6	24,8
Tem animal de estimação	54	50	54
TV por assinatura	53	53	28
Telefone fixo	75	73	70
Vai ao cinema pelo menos uma vez por semana	4	6	4
Vai ao shopping pelo menos uma vez por semana	23	27	23
Viaja pelo menos uma vez por mês	17	16	10
Vai à academia pelo menos uma vez ou mais por semana	16	18	12
Costuma acessar a internet	57	59	51

O histórico Ipiranga, onde D. Pedro declarou a independência do Brasil em 1822, é um distrito de classe média alta onde predominam trabalhadores assalariados (30% registrados e 15% sem registro).

Atualmente, 60% dos moradores nunca moraram fora dali. O distrito assiste a um crescimento do mercado imobiliário na região, com a construção de dezenas de novos condomínios, o que pode mudar essa divisão – já que, hoje, 75% vivem em casas térreas. Apenas 15% dos atuais moradores declaram o desejo de se mudar para outro local.

No século 19, o Ipiranga era a passagem para os viajantes que se deslocavam entre Santos, cujo porto, na época, ainda não era o mais importante do país, e São Paulo, que se consolidava como a principal cidade brasileira, embora a capital da colônia fosse o Rio de Janeiro. Ainda hoje o distrito é caminho para o litoral, pois se localiza no meio do trajeto entre o centro de São Paulo e a via Anchieta, pista preferencial dos caminhões.

Apesar de ter ruas internas razoavelmente tranquilas, o maior problema do Ipiranga para 15% dos moradores é o trânsito. O distrito é cortado pela avenida do Estado (que se degradou durante os cerca de dez anos de obras do antigo Fura-Fila, hoje rebatizado de Expresso Tiradentes), umas das vias de maior volume de tráfego da região central e que desemboca justamente na Anchieta. Outros problemas do distrito são as enchentes (11%), iluminação pública (10%) e sujeira das ruas (10%).

Com boa localização, 21% dos moradores apontaram que o melhor do Ipiranga é o comércio local.

Distrito tradicional, de classe média, tem prevalência de católicos (63%). A segunda religião é o espiritismo, seguido por 10% dos moradores. Os evangélicos pentecostais são 9%.

Com o metrô atendendo a apenas parte do distrito, apenas 8% usam esse meio de transporte para ir ao trabalho; 37% vão a pé, 23% de ônibus e 20% de carro.

JABAQUARA

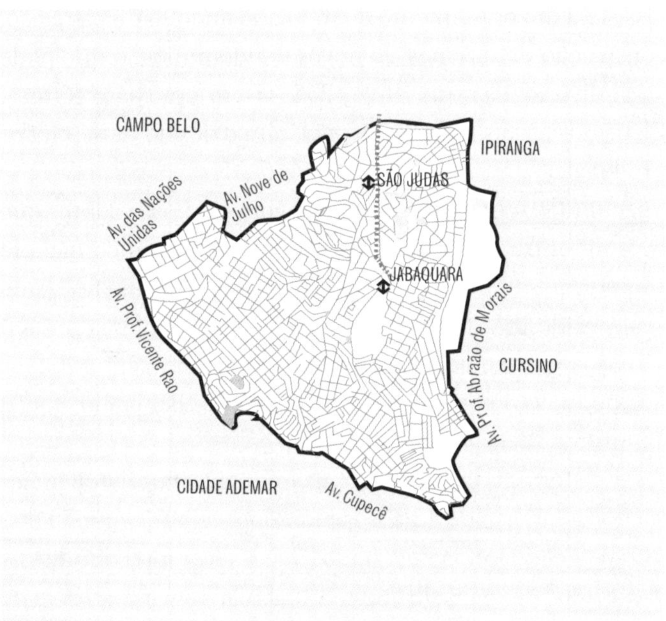

PERFIL (Resposta em %)

		JABAQUARA	SUL	SÃO PAULO
SEXO	Masculino	48	47	48
	Feminino	52	53	52
IDADE	16 a 24 anos	23	21	24
	25 a 34 anos	30	25	24
	35 a 44 anos	19	20	20
	45 a 59 anos	19	21	20
	60 anos ou mais	10	13	11
MÉDIA DE IDADE		36,4	38,8	38
ESCOLARIDADE	Fundamental	38	32	40
	Médio	46	40	44
	Superior	15	28	16

PERFIL (Resposta em %)

		JABAQUARA	SUL	SÃO PAULO
RENDA FAMILIAR MENSAL	Até 5 S.M.	63	53	69
	Mais de 5 a 10 S.M.	16	16	15
	Mais de 10 a 20 S.M.	8	14	7
	Mais de 20 a 50 S.M.	3	7	3
	Mais de 50 S.M.	2	2	0
	Não sabe/ recusa	8	8	7
CLASSIFICAÇÃO ECONÔMICA	A	3	11	5
	B	34	40	33
	C	54	42	53
	D	8	7	8
	E	0	1	1
	Não sabe/ recusa		0	0
OCUPAÇÃO PRINCIPAL	PEA	77	73	72
	NÃO PEA	23	27	28
ESTADO CONJUGAL	Solteiro(a)	50	44	40
	Casado(a)	38	42	46
	Separado(a)/ desquitado(a)/ divorciado(a)	9	9	8
	Viúvo(a)	3	5	6
RELIGIÃO	Católica	58	60	56
	Evangélica pentecostal	14	11	19
	Evangélica não pentecostal	10	9	5
	Espírita kardecista, espiritualista	4	5	5
	Outra religião	4	4	4
	Não tem religião nenhuma	10	10	10
	É ateu/ não acredita em Deus	1	1	1

PERFIL (Resposta em %)

	JABAQUARA	SUL	SÃO PAULO
Mora em casa	81	67	77
Tempo médio para chegar ao trabalho (em min.)	29,7	30,7	37,4
IMC - Média	24,6	24,6	24,8
Tem animal de estimação	54	50	54
TV por assinatura	37	53	28
Telefone fixo	63	73	70
Vai ao cinema pelo menos uma vez por semana	3	6	4
Vai ao shopping pelo menos uma vez por semana	17	27	23
Viaja pelo menos uma vez por mês	12	16	10
Vai à academia pelo menos uma vez ou mais por semana	13	18	12
Costuma acessar a internet	57	59	51

Não dá para dizer que falte emprego no distrito do Jabaquara, na zona sul de São Paulo. Procuram emprego 9% dos moradores ante uma média da cidade de 14%. O dado que surpreende, no entanto, é o que se refere a quem possui emprego.

Exatos 50% dos moradores são assalariados no Jabaquara. Só que mais da metade deles, ou 26% do total, trabalham, recebem seus salários, mas não têm registro. É o maior percentual de São Paulo e está muito acima do segundo colocado neste aspecto, que tem 19% assalariados sem registro. A média da cidade é de 10%.

Os problemas que mais preocupam os cerca de 227 mil habitantes do Jabaquara são os buracos das ruas (12%), a iluminação pública (11%), a sujeira das ruas (11%) e o trânsito (10%). O comércio local é o melhor do bairro para 24% dos moradores.

Para 33% dos moradores, o Jabaquara é um distrito muito melhor que a maioria dos demais da cidade. Apenas 3% acham que é muito pior. E 21% dizem querer mudar de bairro.

A violência não é um problema grave no Jabaquara. Apenas 5% (menos que a média de 7% da cidade) dizem ter conhecimento de algum assassinato no bairro no período de um ano. Houve algum tipo de invasão em 5% dos imóveis (81% são casas térreas e 19%, apartamentos), apesar de 53% não ter qualquer tipo de proteção. Cães de guarda estão presentes em 20% das casas térreas, 18% têm janelas especiais ou portas com grade e 17% optaram por colocar grade alta. Há, ainda, vigias ou guardas que cuidam de 12% das casas.

Os católicos somam 58% do total no distrito, 14% são evangélicos pentecostais e 10% (a média da cidade é 5%) são espíritas kardecistas.

Em um distrito servido pela linha mais antiga do metrô, 38% dos moradores se deslocam a pé para o trabalho, 35% usam ônibus e 9% usam carro. O metrô é a opção de 17%.

MOEMA

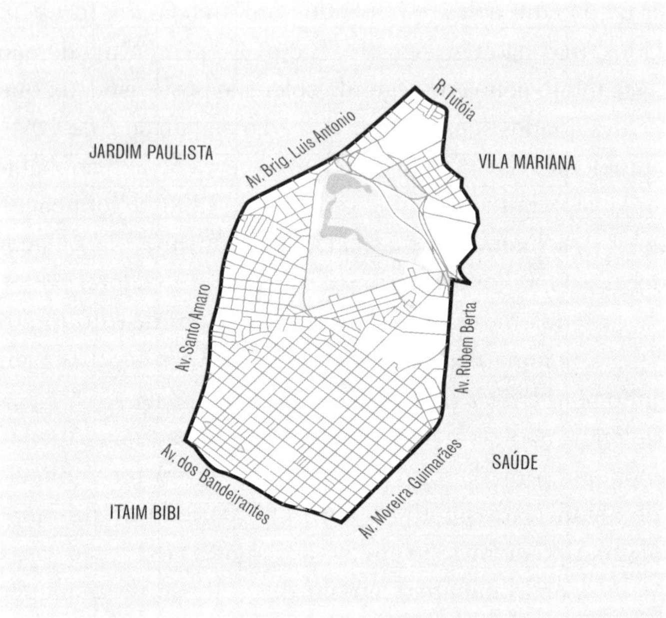

PERFIL (Resposta em %)

		MOEMA	SUL	SÃO PAULO
SEXO	Masculino	43	47	48
	Feminino	57	53	52
IDADE	16 a 24 anos	19	21	24
	25 a 34 anos	22	25	24
	35 a 44 anos	18	20	20
	45 a 59 anos	25	21	20
	60 anos ou mais	15	13	11
MÉDIA DE IDADE		40,7	38,8	38
ESCOLARIDADE	Fundamental	6	32	40
	Médio	27	40	44
	Superior	66	28	16

PERFIL (Resposta em %)

		MOEMA	SUL	SÃO PAULO
RENDA FAMILIAR MENSAL	Até 5 S.M.	12	53	69
	Mais de 5 a 10 S.M.	14	16	15
	Mais de 10 a 20 S.M.	27	14	7
	Mais de 20 a 50 S.M.	26	7	3
	Mais de 50 S.M.	9	2	0
	Não sabe/ recusa	14	8	7
CLASSIFICAÇÃO ECONÔMICA	A	40	11	5
	B	49	40	33
	C	10	42	53
	D	0	7	8
	E		1	1
	Não sabe/ recusa	0	0	0
OCUPAÇÃO PRINCIPAL	PEA	69	73	72
	NÃO PEA	31	27	28
ESTADO CONJUGAL	Solteiro(a)	39	44	40
	Casado(a)	44	42	46
	Separado(a)/ desquitado(a)/ divorciado(a)	11	9	8
	Viúvo(a)	6	5	6
RELIGIÃO	Católica	61	60	56
	Evangélica pentecostal	5	11	19
	Evangélica não pentecostal	13	9	5
	Espírita kardecista, espiritualista	5	5	5
	Outra religião	4	4	4
	Não tem religião nenhuma	12	10	10
	É ateu/ não acredita em Deus	1	1	1

PERFIL (Resposta em %)

	MOEMA	SUL	SÃO PAULO
Mora em casa	18	67	77
Tempo médio para chegar ao trabalho (em min.)	25,8	30,7	37,4
IMC - Média	24,2	24,6	24,8
Tem animal de estimação	46	50	54
TV por assinatura	83	53	28
Telefone fixo	91	73	70
Vai ao cinema pelo menos uma vez por semana	16	6	4
Vai ao shopping pelo menos uma vez por semana	62	27	23
Viaja pelo menos uma vez por mês	25	16	10
Vai à academia pelo menos uma vez ou mais por semana	31	18	12
Costuma acessar a internet	81	59	51

As mulheres dominam o distrito mais rico de São Paulo. Dos cerca de 72 mil moradores do distrito, 57% são do sexo feminino, 35% têm renda familiar mensal superior a 20 salários mínimos e 40% pertencem à classe A (a média da cidade é de 5%).

O nível de escolaridade de Moema também é altíssimo: 66% têm ensino superior e apenas 6% completaram somente o fundamental. Outro indicador bastante positivo é o que aponta apenas 2% de desempregados. Os assalariados registrados (34%) predominam no distrito, que tem, ainda, acima da média da cidade, profissionais autônomos (10%), profissionais liberais (7%) e empresários (5%).

No aspecto religioso, o distrito conta com um dos menores percentuais de moradores ligados a igrejas evangélicas (5% pentecostais e 5% não pentecostais) e um dos maiores percentuais de espíritas (13%). Os católicos são 61%.

Sempre moraram no bairro 42% dos atuais residentes. Os demais 58% vieram de outros locais, geralmente após ascenderem socialmente, pois os imóveis no distrito estão entre os mais caros de São Paulo.

Há também outros aspectos que fazem de Moema uma região à parte na cidade. Há mais torcedores do São Paulo (28%) que do Corinthians (25%). Os palmeirenses são 17% e os santistas, 5%.

O tipo de música mais ouvido em Moema é MPB: 25%. A média da cidade é de 10%. Em segundo lugar vem o rock (15%). Há mais amantes de música clássica (7%) que de sertanejo (5%). Considerado-se que o sertanejo é a música mais ouvida na cidade (16%, na média de São Paulo).

Moema, que abriga o parque do Ibirapuera, o principal de São Paulo, também lidera o *ranking* do uso de carro na cidade: 45% usam o veículo para trabalhar, 25% andam a pé e 16% usam ônibus. Apenas 2% utilizam o metrô para ir ao trabalho. Na média, o trajeto casa-trabalho dura 25,8 minutos. Apenas 2% demoram mais de uma hora para chegar ao trabalho.

SACOMÃ

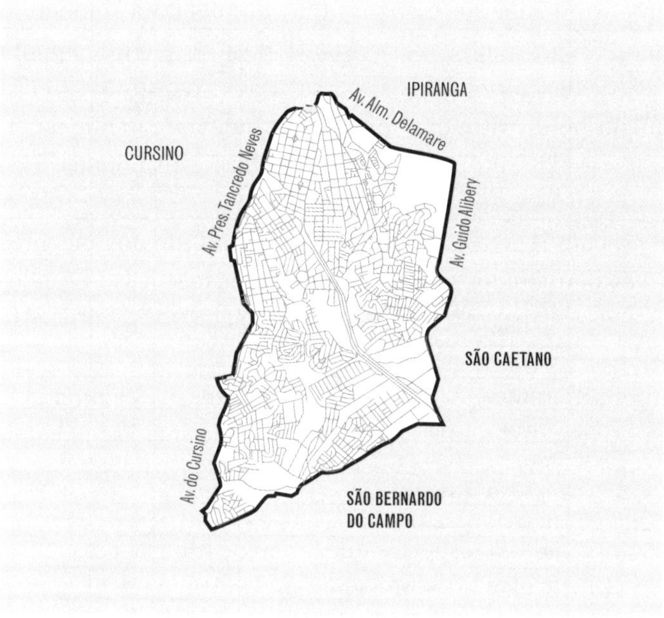

PERFIL (Resposta em %)

		SACOMÃ	SUL	SÃO PAULO
SEXO	Masculino	47	47	48
	Feminino	53	53	52
IDADE	16 a 24 anos	23	21	24
	25 a 34 anos	24	25	24
	35 a 44 anos	23	20	20
	45 a 59 anos	20	21	20
	60 anos ou mais	9	13	11
MÉDIA DE IDADE		37,2	38,8	38
ESCOLARIDADE	Fundamental	45	32	40
	Médio	42	40	44
	Superior	13	28	16

PERFIL (Resposta em %)

		SACOMÃ	SUL	SÃO PAULO
RENDA FAMILIAR MENSAL	Até 5 S.M.	71	53	69
	Mais de 5 a 10 S.M.	14	16	15
	Mais de 10 a 20 S.M.	6	14	7
	Mais de 20 a 50 S.M.	2	7	3
	Mais de 50 S.M.		2	0
	Não sabe/ recusa	7	8	7
CLASSIFICAÇÃO ECONÔMICA	A	2	11	5
	B	33	40	33
	C	56	42	53
	D	9	7	8
	E	0	1	1
	Não sabe/ recusa		0	0
OCUPAÇÃO PRINCIPAL	PEA	74	73	72
	NÃO PEA	26	27	28
ESTADO CONJUGAL	Solteiro(a)	37	44	40
	Casado(a)	49	42	46
	Separado(a)/ desquitado(a)/ divorciado(a)	9	9	8
	Viúvo(a)	6	5	6
RELIGIÃO	Católica	62	60	56
	Evangélica pentecostal	16	11	19
	Evangélica não pentecostal	7	9	5
	Espírita kardecista, espiritualista	4	5	5
	Outra religião	3	4	4
	Não tem religião nenhuma	8	10	10
	É ateu/ não acredita em Deus		1	1

PERFIL (Resposta em %)

	SACOMÃ	SUL	SÃO PAULO
Mora em casa	83	67	77
Tempo médio para chegar ao trabalho (em min.)	40,3	30,7	37,4
IMC - Média	25	24,6	24,8
Tem animal de estimação	46	50	54
TV por assinatura	44	53	28
Telefone fixo	63	73	70
Vai ao cinema pelo menos uma vez por semana	2	6	4
Vai ao shopping pelo menos uma vez por semana	13	27	23
Viaja pelo menos uma vez por mês	10	16	10
Vai à academia pelo menos uma vez ou mais por semana	12	18	12
Costuma acessar a internet	45	59	51

O desemprego não é problema grave no distrito do Sacomã, que abriga em sua área a favela de Heliópolis, a maior de São Paulo. Declaram-se desempregados 7% dos moradores do Sacomã. O dado é importante porque em Vila Andrade, que abriga a segunda maior favela da cidade, Paraisópolis, o índice de 25% de desemprego é o maior da cidade.

O subemprego, no entanto, é significativo no Sacomã: 13% vivem de "bico" e 14% são assalariados sem registro. A renda familiar de 30% da população local não supera os 2 salários mínimos mensais e menos de 3% ganham mais de 20 salários mínimos.

A maior parcela dos moradores opta pelo uso do ônibus para se deslocar ao trabalho: 47%. Outros 32% andam a pé, 14% usam carro e 12%, o metrô. É isso mesmo sem que o metrô tenha chegado à região – a inauguração da estação Sacomã está prevista para o fim de 2009 ou o início de 2010. O que já chegou ao distrito é o Expresso Tiradentes, antigo Fura-Fila, corredor exclusivo de ônibus que liga a região ao centro de São Paulo. Em média, o trajeto casa-trabalho demora 40,3 minutos.

O tipo de música preferido de 21% é o sertanejo e 10% preferem MPB. Música gospel vem em terceiro lugar na preferência da população local, com 7% das citações.

O distrito não está entre os mais católicos (62%), embora esteja acima da média de 56% da cidade. Também não está entre os mais evangélicos pentecostais (16% ante uma média de 19% da capital). Além disso, apenas 54% se declaram praticantes de suas religiões, índice abaixo dos 61% da média da cidade.

A distribuição das torcidas dos times de futebol segue praticamente a mesma proporção média da cidade: 33% de corintianos, 22% de são-paulinos e 15% de palmeirenses (são 14% na cidade). No Sacomã, há o mesmo percentual de torcedores do Santos e do Flamengo: 4% para cada um.

SAÚDE

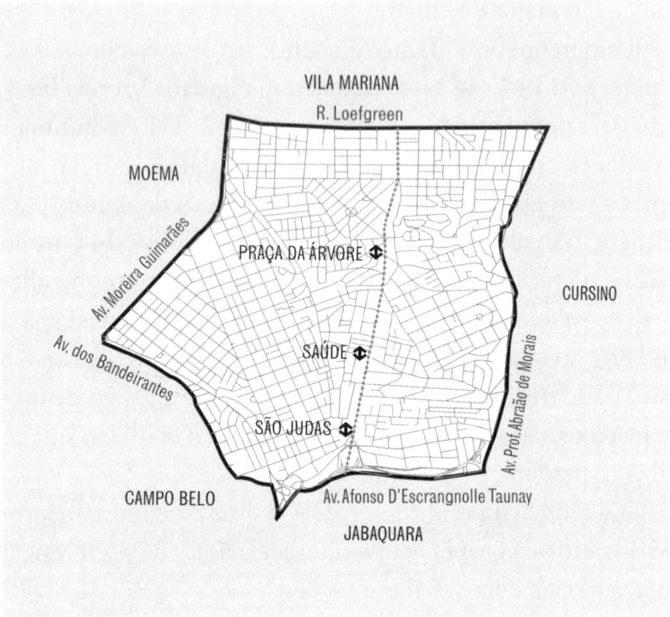

PERFIL (Resposta em %)

		SAÚDE	SUL	SÃO PAULO
SEXO	Masculino	48	47	48
	Feminino	52	53	52
IDADE	16 a 24 anos	19	21	24
	25 a 34 anos	22	25	24
	35 a 44 anos	19	20	20
	45 a 59 anos	25	21	20
	60 anos ou mais	16	13	11
MÉDIA DE IDADE		41,7	38,8	38
ESCOLARIDADE	Fundamental	21	32	40
	Médio	41	40	44
	Superior	38	28	16

PERFIL (Resposta em %)

		SAÚDE	SUL	SÃO PAULO
RENDA FAMILIAR MENSAL	Até 5 S.M.	40	53	69
	Mais de 5 a 10 S.M.	18	16	15
	Mais de 10 a 20 S.M.	20	14	7
	Mais de 20 a 50 S.M.	12	7	3
	Mais de 50 S.M.	1	2	0
	Não sabe/ recusa	9	8	7
CLASSIFICAÇÃO ECONÔMICA	A	14	11	5
	B	52	40	33
	C	29	42	53
	D	4	7	8
	E	1	1	1
	Não sabe/ recusa		0	0
OCUPAÇÃO PRINCIPAL	PEA	68	73	72
	NÃO PEA	32	27	28
ESTADO CONJUGAL	Solteiro(a)	41	44	40
	Casado(a)	46	42	46
	Separado(a)/ desquitado(a)/ divorciado(a)	7	9	8
	Viúvo(a)	6	5	6
RELIGIÃO	Católica	62	60	56
	Evangélica pentecostal	11	11	19
	Evangélica não pentecostal	5	9	5
	Espírita kardecista, espiritualista	4	5	5
	Outra religião	5	4	4
	Não tem religião nenhuma	12	10	10
	É ateu/ não acredita em Deus	1	1	1

PERFIL (Resposta em %)

	SAÚDE	SUL	SÃO PAULO
Mora em casa	57	67	77
Tempo médio para chegar ao trabalho (em min.)	27,7	30,7	37,4
IMC - Média	24,7	24,6	24,8
Tem animal de estimação	48	50	54
TV por assinatura	69	53	28
Telefone fixo	84	73	70
Vai ao cinema pelo menos uma vez por semana	9	6	4
Vai ao shopping pelo menos uma vez por semana	43	27	23
Viaja pelo menos uma vez por mês	21	16	10
Vai à academia pelo menos uma vez ou mais por semana	23	18	12
Costuma acessar a internet	69	59	51

O distrito da Saúde é bem localizado, na zona sul de São Paulo, próximo a Moema, ao Campo Belo e à Vila Mariana. Tanto que mesmo servido por três estações de metrô, o predomínio é de pessoas que vão trabalhar a pé: 37%.

Mesmo o ônibus é mais usado pelos moradores que o metrô: 23%. As três estações recebem, diariamente, 21% da população da Saúde quando se dirige para o trabalho, mesmo percentual dos que usam carro.

A localização é louvada pelos moradores: 36% disseram que o melhor do distrito é ser perto de tudo, com comércio. E outros 8% apontaram diretamente a localização e 5% relataram a facilidade de chegar ao metrô.

A segurança é a maior qualidade para 14% dos moradores. Mas a violência não é fator para deixar de se preocupar, já que 13% relataram ter sido assaltados ou sofrido violência no período de um ano no próprio bairro em que moram, e 5% dos imóveis foram invadidos no mesmo período (são 57% de casas térreas e 43% de apartamentos). Apenas 2% conhecem alguém que tenha sido assassinado no período de um ano no distrito, mas 5% sabem de quem tenha sido morto em outro local da cidade.

Outro dado que contribui para a falta de segurança: 12% dos moradores dizem que a iluminação pública é a maior deficiência do bairro. É o mesmo percentual dos que apontam o trânsito como problema significativo. As ruas esburacadas foram citadas por 10%, 9% reclamam da poluição sonora e 9% da violência.

A Saúde é um distrito com predomínio de famílias de classe B (52%), de classe média alta, portanto. Há 33% de famílias que têm renda familiar mensal superior a 10 salários mínimos (a média da cidade é de 10%) e 7% dos moradores estão desempregados. Tem nível superior de ensino 38% da população contra 21% apenas com ensino fundamental.

VILA MARIANA

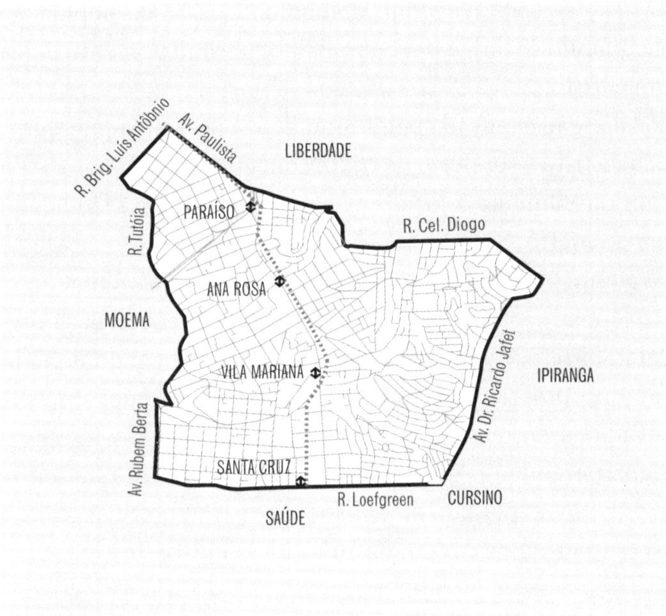

PERFIL (Resposta em %)

		VILA MARIANA	SUL	SÃO PAULO
SEXO	Masculino	44	47	48
	Feminino	56	53	52
IDADE	16 a 24 anos	19	21	24
	25 a 34 anos	23	25	24
	35 a 44 anos	20	20	20
	45 a 59 anos	21	21	20
	60 anos ou mais	18	13	11
MÉDIA DE IDADE		41,3	38,8	38
ESCOLARIDADE	Fundamental	15	32	40
	Médio	31	40	44
	Superior	54	28	16

PERFIL (Resposta em %)

		VILA MARIANA	SUL	SÃO PAULO
RENDA FAMILIAR MENSAL	Até 5 S.M.	30	53	69
	Mais de 5 a 10 S.M.	19	16	15
	Mais de 10 a 20 S.M..	25	14	7
	Mais de 20 a 50 S.M.	14	7	3
	Mais de 50 S.M.	5	2	0
	Não sabe/ recusa	6	8	7
CLASSIFICAÇÃO ECONÔMICA	A	22	11	5
	B	51	40	33
	C	22	42	53
	D	5	7	8
	E	1	1	1
	Não sabe/ recusa		0	0
OCUPAÇÃO PRINCIPAL	PEA	75	73	72
	NÃO PEA	25	27	28
ESTADO CONJUGAL	Solteiro(a)	51	44	40
	Casado(a)	35	42	46
	Separado(a)/ desquitado(a)/ divorciado(a)	9	9	8
	Viúvo(a)	5	5	6
RELIGIÃO	Católica	54	60	56
	Evangélica pentecostal	3	11	19
	Evangélica não pentecostal	13	9	5
	Espírita kardecista, espiritualista	6	5	5
	Outra religião	6	4	4
	Não tem religião nenhuma	16	10	10
	É ateu/ não acredita em Deus	2	1	1

PERFIL (Resposta em %)

	VILA MARIANA	SUL	SÃO PAULO
Mora em casa	38	67	77
Tempo médio para chegar ao trabalho (em min.)	25	30,7	37,4
IMC - Média	24,2	24,6	24,8
Tem animal de estimação	44	50	54
TV por assinatura	72	53	28
Telefone fixo	88	73	70
Vai ao cinema pelo menos uma vez por semana	12	6	4
Vai ao shopping pelo menos uma vez por semana	32	27	23
Viaja pelo menos uma vez por mês	26	16	10
Vai à academia pelo menos uma vez ou mais por semana	34	18	12
Costuma acessar a internet	76	59	51

Em nenhum outro distrito de São Paulo há tão poucos frequentadores de igrejas evangélicas pentecostais quanto na Vila Mariana. São apenas 3%, índice superado pelos 6% de evangélicos não pentecostais. No aspecto religioso, a Vila Mariana se destaca também pelos 13% de espíritas, terceiro maior percentual da cidade.

Isso ocorre em um distrito de classe média alta, com 22% de moradores de classe A e 51% de classe B, onde 44% das famílias têm renda mensal superior a 10 salários mínimos (a média da cidade é de 10%), e 5% ganham mais de 50 salários mínimos e onde 54% dos moradores têm nível superior de ensino, sexto maior índice da cidade. Duas possíveis explicações para a alta renda das famílias é que o índice de desempregados é muito baixo (apenas 4%) e as mulheres não costumam ficar em casa: há apenas 5% de donas de casa, terceiro menor índice da cidade, ante a média paulistana de 10%.

Para quem quer se casar e procura "bons partidos", a Vila Mariana é o lugar. Embora a média de idade seja superior à da cidade (41,3 no distrito ante 37,8 na capital), é ali que se encontra o maior percentual de solteiros: 51%.

A localização é a maior virtude da Vila Mariana, apontam 55% dos moradores: 33% dizem que o melhor é estar próximo do comércio e 12% dizem que é a facilidade de ir e vir de vários pontos da cidade, inclusive pelas duas linhas de metrô que cortam o distrito. O pior, reflexo direto da boa localização, é o trânsito, item apontado por 25%, e a poluição sonora, reclamação de 10% da população.

As pessoas se mudam para a Vila Mariana, geralmente, quando ascendem socialmente. Apenas 40% dos moradores nunca viveram em outro lugar. Hoje, só 14% querem se mudar dali.

Na política, a preferência é pelo PSDB, com 21%. O PT tem a preferência de 12% dos moradores do segundo distrito mais politizado da cidade: 34% dizem ter muito interesse pelo assunto.

REGIÃO 3 — CENTRO

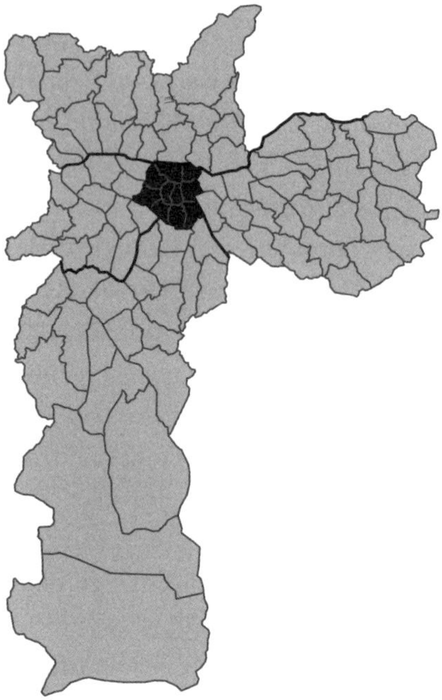

O local onde a cidade nasceu é hoje um ninho esvaziado: a área central concentra apenas 3% da população paulistana. Enquanto isso, áreas periféricas e carentes de infraestrutura são densamente habitadas – juntos, noroeste, extremo sul e extremo leste abrigam 56% dos moradores de São Paulo.

A região central comporta o paradoxo de apresentar notas altas para diversos serviços públicos e uma das piores avaliações para condições de moradia, à frente apenas das áreas periféricas, mas, ainda assim, abaixo da média da cidade. É a maior concentração das classes D e E do município.

Os habitantes se queixam da quantidade de moradores de rua e mendigos e também do número de usuários de drogas. Na República, a miséria que se vê nas ruas é o principal problema para 21% dos moradores, enquanto o tráfico e o consumo de entorpecentes é principal reclamação de 16%, os maiores índices da região.

O centro é também a única área da cidade em que os moradores proprietários da casa onde vivem são minoria e também a que apresenta maior incidência de moradias cedidas e pensões, indício da ampla presença de cortiços, o que contribui para a degradação da região.

O percentual de moradores que declaram ir a pé ao trabalho, 53,3%, leva a crer que boa parte deles opte por viver na região para estar próximo ao local onde trabalha – apesar de pequeno, trata-se do maior índice de habitantes que acham que a oferta de empregos é a principal qualidade do local onde vivem. A localização está entre os principais atrativos, ficando atrás apenas do comércio local no *ranking* de qualidades.

Os moradores da região central são também os que levam menos tempo para chegar ao trabalho, 22,6 minutos, e a parcela mais numerosa afirma não gastar nem dez minutos nesse deslocamento. Quem não vai a pé também está bem servido, já que a nota para as opções de transporte coletivo é a mais alta da cidade. Ainda assim, quase um em cada quatro habitantes gostaria de se mudar.

Eles se queixam principalmente da falta de limpeza e do acúmulo de sujeiras nas ruas e calçadas – Sé e Liberdade empatam com o maior percentual. Em segundo lugar, aparece a ocorrência de enchentes, queixa especialmente frequente no Cambuci.

A região onde a cidade começou concentra hoje sua população de idade mais avançada. Em média, os moradores têm 40,8 anos, o maior índice do município. São, na maioria das vezes, do sexo feminino: é a maior proporção de mulheres para cada homem. Trata-se também da parcela mais numerosa de pessoas acima de 60 anos, e boa parte delas vive sozinha: os solitários representam pouco mais de um quinto do total. A maior parte não tem bichos de estimação como companhia; entre as regiões, a central registra a menor parcela de pessoas que têm animais domésticos.

SATISFAÇÃO (NOTA MÉDIA DE 0 A 10)	TOTAL - SP	TOTAL - CENTRO	Bela Vista	Bom Retiro
a) não-ocorrência de enchentes, isto é, o escoamento das águas das chuvas	7,5	6,6	7,5	5,7
b) fornecimento de água	8,6	8,9	9	8,7
c) rede de esgoto	7,1	7,1	7,5	6,4
d) condições de habitação e moradias	7,2	7	6,9	6,6
e) conservação das ruas e avenidas	6,1	6,1	5,7	6,1
f) asfaltamento de ruas e avenidas	6,2	6,3	6,1	6,2
g) quantidade de escolas públicas	6,9	6,1	6,6	5,9
h) quantidade de escolas particulares	6,3	7	7,3	6,5
i) quantidade de postos de saúde	5,2	4,8	5,9	4,2
j) não-ocorrência de trânsito	5,8	5,2	4,7	5,4
k) opções de transportes coletivos como ônibus, metrô, vans e trens	6,7	7,9	7,7	8
l) áreas de lazer	4,4	5	5,2	4,5
m) áreas para prática de esportes	4,2	4,4	4,4	4
n) iluminação de ruas e avenidas	6	6,2	6,3	5,9
o) atividades de cultura	4,1	5,4	6,8	4,9
p) ações e eventos para os jovens	3,7	4,3	5,5	3,8
q) ações e eventos para os idosos	3,7	4,2	5	3,5
r) acessibilidade das ruas e avenidas para deficientes físicos	2,9	3,7	4	3,2
s) limpeza de ruas e avenidas	5,5	5	4,7	4,7
t) coleta de lixo domiciliar	7,8	7,1	6,7	7
u) qualidade do ar	5,3	4,5	4,2	4,4
v) conservação das áreas verdes	5,7	5,3	5,3	5,1
w) segurança	4,6	5,1	4,6	5,4
x) quantidade de hospitais públicos	4,5	4,5	5,7	3,3
y) quantidade de hospitais particulares	4,5	5,4	7,5	3,6
z) silêncio das ruas	5,3	5,2	4,7	5,8
aa) fornecimento de energia elétrica	8	8,3	8,1	8,1
I. SATISFAÇÃO COM O BAIRRO	5,7	5,8	6,1	5,4
II. PARTICIPAÇÃO COMUNITÁRIA	49	39	42	44
III. *FIDELIDADE AO BAIRRO	136	142	138	143
IV. RISCO DE VIOLÊNCIA	20	16	16	17
V. PERCEPÇÃO DE SEGURANÇA	21	20	18	23

* Índice de 0 a 200 (0 = extremo negativo e 200 = extremo positivo)

	Brás	Cambuci	Consolação	Liberdade	Pari	República	Santa Cecilia	Sé
a)	6,3	4,5	8,7	7	5,8	8	7,9	5,1
b)	8,8	8,9	9,4	8,9	9	9	9,2	8,6
c)	6,7	6,7	8,8	7,6	7,1	8	8,1	5,8
d)	6,5	6,8	8,7	7,4	6,9	6,7	7,7	5,8
e)	5,6	6,1	6,8	6,1	6	5,9	6,5	4,9
f)	5,9	6,1	6,7	6,1	5,8	6,6	6,7	5,4
g)	5,8	6,7	6,3	6,3	6,2	6,5	6,7	5
h)	4,9	7,1	8,4	7,7	6,7	6,5	8,1	5,8
i)	3,5	5,4	5,3	5,1	5,2	5,2	5,8	5,4
j)	4,5	5,7	4,5	5,8	5	4,6	5,8	4,1
k)	8,4	7,8	7,5	7,9	6,5	8,1	8,1	7,4
l)	3,1	5,6	6,5	6,5	3,6	4,5	5,5	3,2
m)	3	5	5,5	6	3,6	3,8	4,8	2,8
n)	5,5	6,6	7	6,5	6,3	6,1	6,5	6,5
o)	3	4,7	7	6,4	3,7	5,5	5,7	4,8
p)	2,7	4,2	5,5	5,4	3,4	4,4	4,6	3,9
q)	2,7	4	5,8	5,2	3,5	4,5	4,6	3,3
r)	3	3,8	5,2	3,7	2,9	4,3	4,5	3,2
s)	4,3	5,4	5,9	5,3	5,4	4,5	5,5	4,6
t)	6,8	7,4	7,6	7,3	8,1	6,8	7,3	6,5
u)	4,1	5,3	5,1	4,8	4,6	3,6	4,8	3,2
v)	4,1	5,8	6,4	6,1	5,2	4,7	5,6	3,7
w)	4,2	5,1	6	5	5,1	3,7	5,1	3,8
x)	3,4	5	5,7	5,5	4,2	5	5,1	4,5
y)	4	6,3	7,5	7	4,4	5,4	6,4	5,4
z)	5,3	5,4	4,6	5,1	5,4	3,6	5,3	3,4
aa)	7,8	8,3	8,6	8,7	8,6	8,3	8,3	8,3
I.	5,0	5,9	6,7	6,3	5,5	5,7	6,3	5,0
II.	33	35	36	34	37	39	30	30
III.	120	140	162	146	136,5	121	151	119,5
IV.	16	16	13	13	18	19	18	19
V.	11	18	21	16	27	11	21	18

BELA VISTA

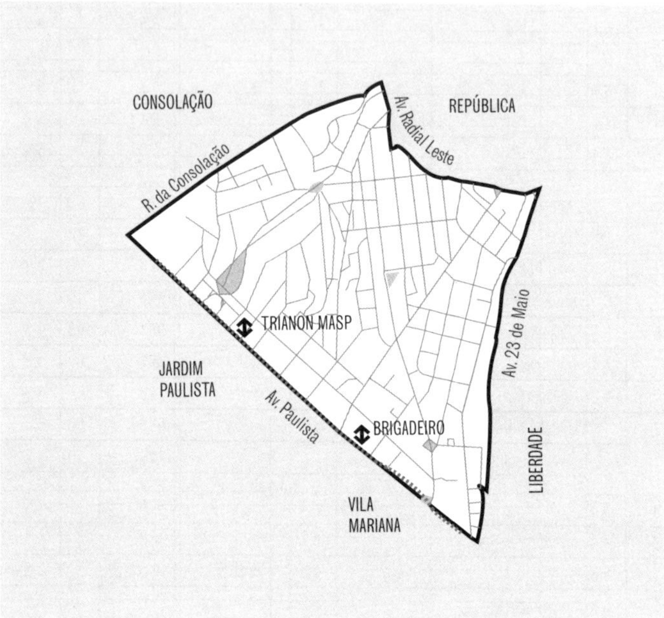

PERFIL (Resposta em %)

		BELA VISTA	CENTRO	SÃO PAULO
SEXO	Masculino	43	46	48
	Feminino	57	54	52
IDADE	16 a 24 anos	17	20	24
	25 a 34 anos	27	24	24
	35 a 44 anos	21	20	20
	45 a 59 anos	21	20	20
	60 anos ou mais	15	17	11
MÉDIA DE IDADE		40,1	40,8	38
ESCOLARIDADE	Fundamental	28	38	40
	Médio	34	38	44
	Superior	38	24	16

PERFIL (Resposta em %)

		BELA VISTA	CENTRO	SÃO PAULO
RENDA FAMILIAR MENSAL	Até 5 S.M.	51	57	69
	Mais de 5 a 10 S.M.	21	19	15
	Mais de 10 a 20 S.M.	15	12	7
	Mais de 20 a 50 S.M.	5	4	3
	Mais de 50 S.M.	1	1	0
	Não sabe/ recusa	8	9	7
CLASSIFICAÇÃO ECONÔMICA	A	5	5	5
	B	37	34	33
	C	46	48	53
	D	10	11	8
	E	1	1	1
	Não sabe/ recusa		1	0
OCUPAÇÃO PRINCIPAL	PEA	73	73	72
	NÃO PEA	27	27	28
ESTADO CONJUGAL	Solteiro(a)	49	44	40
	Casado(a)	35	38	46
	Separado(a)/ desquitado(a)/ divorciado(a)	11	10	8
	Viúvo(a)	6	8	6
RELIGIÃO	Católica	56	58	56
	Evangélica pentecostal	9	12	19
	Evangélica não pentecostal	3	6	5
	Espírita kardecista, espiritualista	9	6	5
	Outra religião	8	5	4
	Não tem religião nenhuma	15	11	10
	É ateu/ não acredita em Deus	1	1	1

PERFIL (Resposta em %)

	BELA VISTA	CENTRO	SÃO PAULO
Mora em casa	27	38	77
Tempo médio para chegar ao trabalho (em min.)	26,3	22,6	37,4
IMC - Média	24,2	24,7	24,8
Tem animal de estimação	33	36	54
TV por assinatura	42	29	28
Telefone fixo	67	68	70
Vai ao cinema pelo menos uma vez por semana	10	7	4
Vai ao shopping pelo menos uma vez por semana	36	27	23
Viaja pelo menos uma vez por mês	13	13	10
Vai à academia pelo menos uma vez ou mais por semana	21	16	12
Costuma acessar a internet	63	52	51

Até o imperador d. Pedro 2º participou da inauguração do loteamento da antiga Chácara do Bexiga. Foi em 1878. Os preços baixos dos lotes pequenos interessaram aos italianos, a maior parte vinda da Calábria, que haviam acabado de chegar ao Brasil. Só não gostaram do nome, sinônimo de varíola, e mudaram a grafia para Bixiga.

Assim nasceu o tradicional bairro italiano da região central de São Paulo que não existe oficialmente. Trata-se, na verdade, do distrito da Bela Vista, que também não abriga tantos moradores tradicionais como se acredita: 58% da população já morou em outros bairros.

O Bixiga é um ponto turístico de São Paulo, principalmente pela profusão de cantinas italianas, com comidas e músicas típicas, e pizzarias. O bairro também abriga a escola de samba Vai-Vai, multicampeã do desfile carnavalesco paulistano.

Quem mora na Bela Vista aponta como maior virtude a localização: 33% dizem que o melhor é morar perto de todo tipo de comércio e serviços e 15% falam sobre a facilidade de acesso ao centro, ao metrô e às principais avenidas.

De fato, o distrito é bem localizado. Fica entre o centro de São Paulo, a avenida Paulista (um dos principais polos financeiros da capital) e as avenidas 23 de Maio, Nove de Julho e Consolação. Abriga ainda, em sua área, shopping centers e muitos hospitais, instalados principalmente nas vizinhanças da avenida Paulista.

Com tantos atrativos, era de se esperar que fosse um distrito movimentado. Os principais problemas decorrem justamente desse enorme fluxo de pessoas: sujeira das ruas (20%), poluição sonora (12%) e trânsito (11%). O bairro pode ser tradicional, mas não tem nada de tranquilo.

Surpreendentemente, há mais torcedores do São Paulo (27%) e do Corinthians (26%) que do Palmeiras (15%), clube tradicional da comunidade italiana.

BOM RETIRO

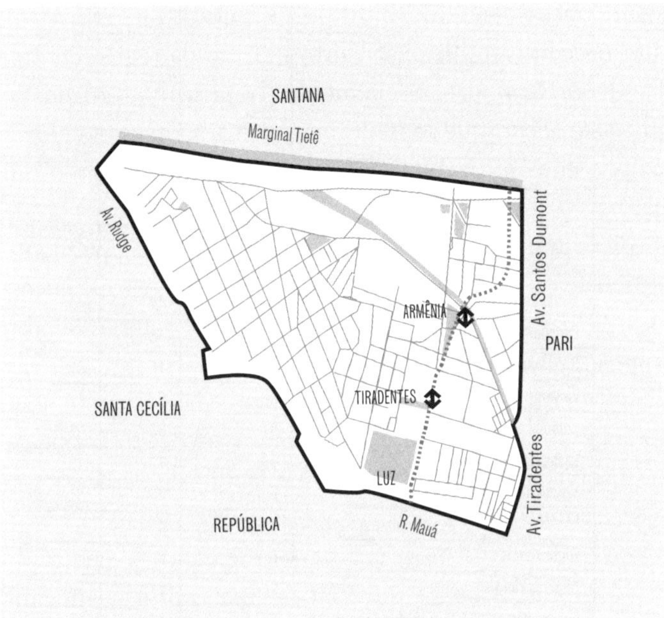

PERFIL (Resposta em %)

		BOM RETIRO	CENTRO	SÃO PAULO
SEXO	Masculino	49	46	48
	Feminino	51	54	52
IDADE	16 a 24 anos	22	20	24
	25 a 34 anos	23	24	24
	35 a 44 anos	18	20	20
	45 a 59 anos	20	20	20
	60 anos ou mais	17	17	11
MÉDIA DE IDADE		40,6	40,8	38
ESCOLARIDADE	Fundamental	50	38	40
	Médio	41	38	44
	Superior	10	24	16

PERFIL (Resposta em %)

		BOM RETIRO	CENTRO	SÃO PAULO
RENDA FAMILIAR MENSAL	Até 5 S.M.	66	57	69
	Mais de 5 a 10 S.M.	16	19	15
	Mais de 10 a 20 S.M.	8	12	7
	Mais de 20 a 50 S.M.	2	4	3
	Mais de 50 S.M.	0	1	0
	Não sabe/ recusa	8	9	7
CLASSIFICAÇÃO ECONÔMICA	A	2	5	5
	B	28	34	33
	C	53	48	53
	D	16	11	8
	E	1	1	1
	Não sabe/ recusa	1	1	0
OCUPAÇÃO PRINCIPAL	PEA	73	73	72
	NÃO PEA	27	27	28
ESTADO CONJUGAL	Solteiro(a)	42	44	40
	Casado(a)	41	38	46
	Separado(a)/ desquitado(a)/ divorciado(a)	9	10	8
	Viúvo(a)	8	8	6
RELIGIÃO	Católica	61	58	56
	Evangélica pentecostal	13	12	19
	Evangélica não pentecostal	8	6	5
	Espírita kardecista, espiritualista	3	6	5
	Outra religião	6	5	4
	Não tem religião nenhuma	9	11	10
	É ateu/ não acredita em Deus	1	1	1

PERFIL (Resposta em %)

	BOM RETIRO	CENTRO	SÃO PAULO
Mora em casa	52	38	77
Tempo médio para chegar ao trabalho (em min.)	20,9	22,6	37,4
IMC - Média	25	24,7	24,8
Tem animal de estimação	36	36	54
TV por assinatura	13	29	28
Telefone fixo	62	68	70
Vai ao cinema pelo menos uma vez por semana	2	7	4
Vai ao shopping pelo menos uma vez por semana	21	27	23
Viaja pelo menos uma vez por mês	12	13	10
Vai à academia pelo menos uma vez ou mais por semana	11	16	12
Costuma acessar a internet	42	52	51

Enchentes e sujeira são os problemas que mais incomodam os moradores do Bom Retiro, distrito da região central que atrai boa parte dos turistas que vêm a São Paulo devido ao comércio de roupas e aos museus (Pinacoteca do Estado, Estação Pinacoteca, Museu da Língua Portuguesa e Museu de Arte Sacra, além da Sala São Paulo, sede da Orquestra Sinfônica do Estado). Tudo isso entre residências de moradores antigos, cortiços, favelas e o Parque da Luz, o mais antigo de São Paulo.

O local já foi um polo de concentração de judeus. Hoje, abriga grande percentual de moradores de baixa renda. E, embora ainda tenha um dos maiores percentuais de judeus da cidade (3%), é marcado pela forte presença de coreanos, a partir da década de 1960, e, mais recentemente, bolivianos.

A renda dos moradores é baixa (66% das famílias ganham até 5 salários mínimos mensais), mas assim foi historicamente, desde a chegada dos primeiros italianos que se instalaram por ali em meados do século 19, atraídos, inicialmente, pela Hospedaria dos Imigrantes (criada para atender ao grande número de imigrantes que chegavam à cidade) e, depois, pelos baixos preços dos lotes no bairro.

Como costuma ocorrer nos distritos de baixa renda, a escolaridade média também é baixa: 50% têm apenas o ensino fundamental e apenas 10% concluíram o superior.

As enchentes são apontadas como o principal problema do distrito por 19% dos moradores. Outros 18% citam a sujeira das ruas. O melhor, claro, é a localização e a oferta de serviços do distrito: 28% dizem que é o comércio local e 15% apontam a facilidade de ir e vir para outros pontos da cidade. Há, ainda, 11% de citações da segurança e outros 11% do relacionamento com os vizinhos. Com tudo isso, o Bom Retiro é o recordista de moradores que se deslocam a pé para o trabalho: 64%. Outros 15% usam ônibus, 6% usam carro e 4% preferem o metrô. O trajeto é relativamente curto: média de 20,9 minutos.

BRÁS

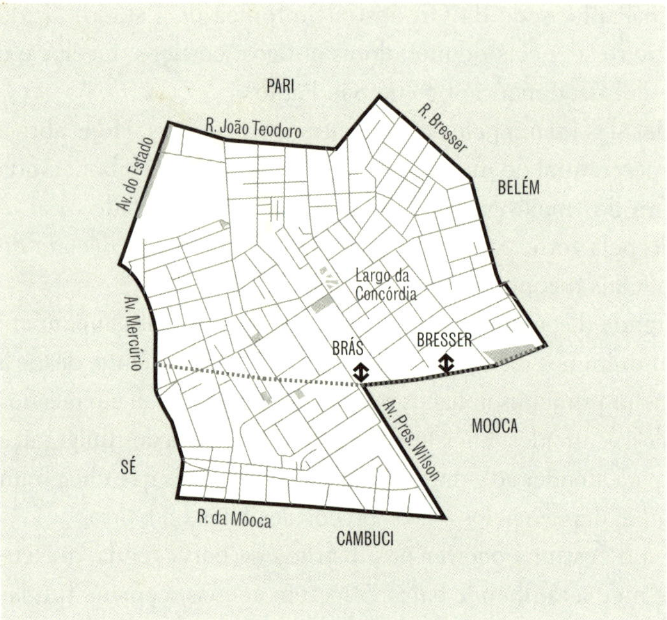

PERFIL (Resposta em %)

		BRÁS	CENTRO	SÃO PAULO
SEXO	Masculino	46	46	48
	Feminino	54	54	52
IDADE	16 a 24 anos	24	20	24
	25 a 34 anos	23	24	24
	35 a 44 anos	24	20	20
	45 a 59 anos	18	20	20
	60 anos ou mais	11	17	11
MÉDIA DE IDADE		37,9	40,8	38
ESCOLARIDADE	Fundamental	40	38	40
	Médio	36	38	44
	Superior	24	24	16

PERFIL (Resposta em %)

		BRÁS	CENTRO	SÃO PAULO
RENDA FAMILIAR MENSAL	Até 5 S.M.	58	57	69
	Mais de 5 a 10 S.M.	19	19	15
	Mais de 10 a 20 S.M.	12	12	7
	Mais de 20 a 50 S.M.	0	4	3
	Mais de 50 S.M.		1	0
	Não sabe/ recusa	10	9	7
CLASSIFICAÇÃO ECONÔMICA	A	2	5	5
	B	38	34	33
	C	47	48	53
	D	9	11	8
	E	4	1	1
	Não sabe/ recusa	0	1	0
OCUPAÇÃO PRINCIPAL	PEA	76	73	72
	NÃO PEA	24	27	28
ESTADO CONJUGAL	Solteiro(a)	43	44	40
	Casado(a)	40	38	46
	Separado(a)/ desquitado(a)/ divorciado(a)	11	10	8
	Viúvo(a)	6	8	6
RELIGIÃO	Católica	62	58	56
	Evangélica pentecostal	14	12	19
	Evangélica não pentecostal	4	6	5
	Espírita kardecista, espiritualista	6	6	5
	Outra religião	4	5	4
	Não tem religião nenhuma	10	11	10
	É ateu/ não acredita em Deus	0	1	1

PERFIL (Resposta em %)

	BRÁS	CENTRO	SÃO PAULO
Mora em casa	38	38	77
Tempo médio para chegar ao trabalho (em min.)	21,1	22,6	37,4
IMC - Média	24,6	24,7	24,8
Tem animal de estimação	36	36	54
TV por assinatura	26	29	28
Telefone fixo	69	68	70
Vai ao cinema pelo menos uma vez por semana	5	7	4
Vai ao shopping pelo menos uma vez por semana	27	27	23
Viaja pelo menos uma vez por mês	11	13	10
Vai à academia pelo menos uma vez ou mais por semana	16	16	12
Costuma acessar a internet	51	52	51

Em um dos principais polos do comércio popular da cidade, sujeira e violência são as principais reclamações dos moradores.

O distrito do Brás, na região central de São Paulo, recebe diariamente milhares de sacoleiros vindos de vários pontos do país e até do exterior (há excursões para compras no Brás oriundas de países africanos). A consequência são ruas sujas e, no período noturno, a falta de segurança em ruas mal iluminadas e pouco movimentadas.

Para 20% dos moradores, a sujeira das ruas é o principal problema do distrito do Brás. Outros 12% apontam a violência. Há, também, 12% de citações da iluminação pública, o que aumenta a sensação de insegurança. No total, 23% da população se sente muito insegura ao andar à noite pelas ruas do distrito e 76% costumam evitar certos locais ao transitar no período noturno. No período de um ano, 10% dos moradores foram assaltados, 8% das casas foram invadidas e 14% tiveram algum parente ou amigo assassinado (4% no próprio Brás).

O melhor do Brás é o comércio próximo (26%) e a localização (26%). Transporte coletivo, em um local atendido por uma linha de metrô e que tem um dos terminais ferroviários mais movimentados do país, é a maior qualidade para 9% dos moradores.

As qualidades do Brás não são suficientes para que o morador se sinta satisfeito de estar ali: 33% declararam querer se mudar – 3% sonham em fixar residência no distrito do Belém, vizinho do Brás, porém mais distante do centro.

O distrito tem tradição histórica de acolher quem vem de fora. Primeiro, no século 19 e início do século 20, foram os imigrantes italianos e tornou-se um bairro operário. Na década de 1940 começaram a chegar os migrantes nordestinos. Na década de 1950, ficou famoso com a música "Samba do Arnesto". O personagem de Adoniran Barbosa morava no Brás. Hoje, abriga milhares de bolivianos, muitos clandestinos, que trabalham em pequenas confecções.

CAMBUCI

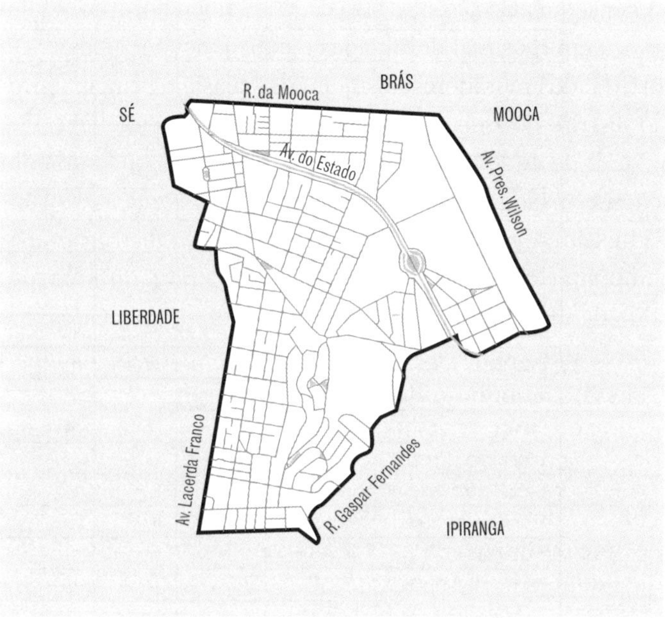

PERFIL (Resposta em %)

		CAMBUCI	CENTRO	SÃO PAULO
SEXO	Masculino	43	46	48
	Feminino	57	54	52
IDADE	16 a 24 anos	19	20	24
	25 a 34 anos	23	24	24
	35 a 44 anos	18	20	20
	45 a 59 anos	22	20	20
	60 anos ou mais	19	17	11
MÉDIA DE IDADE		41,7	40,8	38
ESCOLARIDADE	Fundamental	46	38	40
	Médio	42	38	44
	Superior	11	24	16

PERFIL (Resposta em %)

		CAMBUCI	CENTRO	SÃO PAULO
RENDA FAMILIAR MENSAL	Até 5 S.M.	60	57	69
	Mais de 5 a 10 S.M.	23	19	15
	Mais de 10 a 20 S.M.	8	12	7
	Mais de 20 a 50 S.M.	2	4	3
	Mais de 50 S.M.	0	1	0
	Não sabe/ recusa	7	9	7
CLASSIFICAÇÃO ECONÔMICA	A	2	5	5
	B	34	34	33
	C	51	48	53
	D	12	11	8
	E	0	1	1
	Não sabe/ recusa		1	0
OCUPAÇÃO PRINCIPAL	PEA	70	73	72
	NÃO PEA	30	27	28
ESTADO CONJUGAL	Solteiro(a)	45	44	40
	Casado(a)	38	38	46
	Separado(a)/ desquitado(a)/ divorciado(a)	10	10	8
	Viúvo(a)	7	8	6
RELIGIÃO	Católica	60	58	56
	Evangélica pentecostal	18	12	19
	Evangélica não pentecostal	2	6	5
	Espírita kardecista, espiritualista	7	6	5
	Outra religião	2	5	4
	Não tem religião nenhuma	10	11	10
	É ateu/ não acredita em Deus	1	1	1

PERFIL (Resposta em %)

	CAMBUCI	CENTRO	SÃO PAULO
Mora em casa	63	38	77
Tempo médio para chegar ao trabalho (em min.)	23,4	22,6	37,4
IMC - Média	24,8	24,7	24,8
Tem animal de estimação	41	36	54
TV por assinatura	41	29	28
Telefone fixo	67	68	70
Vai ao cinema pelo menos uma vez por semana	2	7	4
Vai ao shopping pelo menos uma vez por semana	14	27	23
Viaja pelo menos uma vez por mês	14	13	10
Vai à academia pelo menos uma vez ou mais por semana	9	16	12
Costuma acessar a internet	39	52	51

O Cambuci, na região central, lidera o *ranking* de reclamações de enchentes: 25% dos moradores apontam esse como o maior problema do distrito em que vivem.

O Cambuci faz limite com o rio Tamanduateí, hoje canalizado e por onde passa a avenida do Estado. Neste trecho há muitas reclamações de pontos de alagamento. Também onde se localiza hoje a rua dos Lavapés já foi um córrego – os tropeiros iam ao local para dar de beber aos animais e lavar seus pés antes de entrar na "cidade", já que o Cambuci era uma espécie de divisa entre as áreas urbana e rural de São Paulo até o século 18. O fim dessas áreas naturais de escoamento das águas é uma das explicações técnicas para a constante ocorrência de enchentes.

Vizinho do centro de São Paulo, o distrito tem como suas maiores qualidades o acesso fácil a todo tipo de comércio (30%), a segurança (12%) e o transporte coletivo (11%).

O Cambuci é um dos bairros mais antigos de São Paulo, com referências históricas registradas já no século 16. Era uma região de sítios e chácaras e abrigava também uma trilha que dava acesso à estrada que levava a Santos. D. Pedro 1º teria passado por ali antes de parar às margens do córrego Ipiranga e proclamar a independência, em 1822.

As chácaras vizinhas à trilha começaram a dar lugar a casas e a um pequeno comércio. Parte dos imigrantes italianos que chegaram ao Brasil no fim do século 19 e começo do 20 foi para o Cambuci, que se tornou um bairro eminentemente industrial e contou, na década de 1920, com muitas manifestações operárias. Por isso, é considerado por moradores locais o berço do anarquismo no Brasil.

A importância histórica do movimento anarquista não se reflete hoje: apenas 10% dos moradores dizem ter muito interesse pela política, 48% afirmam não ter nenhum interesse e 65% não participam de qualquer tipo de organização ou movimento social.

CONSOLAÇÃO

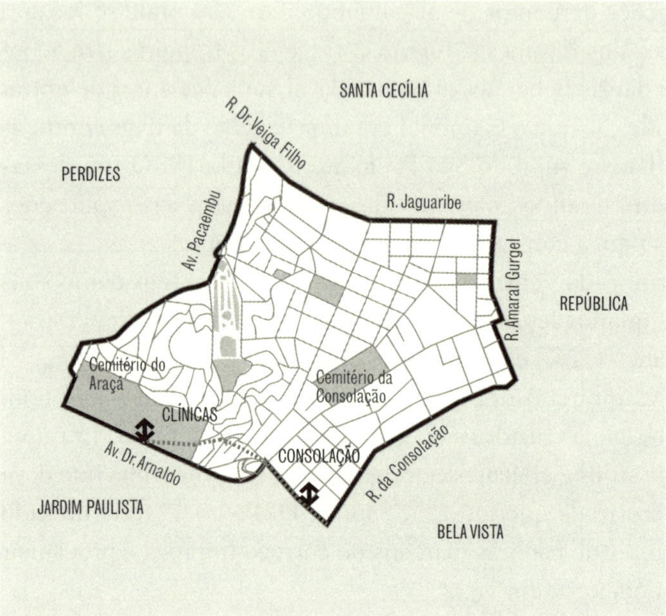

PERFIL (Resposta em %)

		CONSOLAÇÃO	CENTRO	SÃO PAULO
SEXO	Masculino	45	46	48
	Feminino	55	54	52
IDADE	16 a 24 anos	17	20	24
	25 a 34 anos	22	24	24
	35 a 44 anos	18	20	20
	45 a 59 anos	19	20	20
	60 anos ou mais	23	17	11
MÉDIA DE IDADE		43,7	40,8	38
ESCOLARIDADE	Fundamental	9	38	40
	Médio	25	38	44
	Superior	65	24	16

PERFIL (Resposta em %)

		CONSOLAÇÃO	CENTRO	SÃO PAULO
RENDA FAMILIAR MENSAL	Até 5 S.M.	18	57	69
	Mais de 5 a 10 S.M.	19	19	15
	Mais de 10 a 20 S.M.	32	12	7
	Mais de 20 a 50 S.M.	16	4	3
	Mais de 50 S.M.	4	1	0
	Não sabe/ recusa	11	9	7
CLASSIFICAÇÃO ECONÔMICA	A	23	5	5
	B	50	34	33
	C	24	48	53
	D	1	11	8
	E	1	1	1
	Não sabe/ recusa	1	1	0
OCUPAÇÃO PRINCIPAL	PEA	63	73	72
	NÃO PEA	37	27	28
ESTADO CONJUGAL	Solteiro(a)	45	44	40
	Casado(a)	35	38	46
	Separado(a)/ desquitado(a)/ divorciado(a)	12	10	8
	Viúvo(a)	9	8	6
RELIGIÃO	Católica	49	58	56
	Evangélica pentecostal	5	12	19
	Evangélica não pentecostal	5	6	5
	Espírita kardecista, espiritualista	10	6	5
	Outra religião	12	5	4
	Não tem religião nenhuma	17	11	10
	É ateu/ não acredita em Deus	3	1	1

PERFIL (Resposta em %)

	CONSOLAÇÃO	CENTRO	SÃO PAULO
Mora em casa	4	38	77
Tempo médio para chegar ao trabalho (em min.)	24,9	22,6	37,4
IMC - Média	24,1	24,7	24,8
Tem animal de estimação	38	36	54
TV por assinatura	68	29	28
Telefone fixo	91	68	70
Vai ao cinema pelo menos uma vez por semana	22	7	4
Vai ao shopping pelo menos uma vez por semana	54	27	23
Viaja pelo menos uma vez por mês	18	13	10
Vai à academia pelo menos uma vez ou mais por semana	30	16	12
Costuma acessar a internet	78	52	51

Parece irônico que o local formado a partir de uma igreja e de uma irmandade católica que tratava de doentes de lepra seja hoje um dos distritos mais ricos de São Paulo e que também abriga o maior percentual de judeus. Mas é exatamente isso o que ocorre no distrito da Consolação.

A região começou a se formar a partir de 1779, quando foi erguida uma capela dedicada a Nossa Senhora da Consolação, vinte anos depois transformada em capela. A Irmandade de Nossa Senhora da Consolação e São João Batista é criada logo depois para tratar de pacientes portadores de doenças graves e recebe da Santa Casa de Misericórdia um prédio para tratar dos doentes de lepra. O distrito vai se desenvolvendo sempre ao redor da igreja e da irmandade.

O distrito da Consolação abriga o bairro de Higienópolis, um dos mais valorizados da cidade e que, a partir da década de 1960, começou a receber judeus vindos especialmente do Bom Retiro. Hoje, representam 6% dos moradores do distrito, que abriga também bairros como Pacaembu, Vila Buarque e parte de Cerqueira César.

Pertencem às classes A e B 73% das famílias da Consolação, que tem também 2% das classes D e E. O predomínio, ao contrário da maior parte dos distritos paulistanos, é da classe B (50%), e não da classe C (24%). O distrito também possui o segundo maior percentual de aposentados (21%).

Situado próximo ao centro e à avenida Paulista, o distrito tem, entre seus problemas, a poluição sonora (21%) e o trânsito (19%). As maiores virtudes são o comércio local (37%) e a qualidade ambiental (18%), especialmente em razão da quantidade de praças e de áreas verdes.

Predominam na Consolação torcedores do São Paulo (26% contra 24% do Corinthians, 16% do Palmeiras e 5% do Santos) e tucanos (o partido da preferência de 21% é o PSDB contra 15% do PT). É o distrito em que há o maior percentual de pessoas com interesse em política (36%).

LIBERDADE

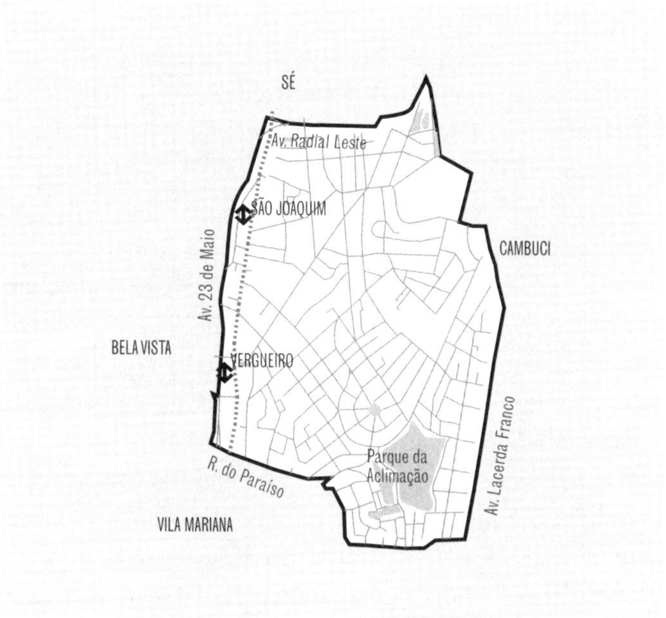

PERFIL (Resposta em %)

		LIBERDADE	CENTRO	SÃO PAULO
SEXO	Masculino	43	46	48
	Feminino	57	54	52
IDADE	16 a 24 anos	19	20	24
	25 a 34 anos	22	24	24
	35 a 44 anos	24	20	20
	45 a 59 anos	19	20	20
	60 anos ou mais	15	17	11
MÉDIA DE IDADE		40,2	40,8	38
ESCOLARIDADE	Fundamental	30	38	40
	Médio	41	38	44
	Superior	29	24	16

PERFIL (Resposta em %)

		LIBERDADE	CENTRO	SÃO PAULO
RENDA FAMILIAR MENSAL	Até 5 S.M.	52	57	69
	Mais de 5 a 10 S.M.	21	19	15
	Mais de 10 a 20 S.M.	15	12	7
	Mais de 20 a 50 S.M.	2	4	3
	Mais de 50 S.M.	0	1	0
	Não sabe/ recusa	8	9	7
CLASSIFICAÇÃO ECONÔMICA	A	5	5	5
	B	39	34	33
	C	47	48	53
	D	7	11	8
	E	1	1	1
	Não sabe/ recusa		1	0
OCUPAÇÃO PRINCIPAL	PEA	75	73	72
	NÃO PEA	25	27	28
ESTADO CONJUGAL	Solteiro(a)	43	44	40
	Casado(a)	36	38	46
	Separado(a)/ desquitado(a)/ divorciado(a)	13	10	8
	Viúvo(a)	8	8	6
RELIGIÃO	Católica	55	58	56
	Evangélica pentecostal	10	12	19
	Evangélica não pentecostal	5	6	5
	Espírita kardecista, espiritualista	8	6	5
	Outra religião	6	5	4
	Não tem religião nenhuma	14	11	10
	É ateu/ não acredita em Deus	1	1	1

PERFIL (Resposta em %)

	LIBERDADE	CENTRO	SÃO PAULO
Mora em casa	42	38	77
Tempo médio para chegar ao trabalho (em min.)	23,6	22,6	37,4
IMC - Média	24,2	24,7	24,8
Tem animal de estimação	38	36	54
TV por assinatura	54	29	28
Telefone fixo	71	68	70
Vai ao cinema pelo menos uma vez por semana	5	7	4
Vai ao shopping pelo menos uma vez por semana	21	27	23
Viaja pelo menos uma vez por mês	15	13	10
Vai à academia pelo menos uma vez ou mais por semana	17	16	12
Costuma acessar a internet	57	52	51

De negros castigados, soldados enforcados, portugueses e italianos imigrados a um bairro de influência oriental. Essa é a trajetória do bairro da Liberdade, hoje sede do distrito que abriga também a Aclimação.

O nome vem do século 19. Ali se localizava o pelourinho, local onde eram amarrados os escravos fugitivos. Também ficava ali a forca, na qual eram executadas as penas de morte. Com a extinção da escravidão e da pena de morte no país, o bairro passou a se chamar Liberdade.

No século 19, o bairro residencial era habitado principalmente por imigrantes italianos e portugueses, que acabaram se transferindo para outras regiões da cidade, dando lugar aos japoneses, que começaram a chegar ao país em 1908. A marca de "bairro oriental", no entanto, só começou a se fortalecer na década de 1960.

O distrito é de classe média, com 17% das famílias com renda mensal superior a 10 salários mínimos e 44% das classes A e B. Há 4% de profissionais liberais, percentual bem superior à média de 1% da cidade, e 12% de aposentados. Procuram emprego 9% dos moradores, 14% vivem de "bico" e 11% são assalariados, mas sem registro em carteira.

A maior reclamação é em relação à sujeira das ruas, que recebem grande volume de turistas que querem conhecer o bairro oriental e de pessoas que vêm trabalhar no centro (a Liberdade é vizinha da Sé). Outros 11% reclamam da poluição sonora. Já a maior qualidade são as áreas de lazer da vizinhança. O principal atrativo é o Parque da Aclimação, com 112 mil metros quadrados, lago, concha acústica, pista para corrida e caminhada e até um jardim japonês com espelho d'água.

Não querem se mudar dali de jeito nenhum 77% dos moradores. E 38% consideram o bairro em que moram muito melhor que a maioria dos demais bairros da cidade.

PARI

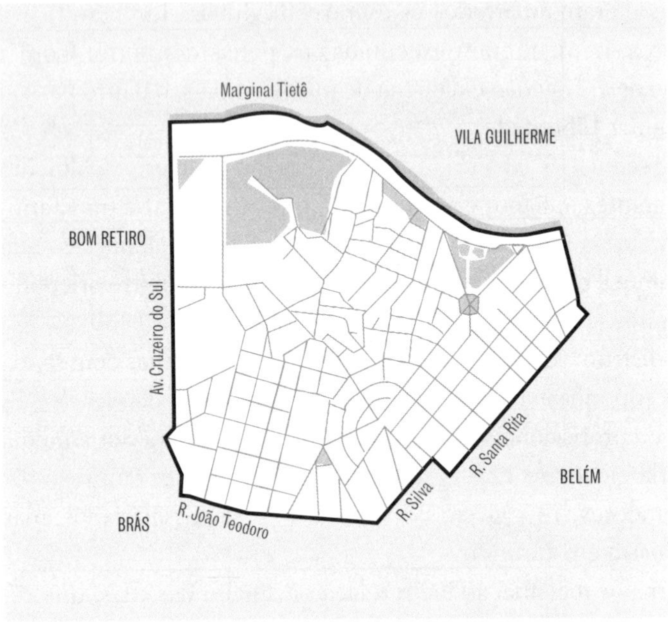

PERFIL (Resposta em %)

		PARI	CENTRO	SÃO PAULO
SEXO	Masculino	45	46	48
	Feminino	55	54	52
IDADE	16 a 24 anos	18	20	24
	25 a 34 anos	24	24	24
	35 a 44 anos	17	20	20
	45 a 59 anos	20	20	20
	60 anos ou mais	21	17	11
MÉDIA DE IDADE		42,5	40,8	38
ESCOLARIDADE	Fundamental	51	38	40
	Médio	41	38	44
	Superior	8	24	16

PERFIL (Resposta em %)

		PARI	CENTRO	SÃO PAULO
RENDA FAMILIAR MENSAL	Até 5 S.M.	69	57	69
	Mais de 5 a 10 S.M.	15	19	15
	Mais de 10 a 20 S.M.	6	12	7
	Mais de 20 a 50 S.M.	2	4	3
	Mais de 50 S.M.		1	0
	Não sabe/ recusa	8	9	7
CLASSIFICAÇÃO ECONÔMICA	A	3	5	5
	B	32	34	33
	C	50	48	53
	D	13	11	8
	E	1	1	1
	Não sabe/ recusa		1	0
OCUPAÇÃO PRINCIPAL	PEA	70	73	72
	NÃO PEA	30	27	28
ESTADO CONJUGAL	Solteiro(a)	42	44	40
	Casado(a)	40	38	46
	Separado(a)/ desquitado(a)/ divorciado(a)	8	10	8
	Viúvo(a)	9	8	6
RELIGIÃO	Católica	61	58	56
	Evangélica pentecostal	17	12	19
	Evangélica não pentecostal	2	6	5
	Espírita kardecista, espiritualista	7	6	5
	Outra religião	2	5	4
	Não tem religião nenhuma	11	11	10
	É ateu/ não acredita em Deus		1	1

PERFIL (Resposta em %)

	PARI	CENTRO	SÃO PAULO
Mora em casa	74	38	77
Tempo médio para chegar ao trabalho (em min.)	19,5	22,6	37,4
IMC - Média	25	24,7	24,8
Tem animal de estimação	38	36	54
TV por assinatura	25	29	28
Telefone fixo	66	68	70
Vai ao cinema pelo menos uma vez por semana	2	7	4
Vai ao shopping pelo menos uma vez por semana	27	27	23
Viaja pelo menos uma vez por mês	11	13	10
Vai à academia pelo menos uma vez ou mais por semana	13	16	12
Costuma acessar a internet	37	52	51

O Pari é vizinho do Brás e do centro da cidade e se aproveita desse aspecto para ser também um polo de comércio popular. A rua Vautier, por exemplo, é tomada por lojas especializadas em artigos para a casa. Há também shoppings populares e lojas de roupas.

Existe, portanto, emprego na região, no próprio Pari ou em bairros vizinhos. Com isso, 53% dos moradores vão a pé ao trabalho (segundo maior percentual da cidade). E os percursos são curtos. Tanto que o morador do distrito é o que leva menos tempo, em média, para fazer o trajeto casa-trabalho: média de 19,5 minutos contra 37,4 minutos da média da cidade. Também há 19% de moradores que usam ônibus, 10% que se deslocam de metrô e 7% que usam carro para ir trabalhar.

A escolaridade dos moradores é baixa: 51% frequentaram apenas até o ensino fundamental e apenas 8% têm nível superior. Predominam famílias de classe C (50%). Os 16% de aposentados representam um percentual bastante alto em comparação aos 9% da média da cidade.

O maior problema para 16% são as constantes enchentes que atingem o distrito. Outros 14% reclamam mais da sujeira das ruas. Já as maiores qualidades são o comércio local (24%), a segurança (15%) e o relacionamento com os vizinhos (12%).

Metade dos moradores do distrito sempre viveram ali e a outra parte veio de outras áreas, principalmente vizinhas, como Brás, Belém e Bom Retiro. Do total, 27% querem se mudar para outras regiões – 3% preferem a Mooca.

A sensação de segurança é alta – 27% dizem se sentir muito seguros ao andar à noite pelas ruas do distrito, mas a violência também é intensa – 11% foram assaltados ou sofreram violência no período de um ano no próprio bairro.

O predomínio é de torcedores do Corinthians, com 40% dos moradores do distrito. A torcida do Palmeiras (15%) é superior à do São Paulo (14%) e 16% dizem não torcer para time de futebol algum.

REPÚBLICA

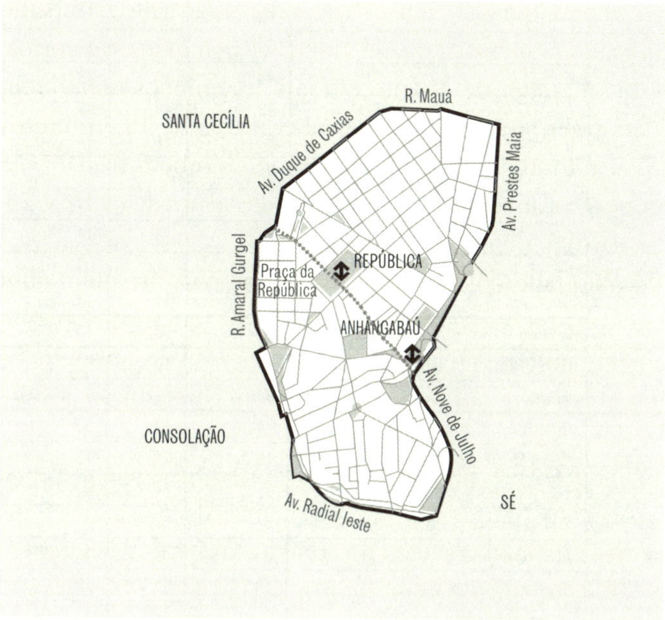

PERFIL (Resposta em %)

		REPÚBLICA	CENTRO	SÃO PAULO
SEXO	Masculino	48	46	48
	Feminino	52	54	52
IDADE	16 a 24 anos	15	20	24
	25 a 34 anos	25	24	24
	35 a 44 anos	25	20	20
	45 a 59 anos	20	20	20
	60 anos ou mais	15	17	11
MÉDIA DE IDADE		40,9	40,8	38
ESCOLARIDADE	Fundamental	32	38	40
	Médio	42	38	44
	Superior	26	24	16

PERFIL (Resposta em %)

		REPÚBLICA	CENTRO	SÃO PAULO
RENDA FAMILIAR MENSAL	Até 5 S.M.	59	57	69
	Mais de 5 a 10 S.M.	23	19	15
	Mais de 10 a 20 S.M.	11	12	7
	Mais de 20 a 50 S.M.	4	4	3
	Mais de 50 S.M.		1	0
	Não sabe/ recusa	4	9	7
CLASSIFICAÇÃO ECONÔMICA	A	3	5	5
	B	34	34	33
	C	53	48	53
	D	8	11	8
	E	2	1	1
	Não sabe/ recusa		1	0
OCUPAÇÃO PRINCIPAL	PEA	80	73	72
	NÃO PEA	20	27	28
ESTADO CONJUGAL	Solteiro(a)	50	44	40
	Casado(a)	34	38	46
	Separado(a)/ desquitado(a)/ divorciado(a)	7	10	8
	Viúvo(a)	9	8	6
RELIGIÃO	Católica	54	58	56
	Evangélica pentecostal	15	12	19
	Evangélica não pentecostal	6	6	5
	Espírita kardecista, espiritualista	8	6	5
	Outra religião	5	5	4
	Não tem religião nenhuma	10	11	10
	É ateu/ não acredita em Deus	2	1	1

PERFIL (Resposta em %)

	REPÚBLICA	CENTRO	SÃO PAULO
Mora em casa	14	38	77
Tempo médio para chegar ao trabalho (em min.)	20,4	22,6	37,4
IMC - Média	24,9	24,7	24,8
Tem animal de estimação	30	36	54
TV por assinatura	21	29	28
Telefone fixo	65	68	70
Vai ao cinema pelo menos uma vez por semana	8	7	4
Vai ao shopping pelo menos uma vez por semana	24	27	23
Viaja pelo menos uma vez por mês	15	13	10
Vai à academia pelo menos uma vez ou mais por semana	20	16	12
Costuma acessar a internet	60	52	51

Encravado no centro da cidade, a República é um distrito onde os solteiros, ou os pequenos casais, fixaram residência. Cada imóvel – apartamentos, principalmente – tem em média 2,4 pessoas, um dos menores índices de São Paulo.

Há uma aparente relação entre a escolha do distrito para viver e o local do trabalho. Quase metade dos moradores da República vai a pé para o emprego – a caminhada leva no máximo dez minutos. Moram em imóveis alugados 54% das pessoas, quarto maior índice entre os distritos da capital. A maioria dos habitantes já viveu em outro bairro.

A localização, aliás, é um dos aspectos que mais agradam aos moradores (17%), atrás apenas da oferta de comércio e serviços (46%). É alto, em relação ao perfil da cidade, o número de moradores que frequenta cinemas, teatros e restaurantes – o que se deve, especialmente, à grande diversidade cultural na região central de São Paulo.

Insegurança, de outro modo, é um componente que preocupa quem vive na República: oito em cada dez moradores diz evitar áreas do distrito ao escurecer. O tráfico de drogas é o que há de pior para 16% da população local, assim como a sujeira. A pobreza e a miséria nas ruas são o principal problema para 21% dos entrevistados. Querem se mudar do distrito 36% dos moradores.

Com 42.953 moradores, o distrito da República é formado basicamente por pessoas de 25 a 44 anos de classe média. O salário varia de R$ 1.245 a R$ 2.045 mensais – entre os economicamente ativos, um a cada quatro tem registro em carteira, enquanto 14% fazem "bico" e 7% estão desempregados.

Embora ensino médio (42%) seja a formação mais comum, o índice de moradores com nível superior é alto em relação ao restante da cidade (26% contra 15,8%). Brancos correspondem quase à metade da população (49%) do distrito, formado em sua maioria por mulheres, católicos e torcedores do Corinthians.

SANTA CECÍLIA

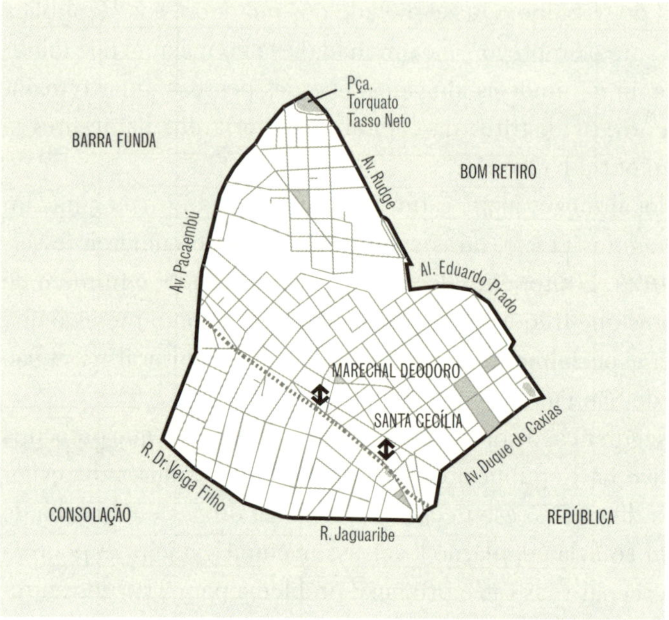

PERFIL (Resposta em %)

		SANTA CECÍLIA	CENTRO	SÃO PAULO
SEXO	Masculino	41	46	48
	Feminino	59	54	52
IDADE	16 a 24 anos	19	20	24
	25 a 34 anos	24	24	24
	35 a 44 anos	18	20	20
	45 a 59 anos	22	20	20
	60 anos ou mais	17	17	11
MÉDIA DE IDADE		41,6	40,8	38
ESCOLARIDADE	Fundamental	27	38	40
	Médio	30	38	44
	Superior	43	24	16

PERFIL (Resposta em %)

		SANTA CECÍLIA	CENTRO	SÃO PAULO
RENDA FAMILIAR MENSAL	Até 5 S.M.	45	57	69
	Mais de 5 a 10 S.M.	20	19	15
	Mais de 10 a 20 S.M.	13	12	7
	Mais de 20 a 50 S.M.	8	4	3
	Mais de 50 S.M.	2	1	0
	Não sabe/ recusa	13	9	7
CLASSIFICAÇÃO ECONÔMICA	A	10	5	5
	B	42	34	33
	C	39	48	53
	D	6	11	8
	E	2	1	1
	Não sabe/ recusa	1	1	0
OCUPAÇÃO PRINCIPAL	PEA	70	73	72
	NÃO PEA	30	27	28
ESTADO CONJUGAL	Solteiro(a)	49	44	40
	Casado(a)	35	38	46
	Separado(a)/ desquitado(a)/ divorciado(a)	9	10	8
	Viúvo(a)	8	8	6
RELIGIÃO	Católica	53	58	56
	Evangélica pentecostal	7	12	19
	Evangélica não pentecostal	4	6	5
	Espírita kardecista, espiritualista	11	6	5
	Outra religião	11	5	4
	Não tem religião nenhuma	12	11	10
	É ateu/ não acredita em Deus	2	1	1

PERFIL (Resposta em %)

	SANTA CECÍLIA	CENTRO	SÃO PAULO
Mora em casa	17	38	77
Tempo médio para chegar ao trabalho (em min.)	25	22,6	37,4
IMC - Média	24,4	24,7	24,8
Tem animal de estimação	37	36	54
TV por assinatura	39	29	28
Telefone fixo	74	68	70
Vai ao cinema pelo menos uma vez por semana	14	7	4
Vai ao shopping pelo menos uma vez por semana	33	27	23
Viaja pelo menos uma vez por mês	18	13	10
Vai à academia pelo menos uma vez ou mais por semana	21	16	12
Costuma acessar a internet	61	52	51

O morador de Santa Cecília tem forte ligação com o bairro, fenômeno bem diverso da realidade da maior parte dos distritos da região central.

Quem está no distrito vive em casa própria e não pretende se mudar. Sete em cada dez moradores locais consideram, ainda, Santa Cecília melhor que outros bairros da cidade – algo comparável, por exemplo, ao Tatuapé, na zona leste, em que há grande identidade entre o distrito e a população. No centro, apenas a Consolação tem perfil semelhante.

A exemplo de outros distritos da região central, a localização é o ponto forte para 22% dos moradores, atrás apenas da diversidade de comércio e serviços (32%) – o distrito é cortado por duas estações de metrô. A pobreza e a miséria nas ruas incomodam 12%, enquanto a sujeira e o trânsito são o pior do distrito para 10% das pessoas.

Nas horas de lazer, restaurantes, shoppings (o Pátio Higienópolis, o mais próximo), bares e parques (Água Branca) estão no topo da preferência. A ida ao cinema é outro dos programas prediletos, mais que a média da região central e da capital.

Santa Cecília tem o maior percentual de mulheres entre todos os 96 distritos de São Paulo. Solteiros são maioria. O distrito abriga parte da comunidade judaica de São Paulo – não por acaso, é o local em que mais pessoas seguem o judaísmo (6%), ao lado da vizinha Consolação.

Na educação, o índice de pessoas que cursaram universidade (43%) está entre os dez maiores da cidade. Têm o ensino médio 30% da população; outros 27% estudaram apenas até o ensino fundamental.

Pertencem às classes A e B 52% da população, o que se reflete no acesso a bens de consumo: 17% têm TV de plasma em casa e 56%, computador com internet – na cidade, são 9% e 36%, respectivamente. Santa Cecília tem 64.195 moradores.

SÉ

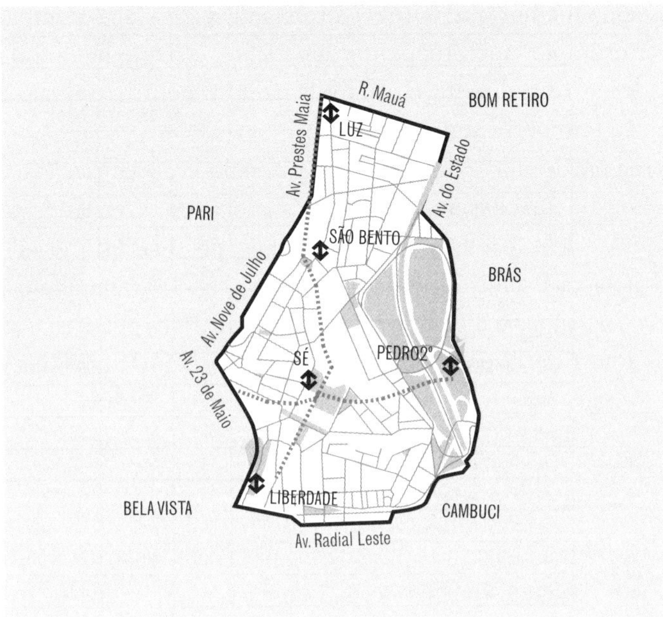

PERFIL (Resposta em %)

		SÉ	CENTRO	SÃO PAULO
SEXO	Masculino	46	46	48
	Feminino	54	54	52
IDADE	16 a 24 anos	20	20	24
	25 a 34 anos	26	24	24
	35 a 44 anos	22	20	20
	45 a 59 anos	20	20	20
	60 anos ou mais	12	17	11
MÉDIA DE IDADE		38,7	40,8	38
ESCOLARIDADE	Fundamental	50	38	40
	Médio	38	38	44
	Superior	13	24	16

PERFIL (Resposta em %)

		SÉ	CENTRO	SÃO PAULO
RENDA FAMILIAR MENSAL	Até 5 S.M.	74	57	69
	Mais de 5 a 10 S.M.	17	19	15
	Mais de 10 a 20 S.M.	4	12	7
	Mais de 20 a 50 S.M.	1	4	3
	Mais de 50 S.M.		1	0
	Não sabe/ recusa	5	9	7
CLASSIFICAÇÃO ECONÔMICA	A		5	5
	B	22	34	33
	C	60	48	53
	D	16	11	8
	E	3	1	1
	Não sabe/ recusa		1	0
OCUPAÇÃO PRINCIPAL	PEA	84	73	72
	NÃO PEA	16	27	28
ESTADO CONJUGAL	Solteiro(a)	42	44	40
	Casado(a)	46	38	46
	Separado(a)/ desquitado(a)/ divorciado(a)	5	10	8
	Viúvo(a)	7	8	6
RELIGIÃO	Católica	55	58	56
	Evangélica pentecostal	18	12	19
	Evangélica não pentecostal	4	6	5
	Espírita kardecista, espiritualista	3	6	5
	Outra religião	7	5	4
	Não tem religião nenhuma	14	11	10
	É ateu/ não acredita em Deus		1	1

PERFIL (Resposta em %)

	SÉ	CENTRO	SÃO PAULO
Mora em casa	16	38	77
Tempo médio para chegar ao trabalho (em min.)	26	22,6	37,4
IMC - Média	25,1	24,7	24,8
Tem animal de estimação	24	36	54
TV por assinatura	15	29	28
Telefone fixo	59	68	70
Vai ao cinema pelo menos uma vez por semana	4	7	4
Vai ao shopping pelo menos uma vez por semana	18	27	23
Viaja pelo menos uma vez por mês	6	13	10
Vai à academia pelo menos uma vez ou mais por semana	15	16	12
Costuma acessar a internet	43	52	51

Ponto zero de São Paulo, a Sé convive com carências comuns à periferia da cidade. A população é pobre, o nível educacional é baixo e as condições de moradia, precárias.

Tal qual distritos como Lajeado e Cidade Tiradentes, a renda familiar média não supera três salários mínimos (R$ 1.245 mensais). Metade dos moradores estudou apenas até o ensino fundamental, a exemplo de Perus e Jardim Ângela. E a nota atribuída ao estado das habitações (5,8) só supera as de Brasilândia e Marsilac (5,6) – o distrito possui muitos cortiços e prédios em situação ruim. A maior parte dos moradores paga aluguel.

O acesso à cultura e ao lazer, em geral, é menor que nos demais distritos centrais: isso acontece na frequência a teatro, clubes, bares, shows, cinema e shopping, por exemplo; nos três últimos, até mesmo, a média é inferior à da cidade. Os moradores da Sé costumam frequentar restaurantes e parques.

A principal queixa no distrito diz respeito ao acúmulo de sujeira e lixo nas ruas (22%), quesito em que a Sé lidera o *ranking* na cidade. Encabeçam as reclamações a praça da Sé e a região da Baixada do Glicério – este, depósito habitual de papéis, móveis e entulho. As enchentes também são alvo de críticas dos moradores.

Possível consequência dos problemas, 37% dos moradores querem deixar o distrito, mesmo índice do Itaim Paulista, no extremo leste – e um dos cinco mais altos da capital. Para 15%, a Sé é muito pior que as demais localidades – recorde em SP.

Para a população, o comércio e a localização privilegiada – com muitas estações de metrô no entorno – são o que de melhor há no distrito. Cerca de 45% dos moradores vão a pé para o trabalho – apenas 2% usam carro com essa finalidade, menor proporção da cidade. A população é branca, casada, católica, tem 38,7 anos em média e torce para o Corinthians.

REGIÃO 4 — EXTREMO LESTE

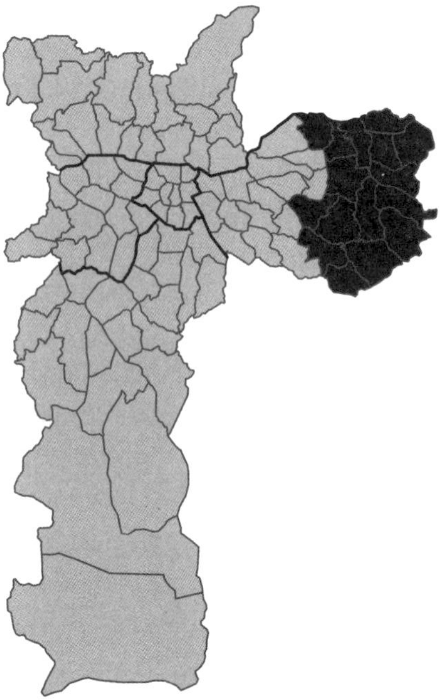

O Parque do Carmo é a última grande concentração verde na paisagem árida rumo ao extremo leste da cidade. Na região de calçadas estreitas, que mal comportam os próprios pedestres, árvores são coisa rara.

Também praticamente não há praças, sintoma da falta de planejamento com que a região foi ocupada, ao receber primeiro os moradores e, depois, alguma infraestrutura. Ainda hoje, habitantes apontam como o principal problema do local a falta de calçamento e os buracos nas ruas, seguido pela má sinalização das vias, por falhas na rede elétrica e pela sujeira acumulada nas ruas – todos estes problemas de responsabilidade do poder público e desdobramentos de uma ocupação desordenada e tardia.

O extremo leste começou a ser adensado a partir da década de 1940, quando entrou em vigor a lei do Inquilinato, que freou a construção de habitações de aluguel, e ocorreu a Segunda Guerra, o que tornaram escassos os materiais de construção civil. Isso impulsionou uma população empobrecida e que se mantém pobre, com 57% com renda familiar mensal de até três salários mínimos, a ocupar as áreas mais periféricas da cidade.

Ocupados ilegalmente ou comprados a baixo custo, os lotes muitas vezes não dispunham de água encanada, rede elétrica e de esgoto nem de ruas asfaltadas, melhorias que até hoje ainda não estão ao alcance de todos os que vivem na região. Com habitações majoritariamente erguidas pelos próprios moradores, a maioria da população do extremo leste se mantém dona da casa em que reside: 74% são proprietários e apenas 20% moram de aluguel.

A população que vive na região é predominantemente jovem – 53% dos moradores têm entre 16 e 34 anos. Esse grupo, no entanto, sofre com a falta de espaços de cultura e lazer. A nota atribuída por moradores à oferta de áreas de lazer está entre as mais baixas da cidade, 3,3, enquanto a média da cidade é 4. O mesmo ocorre com a oferta de áreas para prática de esportes, que recebeu nota 3,1 (a média paulistana é de 3,7). Nos fins de semana, é comum ver garotos empinando pipas sobre as lajes, aproveitando o vento que bate sem barreiras.

SATISFAÇÃO (NOTA MÉDIA DE 0 A 10)	TOTAL SP	TOTAL EXTREMO LESTE	Cidade Líder	Cidade Tiradentes	Ermelino Matarazzo	Guaia-nases	Igua-temi
a) não-ocorrência de enchentes, isto é, o escoamento das águas das chuvas	7,5	7,2	8	8	7,4	7,2	7,3
b) fornecimento de água	8,6	8,6	8,7	8,7	8,7	8,8	8,5
c) rede de esgoto	7,1	6,6	7,1	6,7	6,6	6,3	6,2
d) condições de habitação e moradias	7,2	6,9	7,1	7	7	6,7	6,9
e) conservação das ruas e avenidas	6,1	5,7	5,5	5,7	6,1	5,4	5,3
f) asfaltamento de ruas e avenidas	6,2	5,9	5,4	5,8	6,1	5,8	5,7
g) quantidade de escolas públicas	6,9	6,8	6,5	6,7	7,4	6,9	6,9
h) quantidade de escolas particulares	6,3	5,5	5,6	4,2	6,9	5,5	4,9
i) quantidade de postos de saúde	5,2	4,9	4,7	4,9	5,7	5	4,9
j) não-ocorrência de trânsito	5,8	6,1	6,2	6,4	6,6	5,8	5,9
k) opções de transportes coletivos como ônibus, metrô, vans e trens	6,7	6,6	6,6	5,7	6,8	6,1	6,3
l) áreas de lazer	4,4	3,3	3,9	3,7	3,7	3,2	2,8
m) áreas para prática de esportes	4,2	3,1	3,6	3,9	3,5	2,9	2,9
n) iluminação de ruas e avenidas	6	5,7	5,4	5,7	5,8	5,6	5,4
o) atividades de cultura	4,1	3	3,2	3,7	3,3	2,9	2,8
p) ações e eventos para os jovens	3,7	2,8	2,7	3,7	3,3	2,6	2,9
q) ações e eventos para os idosos	3,7	2,7	3	3,2	3,8	2,5	2,6
r) acessibilidade das ruas e avenidas para deficientes físicos	2,9	1,9	1,9	2,3	2	1,9	1,7
s) limpeza de ruas e avenidas	5,5	5	4,5	5,1	5	4,9	4,7
t) coleta de lixo domiciliar	7,8	7,8	8,1	7,6	7,6	7,9	7,8
u) qualidade do ar	5,3	5,3	5,3	6,6	4,5	5,5	5,5
v) conservação das áreas verdes	5,7	4,9	4,9	5,9	4,6	4,6	5,4
w) segurança	4,6	4	3,5	4,5	4,3	4	4,4
x) quantidade de hospitais públicos	4,5	3,7	3,5	4,3	3,6	4	3,4
y) quantidade de hospitais particulares	4,5	3,6	3,8	2,3	4,6	3,6	2,9
z) silêncio das ruas	5,3	4,9	5,1	4,5	5,1	4,7	5
aa) fornecimento de energia elétrica	8	7,9	8,1	7,6	8	8	8,1
I. SATISFAÇÃO COM O BAIRRO	5,7	5,2	5,3	5,3	5,5	5,1	5,1
II. PARTICIPAÇÃO COMUNITÁRIA	49	35	36	34	42	29	44
III. *FIDELIDADE AO BAIRRO	136	122,5	119,5	114	143,5	112,5	120,5
IV. RISCO DE VIOLÊNCIA	20	21	28	15	21	23	14
V. PERCEPÇÃO DE SEGURANÇA	21	20	13	27	21	18	17

* Índice de 0 a 200 (0 = extremo negativo e 200 = extremo positivo)

	Itaim Paulista	Itaquera	Jardim Helena	José Bonifácio	Lajeado	Parque do Carmo	São Mateus	São Miguel Paulista	São Rafael	Vila Curuçá	Vila Jacuí
a)	6,9	7,5	5,7	8,5	6,7	7,7	7,7	7,5	6,9	6,4	7
b)	8,7	8,9	8,3	9	8,1	8,2	8,8	8,8	8,2	8,3	8,6
c)	6,4	7	6	7,8	5,6	6,6	7,1	7,1	6,1	6,2	6,5
d)	7	7,1	6,6	7,7	6,2	7,2	6,9	7,3	6,4	6,8	7,1
e)	5,8	5,9	6,2	6,4	5,3	5,7	5,8	6,7	4,6	6	5,6
f)	6,1	6	6,3	6,3	5,3	5,9	5,8	7	4,4	6,1	5,7
g)	6,9	7	6,7	7	6,1	6,5	6,9	7,2	6,2	7	7,2
h)	5,2	6,3	5,9	5,4	3,6	5,7	6,8	6,8	4,6	5,2	6,2
i)	4,8	4,5	4,3	5,8	4,6	4,9	5,4	5,3	4,3	4,6	5,1
j)	5,6	6,5	5,3	7,1	5,3	6,2	5,9	6,5	6,3	6	6,2
k)	6,8	7,3	6,2	7,5	6,4	6,9	6	7	5,7	7,1	6,9
l)	2,2	3,5	2,8	4,9	1,9	6,5	4	3,8	2	3,4	3,1
m)	2	3,1	2,7	4,4	2	5,9	3,4	3,6	2,1	3,1	3
n)	6,1	6	5,4	5,7	5,5	6	6,2	6	5,5	5,4	5,5
o)	2,5	3,2	2,8	4,1	1,7	4,2	3,1	3,6	2	2,9	3
p)	2	2,9	2,4	3,7	1,6	3,9	3,1	3,3	2	2,7	2,7
q)	1,7	2,8	2,3	3,7	1,5	4,1	3,3	3,5	1,7	2,8	2,8
r)	1,4	2,1	1,8	2,2	1,3	2,5	2,2	2,8	1,3	1,8	2,1
s)	4,9	4,8	5	5	4,6	5,6	5,3	5,7	4,6	5,5	5,1
t)	7,8	7,8	7,9	8	7,7	8,1	8	8,3	7,4	8,1	7,6
u)	4,8	5,6	4,7	6,1	4,8	6,5	5,2	5,4	4,8	5,1	5,1
v)	4,1	4,8	4,1	6,1	3,9	7,1	5,2	5,2	4,2	5,1	4,7
w)	3,6	4,1	3,8	4,8	3,5	4,6	3,7	4,1	3,6	3,9	4,1
x)	4	3,6	3,5	4,1	3,5	4,9	4,1	4,2	2,3	3,6	3,5
y)	3,5	3,9	3,9	3,7	2,4	4,7	4,3	4,8	2	3,5	4
z)	4,2	5,4	4,4	5,3	4,2	5,9	5,3	5,2	4,6	4,6	5,2
aa)	8,2	8	7,8	8,2	7,7	7,9	7,9	8,2	7,6	8	7,7
I.	4,9	5,4	4,9	5,9	4,5	5,9	5,5	5,7	4,5	5,2	5,2
II.	29	33	36	30	34	41	32	40	40	42	37
III.	118	125,5	132,5	125,5	109,5	129,5	120,5	133,5	112,5	122	130,5
IV.	24	20	29	17	15	24	30	25	18	22	14
V.	15	19	21	21	22	23	11	18	22	23	23

CIDADE LÍDER

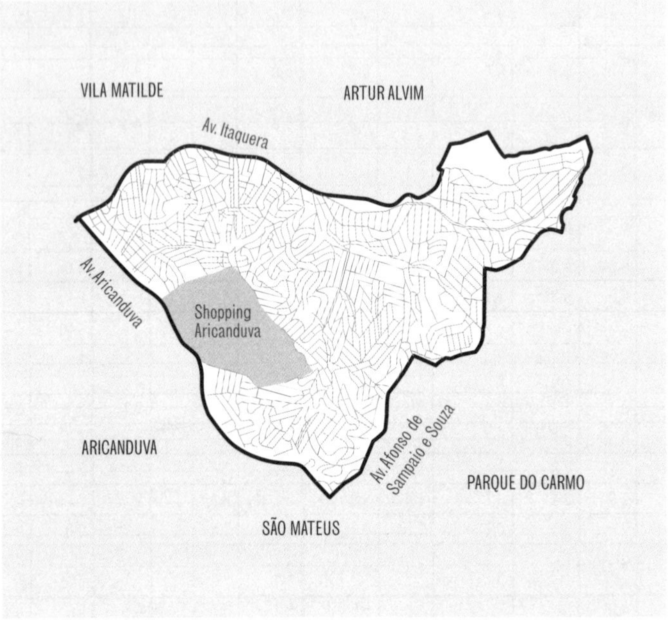

PERFIL (Resposta em %)

		CIDADE LÍDER	EXTREMO LESTE	SÃO PAULO
SEXO	Masculino	49	49	48
	Feminino	51	51	52
IDADE	16 a 24 anos	27	27	24
	25 a 34 anos	24	26	24
	35 a 44 anos	22	21	20
	45 a 59 anos	19	18	20
	60 anos ou mais	8	8	11
MÉDIA DE IDADE		36,2	35,6	38
ESCOLARIDADE	Fundamental	40	44	40
	Médio	47	48	44
	Superior	13	8	16

PERFIL (Resposta em %)

		CIDADE LÍDER	EXTREMO LESTE	SÃO PAULO
RENDA FAMILIAR MENSAL	Até 5 S.M.	69	78	69
	Mais de 5 a 10 S.M.	19	13	15
	Mais de 10 a 20 S.M.	8	4	7
	Mais de 20 a 50 S.M.	1	1	3
	Mais de 50 S.M.		0	0
	Não sabe/ recusa	4	5	7
CLASSIFICAÇÃO ECONÔMICA	A	3	1	5
	B	36	27	33
	C	54	62	53
	D	7	9	8
	E	0	1	1
	Não sabe/ recusa	1	0	0
OCUPAÇÃO PRINCIPAL	PEA	74	73	72
	NÃO PEA	26	27	28
ESTADO CONJUGAL	Solteiro(a)	40	39	40
	Casado(a)	48	49	46
	Separado(a)/ desquitado(a)/ divorciado(a)	6	7	8
	Viúvo(a)	6	5	6
RELIGIÃO	Católica	48	50	56
	Evangélica pentecostal	23	25	19
	Evangélica não pentecostal	9	6	5
	Espírita kardecista, espiritualista	5	3	5
	Outra religião	5	3	4
	Não tem religião nenhuma	9	12	10
	É ateu/ não acredita em Deus	1	0	1

PERFIL (Resposta em %)

	CIDADE LÍDER	EXTREMO LESTE	SÃO PAULO
Mora em casa	97	81	77
Tempo médio para chegar ao trabalho (em min.)	39,9	46,3	37,4
IMC - Média	24,3	24,6	24,8
Tem animal de estimação	65	56	54
TV por assinatura	29	14	28
Telefone fixo	70	66	70
Vai ao cinema pelo menos uma vez por semana	3	3	4
Vai ao shopping pelo menos uma vez por semana	38	20	23
Viaja pelo menos uma vez por mês	9	8	10
Vai à academia pelo menos uma vez ou mais por semana	11	9	12
Costuma acessar a internet	54	46	51

O risco de violência em Cidade Líder é de 28%, o quinto maior da cidade. Em um ano, 15% das casas do distrito do extremo leste foram invadidas, 11% dos moradores foram assaltados ou sofreram violência e 9% dos moradores conheciam alguém que havia sido assassinado no próprio bairro. O risco médio de violência na cidade é de 20%.

Dali ao trabalho, o percurso médio é de praticamente 40 minutos, mais do que a média de 37,4 minutos da cidade. As vans e lotações são mais usadas que metrô, carro e trem: 17% dos moradores utilizam lotações, e o carro e o metrô são os principais meios de transporte para 16% cada um. A maioria dos moradores se desloca de ônibus (36%) ou a pé (29%). Não hã metrô no bairro. A estação mais próxima fica na Penha, a cerca de 15 quilômetros.

Em um distrito onde 97% dos moradores vivem em casas térreas, 65% possui animais de estimação – 50% têm cachorros, 13% possuem gatos e 15% têm aves.

O sertanejo é o tipo de música preferido de 14% dos moradores. Outros 11% preferem gospel (23% dos moradores são evangélicos pentecostais e outros 9% pertencem a religiões evangélicas não pentecostais).

Querem se mudar 32% dos moradores de Cidade Líder (5% dizem querer ir para o Tatuapé) e 18% acreditam que moram em um bairro pior que a maioria dos bairros da cidade.

Os maiores problemas, de acordo com a pesquisa DNA Paulistano, é a iluminação pública (13%) e a sujeira das ruas (12%). O comércio local é a maior qualidade para 21% dos moradores. Cidade Líder é vizinho do shopping Aricanduva, o maior do país, que abriga três supermercados.

Cidade Líder já foi ambientada para filme. A vida de uma família do distrito foi retratada no filme *Linha de Passe*, de Walter Salles e Daniela Thomas. Sandra Corveloni, que interpreta a matriarca de uma família de quatro filhos, ganhou o prêmio de melhor atriz no Festival de Cannes em 2008.

CIDADE TIRADENTES

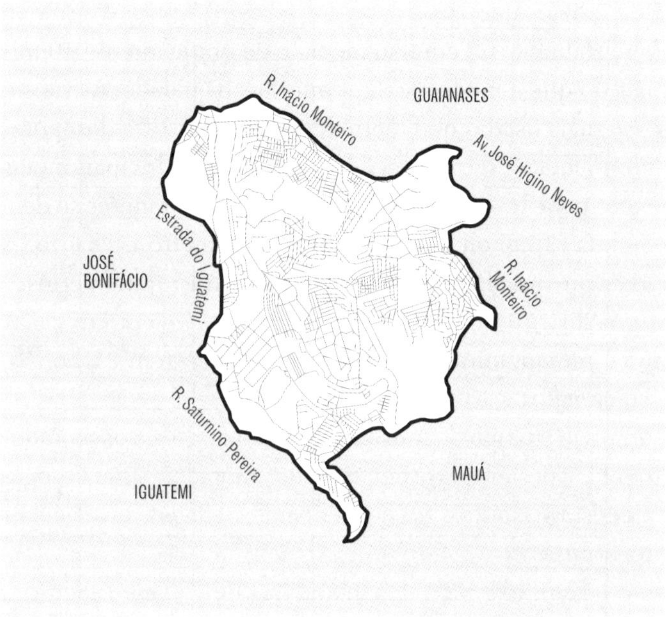

PERFIL (Resposta em %)

		CIDADE TIRADENTES	EXTREMO LESTE	SÃO PAULO
SEXO	Masculino	47	49	48
	Feminino	53	51	52
IDADE	16 a 24 anos	28	27	24
	25 a 34 anos	28	26	24
	35 a 44 anos	23	21	20
	45 a 59 anos	17	18	20
	60 anos ou mais	5	8	11
MÉDIA DE IDADE		34	35,6	38
ESCOLARIDADE	Fundamental	44	44	40
	Médio	48	48	44
	Superior	8	8	16

PERFIL (Resposta em %)

		CIDADE TIRADENTES	EXTREMO LESTE	SÃO PAULO
RENDA FAMILIAR MENSAL	Até 5 S.M.	86	78	69
	Mais de 5 a 10 S.M.	8	13	15
	Mais de 10 a 20 S.M.	1	4	7
	Mais de 20 a 50 S.M.	1	1	3
	Mais de 50 S.M.		0	0
	Não sabe/ recusa	5	5	7
CLASSIFICAÇÃO ECONÔMICA	A	1	1	5
	B	24	27	33
	C	65	62	53
	D	10	9	8
	E	1	1	1
	Não sabe/ recusa		0	0
OCUPAÇÃO PRINCIPAL	PEA	76	73	72
	NÃO PEA	24	27	28
ESTADO CONJUGAL	Solteiro(a)	41	39	40
	Casado(a)	49	49	46
	Separado(a)/ desquitado(a)/ divorciado(a)	7	7	8
	Viúvo(a)	2	5	6
RELIGIÃO	Católica	45	50	56
	Evangélica pentecostal	27	25	19
	Evangélica não pentecostal	7	6	5
	Espírita kardecista, espiritualista	5	3	5
	Outra religião	4	3	4
	Não tem religião nenhuma	11	12	10
	É ateu/ não acredita em Deus	0	0	1

PERFIL (Resposta em %)

	CIDADE TIRADENTES	EXTREMO LESTE	SÃO PAULO
Mora em casa	42	81	77
Tempo médio para chegar ao trabalho (em min.)	57,5	46,3	37,4
IMC - Média	24,7	24,6	24,8
Tem animal de estimação	47	56	54
TV por assinatura	8	14	28
Telefone fixo	68	66	70
Vai ao cinema pelo menos uma vez por semana	2	3	4
Vai ao shopping pelo menos uma vez por semana	21	20	23
Viaja pelo menos uma vez por mês	6	8	10
Vai à academia pelo menos uma vez ou mais por semana	8	9	12
Costuma acessar a internet	47	46	51

Cidade Tiradentes une um distrito dormitório, distante da cidade, a uma população extremamente jovem, pobre e sem opções de lazer. A profusão de prédios fez com que o verde da antiga fazenda Santa Etelvina, que originou o distrito, desse lugar ao cinza.

Formado a partir da construção de conjuntos habitacionais, principalmente na década de 1980, o distrito tem 257.029 pessoas, das quais a maioria (27%) entre 16 e 24 anos. O morador tem, em média, 34 anos – acima só de Parelheiros, no extremo sul (33,2 anos).

A formação da juventude fica a desejar: apenas 8% têm curso superior, mesma média do extremo leste. Seis em cada dez pessoas ganham até R$ 1.245 mensais. Assalariados (22%), trabalhadores que vivem de "bico" (18%) e desempregados (17%) predominam.

Espaços para diversão e lazer são algo raro em Cidade Tiradentes. A pipa e o futebol de várzea são algumas das alternativas para quem não tem shopping, cinema nem teatro por perto. Os moradores deram nota 3,7 para as áreas de lazer locais – a prefeitura pretende construir um centro olímpico no distrito.

Entre as predileções dos moradores estão os bares e shoppings (como o Aricanduva). Diferentemente de outras regiões da cidade, quase não se vai a restaurantes (9%). O melhor do distrito é a oferta de comércio e serviços, seguido da segurança.

A 35 quilômetros do centro de São Paulo, Cidade Tiradentes sofre por se localizar tão longe. Seus moradores levam 57 minutos para ir ao trabalho – a terceira média mais alta da cidade. A estação Corinthians-Itaquera é a mais próxima, e as ligações de ônibus ao centro atravessam pontos críticos de congestionamento, como a Radial Leste. A prefeitura está construindo um corredor de ônibus que liga o centro à região – o Expresso Tiradentes, ex-Fura-Fila.

Mais que a ausência de lazer, o asfaltamento ruim e as falhas elétricas são o que há de pior em Cidade Tiradentes. Se pudessem, 40% dos moradores se mudariam de lá – segundo índice mais alto entre os 96 distritos da cidade.

ERMELINO MATARAZZO

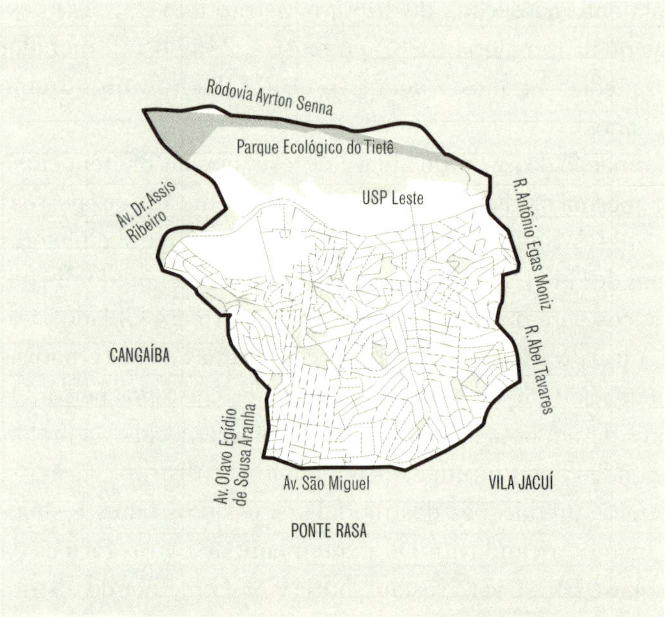

PERFIL (Resposta em %)

		ERMELINO MATARAZZO	EXTREMO LESTE	SÃO PAULO
SEXO	Masculino	49	49	48
	Feminino	51	51	52
IDADE	16 a 24 anos	27	27	24
	25 a 34 anos	25	26	24
	35 a 44 anos	21	21	20
	45 a 59 anos	17	18	20
	60 anos ou mais	9	8	11
MÉDIA DE IDADE		36,6	35,6	38
ESCOLARIDADE	Fundamental	45	44	40
	Médio	49	48	44
	Superior	6	8	16

PERFIL (Resposta em %)

		ERMELINO MATARAZZO	EXTREMO LESTE	SÃO PAULO
RENDA FAMILIAR MENSAL	Até 5 S.M.	81	78	69
	Mais de 5 a 10 S.M.	12	13	15
	Mais de 10 a 20 S.M.	4	4	7
	Mais de 20 a 50 S.M.	0	1	3
	Mais de 50 S.M.	0	0	0
	Não sabe/ recusa	3	5	7
CLASSIFICAÇÃO ECONÔMICA	A	1	1	5
	B	24	27	33
	C	62	62	53
	D	11	9	8
	E	1	1	1
	Não sabe/ recusa	1	0	0
OCUPAÇÃO PRINCIPAL	PEA	73	73	72
	NÃO PEA	27	27	28
ESTADO CONJUGAL	Solteiro(a)	40	39	40
	Casado(a)	48	49	46
	Separado(a)/ desquitado(a)/ divorciado(a)	7	7	8
	Viúvo(a)	5	5	6
RELIGIÃO	Católica	50	50	56
	Evangélica pentecostal	25	25	19
	Evangélica não pentecostal	7	6	5
	Espírita kardecista, espiritualista	3	3	5
	Outra religião	2	3	4
	Não tem religião nenhuma	12	12	10
	É ateu/ não acredita em Deus		0	1

PERFIL (Resposta em %)

	ERMELINO MATARAZZO	EXTREMO LESTE	SÃO PAULO
Mora em casa	96	81	77
Tempo médio para chegar ao trabalho (em min.)	35,1	46,3	37,4
IMC - Média	24,8	24,6	24,8
Tem animal de estimação	66	56	54
TV por assinatura	20	14	28
Telefone fixo	59	66	70
Vai ao cinema pelo menos uma vez por semana	2	3	4
Vai ao shopping pelo menos uma vez por semana	20	20	23
Viaja pelo menos uma vez por mês	5	8	10
Vai à academia pelo menos uma vez ou mais por semana	5	9	12
Costuma acessar a internet	43	46	51

O campus da USP Leste é uma espécie de ilha de conhecimento em um distrito com educação precária – sede da mais prestigiosa universidade brasileira, Ermelino Matarazzo tem apenas 6% dos moradores com curso superior.

Modesto até mesmo para a média do extremo leste (8%), o índice fica bem abaixo do obtido na cidade (15,8%). Em Ermelino, predomina a formação elementar: 45% têm ensino fundamental, enquanto 49% cursaram o ensino médio.

Tal qual a educação, a renda é igualmente baixa: seis em cada dez pessoas no distrito ganham até R$ 1.245, também inferior à da região e da cidade. Vivem ali 110.419 pessoas, 74% das classes C, D e E. Mulheres, pardos, casados e católicos são maioria.

As reclamações são comuns a bairros carentes: o asfaltamento vem em primeiro lugar, seguido das falhas na rede de energia elétrica. Rota de avenidas movimentadas, como a São Miguel e a Dr. Assis Ribeiro, o distrito elegeu o trânsito o terceiro pior problema.

Além da USP Leste, também está em Ermelino o Parque Ecológico do Tietê, um dos mais importantes da cidade e que recebe mais de 150 mil pessoas por mês em seus 14,2 milhões de metros quadrados. As áreas de lazer, entretanto, estão em quarto lugar quando se trata de escolher o que de melhor há no distrito; à frente estão a diversidade do comércio, a segurança e a boa relação com os vizinhos.

Bares são a fonte número um de diversão, ao lado de shopping centers e de restaurantes. Um a cada dez moradores vai a parques públicos e jardins ao menos uma vez por semana, possivelmente em razão da proximidade do Parque Ecológico. Esse percentual, porém, é pequeno se comparado a bairros com parques próximos – na Vila Mariana e em Moema, vizinhos ao Ibirapuera, esse índice chega a 44% e 57%, respectivamente.

Quem vive no distrito utiliza o ônibus ou caminha para ir ao trabalho – mais de um terço faz uma coisa ou outra. Apenas 11% vão de metrô, embora haja estação metroviária em Artur Alvim, a poucos minutos de Ermelino. O carro e a lotação são usados por 8%.

GUAIANASES

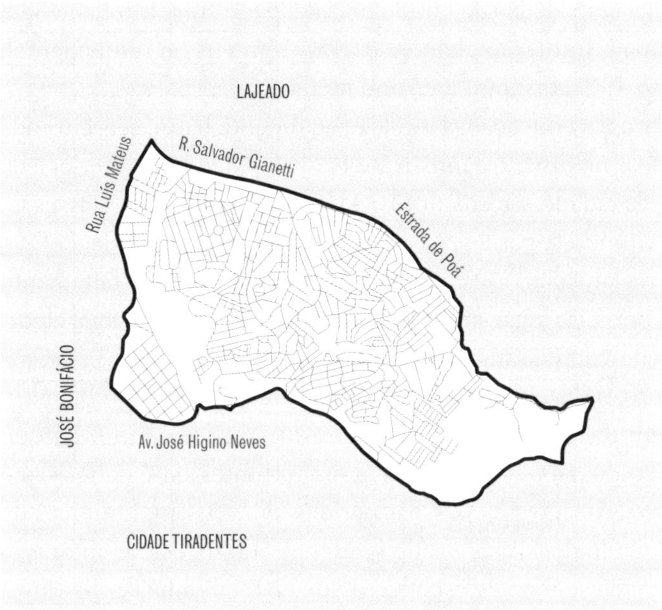

PERFIL (Resposta em %)

		GUAIANASES	EXTREMO LESTE	SÃO PAULO
SEXO	Masculino	50	49	48
	Feminino	50	51	52
IDADE	16 a 24 anos	27	27	24
	25 a 34 anos	26	26	24
	35 a 44 anos	20	21	20
	45 a 59 anos	18	18	20
	60 anos ou mais	8	8	11
MÉDIA DE IDADE		35,8	35,6	38
ESCOLARIDADE	Fundamental	47	44	40
	Médio	48	48	44
	Superior	5	8	16

PERFIL (Resposta em %)

		GUAIANASES	EXTREMO LESTE	SÃO PAULO
RENDA FAMILIAR MENSAL	Até 5 S.M.	79	78	69
	Mais de 5 a 10 S.M.	11	13	15
	Mais de 10 a 20 S.M.	3	4	7
	Mais de 20 a 50 S.M.	0	1	3
	Mais de 50 S.M.		0	0
	Não sabe/ recusa	7	5	7
CLASSIFICAÇÃO ECONÔMICA	A	1	1	5
	B	25	27	33
	C	63	62	53
	D	11	9	8
	E	1	1	1
	Não sabe/ recusa	0	0	0
OCUPAÇÃO PRINCIPAL	PEA	74	73	72
	NÃO PEA	26	27	28
ESTADO CONJUGAL	Solteiro(a)	37	39	40
	Casado(a)	47	49	46
	Separado(a)/ desquitado(a)/ divorciado(a)	11	7	8
	Viúvo(a)	5	5	6
RELIGIÃO	Católica	49	50	56
	Evangélica pentecostal	28	25	19
	Evangélica não pentecostal	4	6	5
	Espírita kardecista, espiritualista	5	3	5
	Outra religião	1	3	4
	Não tem religião nenhuma	12	12	10
	É ateu/ não acredita em Deus		0	1

PERFIL (Resposta em %)

	GUAIANASES	EXTREMO LESTE	SÃO PAULO
Mora em casa	80	81	77
Tempo médio para chegar ao trabalho (em min.)	44,8	46,3	37,4
IMC - Média	24,5	24,6	24,8
Tem animal de estimação	59	56	54
TV por assinatura	5	14	28
Telefone fixo	67	66	70
Vai ao cinema pelo menos uma vez por semana	3	3	4
Vai ao shopping pelo menos uma vez por semana	13	20	23
Viaja pelo menos uma vez por mês	8	8	10
Vai à academia pelo menos uma vez ou mais por semana	10	9	12
Costuma acessar a internet	44	46	51

Uma das áreas de maior concentração de pobreza em São Paulo, Guaianases está entre os dez distritos com mais evangélicos pentecostais na cidade. Adeptos da Igreja Universal do Reino de Deus e da Assembleia de Deus, entre outras vertentes, eles representam 28% da população do distrito – os católicos ainda são a maioria, com 49%.

O distrito tem 61% dos moradores com renda de até três salários mínimos (R$ 1.245). Da população economicamente ativa, 21% são assalariados registrados e 18% estão desempregados. Outros 14% vivem de "bicos".

Só 5% da população têm curso superior, terceiro menor percentual entre os distritos; outros 48% estudaram até o ensino médio e 47%, até o fundamental. Sete em cada dez vivem em casa própria, com três pessoas por família, em média. Pardos são maioria.

Com 105.684 moradores, Guaianases tem população jovem: 53% das pessoas variam de 16 a 34 anos. Essa faixa reclama da falta de opções de cultura e lazer. Os bares, aliás, compõem a principal diversão, ao lado da ida aos shopping centers. Quem vive no distrito vai pouco ao cinema e ao teatro, a exemplo dos vizinhos do extremo leste.

Para 34% dos moradores, não há nada de bom em Guaianases. Entre as principais reclamações estão a sujeira nas ruas e o trânsito – o distrito é caminho para outros bairros do extremo leste e divisa com Ferraz de Vasconcelos, na Grande São Paulo. Quase quatro em cada dez moradores gostariam de se mudar.

A vizinhança é o que há de melhor no distrito – seis em cada dez moradores sempre viveram ali. Comércio e educação vêm em seguida na lista das predileções da população local. Há um Centro Educacional Unificado (CEU) em Guaianases, que, além das aulas, fica aberto aos fins de semana para o público.

Chegar ao trabalho a partir de Guaianases leva em média 44,8 minutos. A maior parte da população vai a pé ou de ônibus. Dois a cada dez vão de metrô – a estação Corinthians-Itaquera é a mais próxima. Lotação e carro também são utilizados.

IGUATEMI

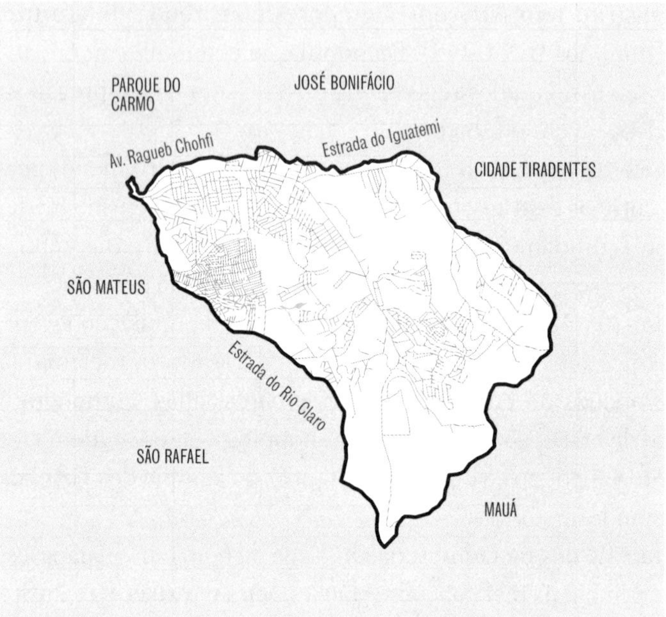

PERFIL (Resposta em %)

		IGUATEMI	EXTREMO LESTE	SÃO PAULO
SEXO	Masculino	51	49	48
	Feminino	49	51	52
IDADE	16 a 24 anos	28	27	24
	25 a 34 anos	28	26	24
	35 a 44 anos	22	21	20
	45 a 59 anos	17	18	20
	60 anos ou mais	6	8	11
MÉDIA DE IDADE		34,8	35,6	38
ESCOLARIDADE	Fundamental	47	44	40
	Médio	47	48	44
	Superior	7	8	16

PERFIL (Resposta em %)

		IGUATEMI	EXTREMO LESTE	SÃO PAULO
RENDA FAMILIAR MENSAL	Até 5 S.M.	80	78	69
	Mais de 5 a 10 S.M.	10	13	15
	Mais de 10 a 20 S.M.	4	4	7
	Mais de 20 a 50 S.M.		1	3
	Mais de 50 S.M.		0	0
	Não sabe/ recusa	6	5	7
CLASSIFICAÇÃO ECONÔMICA	A	0	1	5
	B	24	27	33
	C	66	62	53
	D	9	9	8
	E	0	1	1
	Não sabe/ recusa	0	0	0
OCUPAÇÃO PRINCIPAL	PEA	75	73	72
	NÃO PEA	25	27	28
ESTADO CONJUGAL	Solteiro(a)	41	39	40
	Casado(a)	51	49	46
	Separado(a)/ desquitado(a)/ divorciado(a)	5	7	8
	Viúvo(a)	3	5	6
RELIGIÃO	Católica	46	50	56
	Evangélica pentecostal	30	25	19
	Evangélica não pentecostal	5	6	5
	Espírita kardecista, espiritualista	2	3	5
	Outra religião	2	3	4
	Não tem religião nenhuma	13	12	10
	É ateu/ não acredita em Deus		0	1

PERFIL (Resposta em %)

	IGUATEMI	EXTREMO LESTE	SÃO PAULO
Mora em casa	96	81	77
Tempo médio para chegar ao trabalho (em min.)	48,7	46,3	37,4
IMC - Média	24,8	24,6	24,8
Tem animal de estimação	56	56	54
TV por assinatura	4	14	28
Telefone fixo	61	66	70
Vai ao cinema pelo menos uma vez por semana	3	3	4
Vai ao shopping pelo menos uma vez por semana	19	20	23
Viaja pelo menos uma vez por mês	8	8	10
Vai à academia pelo menos uma vez ou mais por semana	10	9	12
Costuma acessar a internet	41	46	51

O quinto distrito mais jovem de São Paulo é o segundo em percentual de evangélicos pentecostais.

Iguatemi, no extremo leste de São Paulo, tem média de idade de 34,8 anos. Apenas 6% dos moradores têm mais de 60 anos e 28% têm entre 16 e 24 anos.

Há 65% de moradores praticantes de suas religiões. Uma parcela considerável de 30% é evangélica pentecostal. É o segundo maior percentual da cidade (o primeiro é Jaraguá, com 31%). Outros 5% são não pentecostais. E 46% se declaram católicos. É o segundo distrito com menor percentual de católicos de São Paulo, atrás apenas do vizinho Cidade Tiradentes.

A renda do distrito é baixa: 59% sobrevivem com até 3 salários mínimos de renda familiar mensal. Apenas 4% têm renda superior a 10 salários mínimos. Não há classe A no Iguatemi, 24% são de classe B (a média da cidade, entre classes A e B, é de 38%), 66% são da classe C e 9% pertencem à classe D (também não há classe E).

O maior problema do distrito, na avaliação de 20% dos moradores, é relacionado à pavimentação (falta asfalto ou há muitos buracos nas ruas). O trânsito é o segundo maior problema, com 15%. O distrito tem duas ligações principais: as avenidas Sapopemba e Ragueb Chofi, ambas constantemente congestionadas. O melhor é o comércio local, com 17% das citações. Segurança vem em segundo, com 13%.

O distrito é formado basicamente de pessoas que vieram de outros locais. Apenas 34% sempre viveram no próprio bairro. Os demais 66% vieram de fora. E 34% dos atuais moradores querem se mudar para outro distrito com mais infraestrutura: 5% disseram que prefeririam morar no Tatuapé e 4% dizem preferir São Mateus.

Iguatemi, assim como boa parte dos distritos dos extremos da cidade, é um reduto do PT: 33% demonstram preferência pelo partido. O PSDB tem o apoio de apenas 3%.

ITAIM PAULISTA

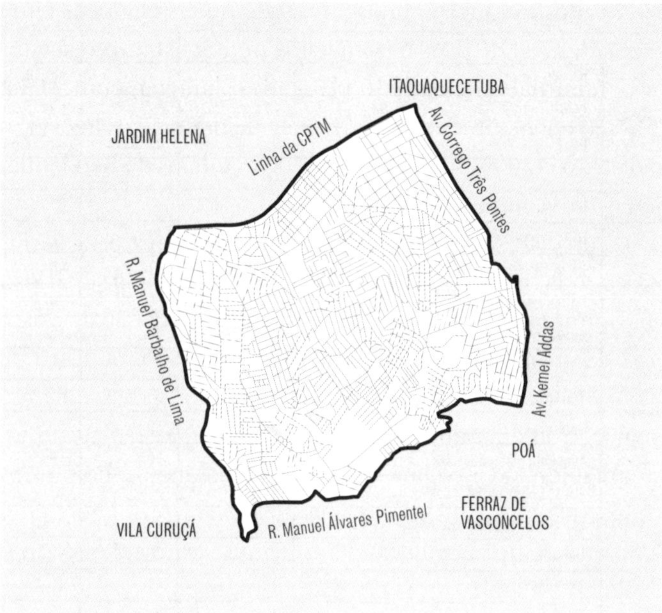

PERFIL (Resposta em %)

		ITAIM PAULISTA	EXTREMO LESTE	SÃO PAULO
SEXO	Masculino	49	49	48
	Feminino	51	51	52
IDADE	16 a 24 anos	27	27	24
	25 a 34 anos	27	26	24
	35 a 44 anos	21	21	20
	45 a 59 anos	18	18	20
	60 anos ou mais	7	8	11
MÉDIA DE IDADE		35,4	35,6	38
ESCOLARIDADE	Fundamental	46	44	40
	Médio	45	48	44
	Superior	10	8	16

PERFIL (Resposta em %)

		ITAIM PAULISTA	EXTREMO LESTE	SÃO PAULO
RENDA FAMILIAR MENSAL	Até 5 S.M.	78	78	69
	Mais de 5 a 10 S.M.	11	13	15
	Mais de 10 a 20 S.M.	3	4	7
	Mais de 20 a 50 S.M.	0	1	3
	Mais de 50 S.M.		0	0
	Não sabe/ recusa	8	5	7
CLASSIFICAÇÃO ECONÔMICA	A	1	1	5
	B	22	27	33
	C	67	62	53
	D	9	9	8
	E	1	1	1
	Não sabe/ recusa		0	0
OCUPAÇÃO PRINCIPAL	PEA	77	73	72
	NÃO PEA	23	27	28
ESTADO CONJUGAL	Solteiro(a)	37	39	40
	Casado(a)	52	49	46
	Separado(a)/ desquitado(a)/ divorciado(a)	8	7	8
	Viúvo(a)	3	5	6
RELIGIÃO	Católica	52	50	56
	Evangélica pentecostal	24	25	19
	Evangélica não pentecostal	7	6	5
	Espírita kardecista, espiritualista	2	3	5
	Outra religião	2	3	4
	Não tem religião nenhuma	12	12	10
	É ateu/ não acredita em Deus	1	0	1

PERFIL (Resposta em %)

	ITAIM PAULISTA	EXTREMO LESTE	SÃO PAULO
Mora em casa	86	81	77
Tempo médio para chegar ao trabalho (em min.)	52,4	46,3	37,4
IMC - Média	24	24,6	24,8
Tem animal de estimação	54	56	54
TV por assinatura	7	14	28
Telefone fixo	67	66	70
Vai ao cinema pelo menos uma vez por semana	4	3	4
Vai ao shopping pelo menos uma vez por semana	15	20	23
Viaja pelo menos uma vez por mês	9	8	10
Vai à academia pelo menos uma vez ou mais por semana	8	9	12
Costuma acessar a internet	45	46	51

Os trilhos ainda marcam o caminho rumo ao Itaim Paulista, distrito que se desenvolveu com a expansão da linha ferroviária e que, ainda hoje, está entre os que mais utilizam esse transporte em seus deslocamentos diários – 19% dos moradores vão de trem para o trabalho, embora a maioria opte por ônibus ou fazer o percurso a pé. Quem mora no distrito gasta quase duas horas por dia se deslocando pela cidade: apenas para chegar ao trabalho se escoam 52,4 minutos. O desgaste dessa jornada, no entanto, tem uma contrapartida: ainda que afastada do centro, a moradia é própria para 74% dos que vivem no local. A solução alivia o orçamento de uma população cuja maior parcela ganha mensalmente até 2 salários mínimos por família e que tem 91% sem nível superior.

Curiosamente, apesar de raramente disporem de computador em casa, quase metade dos moradores têm o costume de acessar a internet (45%). As atividades de lazer partem do improviso, já que mais da metade não frequenta cinema, teatro, bares, shows ou clubes. Comer fora de casa ou visitar centro de compras também são programas pouco comuns – 48% não vão a restaurantes e 44% não vão a shoppings.

O Itaim Paulista é o distrito que registrou a menor média de índice de massa corporal de seus moradores. A taxa, que relaciona peso e altura para classificar alguém como obeso, normal, com sobrepeso ou abaixo do peso, é menor quanto mais magra for a pessoa. O distrito também está entre os que concentram mais gente abaixo do peso.

Sobre o principal problema do distrito, os moradores elegem o trânsito. Mas, diferente do que ocorre nos locais mais ricos, a reclamação não é motivada pelo excesso de veículos nas ruas, mas por uma precária sinalização viária. Faltam placas com nomes das ruas, indicações de lombadas, semáforos e sinalizações nos cruzamentos. Reclamações sobre buracos, calçamento deteriorado e falta de asfaltamento também são frequentes e empatam com a falta de limpeza das ruas como a segunda principal queixa dos moradores. Boa parte desses problemas são sintomas tanto da ocupação desordenada do local como da falta de atenção do poder público.

ITAQUERA

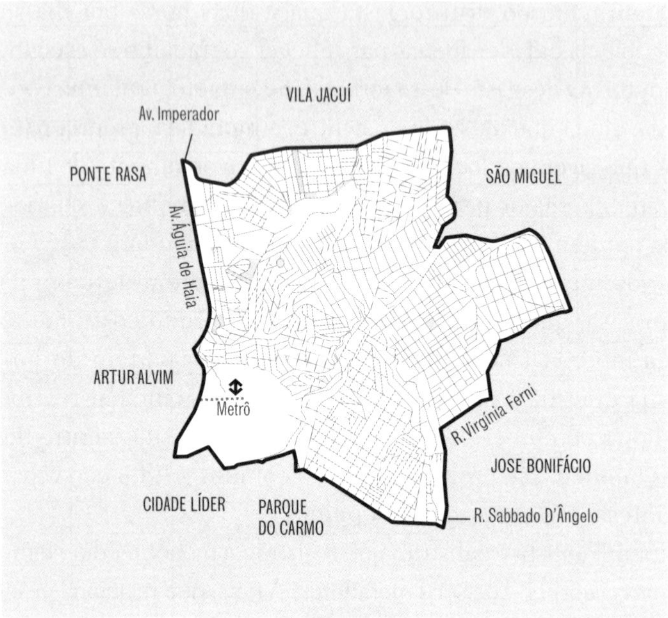

PERFIL (Resposta em %)

		ITAQUERA	EXTREMO LESTE	SÃO PAULO
SEXO	Masculino	51	49	48
	Feminino	49	51	52
IDADE	16 a 24 anos	27	27	24
	25 a 34 anos	25	26	24
	35 a 44 anos	20	21	20
	45 a 59 anos	18	18	20
	60 anos ou mais	10	8	11
MÉDIA DE IDADE		36,1	35,6	38
ESCOLARIDADE	Fundamental	39	44	40
	Médio	48	48	44
	Superior	12	8	16

PERFIL (Resposta em %)

		ITAQUERA	EXTREMO LESTE	SÃO PAULO
RENDA FAMILIAR MENSAL	Até 5 S.M.	68	78	69
	Mais de 5 a 10 S.M.	17	13	15
	Mais de 10 a 20 S.M.	7	4	7
	Mais de 20 a 50 S.M.	2	1	3
	Mais de 50 S.M.		0	0
	Não sabe/ recusa	7	5	7
CLASSIFICAÇÃO ECONÔMICA	A	1	1	5
	B	33	27	33
	C	58	62	53
	D	6	9	8
	E	1	1	1
	Não sabe/ recusa	0	0	0
OCUPAÇÃO PRINCIPAL	PEA	74	73	72
	NÃO PEA	26	27	28
ESTADO CONJUGAL	Solteiro(a)	38	39	40
	Casado(a)	50	49	46
	Separado(a)/ desquitado(a)/ divorciado(a)	8	7	8
	Viúvo(a)	4	5	6
RELIGIÃO	Católica	48	50	56
	Evangélica pentecostal	24	25	19
	Evangélica não pentecostal	8	6	5
	Espírita kardecista, espiritualista	4	3	5
	Outra religião	2	3	4
	Não tem religião nenhuma	14	12	10
	É ateu/ não acredita em Deus	0	0	1

PERFIL (Resposta em %)

	ITAQUERA	EXTREMO LESTE	SÃO PAULO
Mora em casa	79	81	77
Tempo médio para chegar ao trabalho (em min.)	36,9	46,3	37,4
IMC - Média	24,8	24,6	24,8
Tem animal de estimação	56	56	54
TV por assinatura	23	14	28
Telefone fixo	70	66	70
Vai ao cinema pelo menos uma vez por semana	4	3	4
Vai ao shopping pelo menos uma vez por semana	31	20	23
Viaja pelo menos uma vez por mês	8	8	10
Vai à academia pelo menos uma vez ou mais por semana	11	9	12
Costuma acessar a internet	54	46	51

A boa relação entre vizinhos e a movimentação causada pelo comércio local aparecem empatadas como as duas principais qualidades de Itaquera, segundo seus moradores. Juntas, elas são responsáveis por garantir uma terceira vantagem: a sensação de segurança, apontada como a segunda principal qualidade do distrito. Essa impressão de tranquilidade, no entanto, parece ter pouco a ver com policiamento: apenas 1% dos moradores atribui tal percepção à presença de policiais. Para os demais, a ausência de criminalidade é uma característica própria do distrito, onde 61% dizem se sentir seguros ao caminhar depois que escurece. Mas a região não é tão pacata quanto possa parecer. Mais de um em cada dez moradores já tiveram algum parente ou amigo assassinado no distrito. Assaltos e roubos a casas são bem menos frequentes, respeitando a tendência paulistana de, nos locais menos abastados, os crimes contra a vida serem mais comuns.

Em Itaquera, 52% vivem com uma renda familiar mensal de até três salários mínimos. Trabalhadores assalariados compõem a maior parcela da população, que registra 18% à procura de emprego.

O catolicismo é a religião com maior percentual de seguidores. Logo atrás vêm as religiões evangélicas – somadas, pentecostal e não pentecostal levam a seus templos quase um terço dos habitantes do distrito.

As notas dadas por moradores para a infraestrutura básica, como rede de esgoto, fornecimento de água e iluminação ficaram um pouco acima da média registrada no extremo leste. Sobressaíram-se ainda a oferta de escolas, tanto públicas como particulares, e o silêncio observado nas ruas. Abaixo da média da região ficaram as avaliações para limpeza de ruas e avenidas, conservação de áreas verdes e ofertas de hospitais públicos e de postos de saúde.

Os amantes de música sertaneja quase empatam com os apreciadores de MPB – 14% contra 13%–, os gêneros mais apreciados do lugar. Muitas vezes, as canções ainda chegam pelo rádio, ouvido todos os dias por 78% dos moradores.

JARDIM HELENA

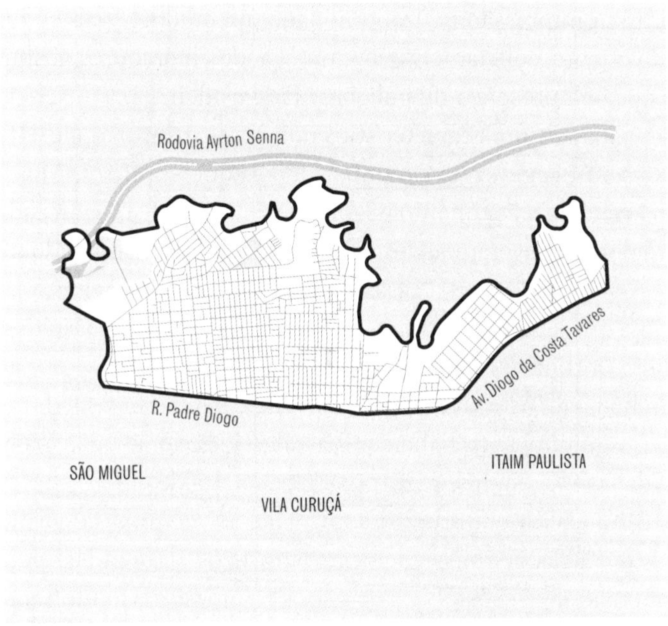

PERFIL (Resposta em %)

		JD. HELENA	EXTREMO LESTE	SÃO PAULO
SEXO	Masculino	51	49	48
	Feminino	49	51	52
IDADE	16 a 24 anos	27	27	24
	25 a 34 anos	27	26	24
	35 a 44 anos	22	21	20
	45 a 59 anos	17	18	20
	60 anos ou mais	7	8	11
MÉDIA DE IDADE		35,2	35,6	38
ESCOLARIDADE	Fundamental	43	44	40
	Médio	52	48	44
	Superior	5	8	16

PERFIL (Resposta em %)

		JD. HELENA	EXTREMO LESTE	SÃO PAULO
RENDA FAMILIAR MENSAL	Até 5 S.M.	85	78	69
	Mais de 5 a 10 S.M.	11	13	15
	Mais de 10 a 20 S.M..	2	4	7
	Mais de 20 a 50 S.M.	0	1	3
	Mais de 50 S.M.		0	0
	Não sabe/ recusa	1	5	7
CLASSIFICAÇÃO ECONÔMICA	A	1	1	5
	B	18	27	33
	C	68	62	53
	D	13	9	8
	E	0	1	1
	Não sabe/ recusa		0	0
OCUPAÇÃO PRINCIPAL	PEA	74	73	72
	NÃO PEA	26	27	28
ESTADO CONJUGAL	Solteiro(a)	43	39	40
	Casado(a)	45	49	46
	Separado(a)/ desquitado(a)/ divorciado(a)	7	7	8
	Viúvo(a)	5	5	6
RELIGIÃO	Católica	52	50	56
	Evangélica pentecostal	27	25	19
	Evangélica não pentecostal	6	6	5
	Espírita kardecista, espiritualista	1	3	5
	Outra religião	3	3	4
	Não tem religião nenhuma	9	12	10
	É ateu/ não acredita em Deus	0	0	1

PERFIL (Resposta em %)

	JD. HELENA	EXTREMO LESTE	SÃO PAULO
Mora em casa	92	81	77
Tempo médio para chegar ao trabalho (em min.)	51,2	46,3	37,4
IMC - Média	24,6	24,6	24,8
Tem animal de estimação	58	56	54
TV por assinatura	5	14	28
Telefone fixo	63	66	70
Vai ao cinema pelo menos uma vez por semana	2	3	4
Vai ao shopping pelo menos uma vez por semana	10	20	23
Viaja pelo menos uma vez por mês	7	8	10
Vai à academia pelo menos uma vez ou mais por semana	10	9	12
Costuma acessar a internet	41	46	51

Samba e pedais são o que os moradores do Jardim Helena mais têm nos pés. O distrito, acima de qualquer outro de São Paulo, é o que concentra mais fãs de batucada e onde há mais pessoas que vão ao trabalho de bicicleta. Trata-se de um distrito jovem, onde mais da metade dos moradores tem menos de 34 anos. São pessoas de baixa escolaridade, que representam uma das menores taxas de ensino superior do extremo leste, de apenas 5%. Combinado a isso, o distrito também abriga uma das maiores parcelas de famílias com renda mensal de até 2 salários mínimos da região. É também recordista local em percentual de moradores pertencentes à classe C, que representam quase sete em cada dez.

A queixa mais comum é de falta de sinalização nas ruas – placas, semáforos e lombadas. Em segundo lugar, aparecem as reclamações sobre enchentes e pontos de alagamento. De acordo com os moradores, o problema é causado pelo transbordamento de córregos que não são canalizados e por uma rede de esgoto deficiente. As avaliações do escoamento de água e do sistema de esgoto do distrito ficaram abaixo das médias registradas tanto na região como na cidade. As queixas também se refletiram na nota para as condições de moradia, também mal avaliadas. Ainda assim, o Jardim Helena é o distrito paulistano onde vivem mais pessoas por casa, uma média de quase quatro, e 14% dos domicílios contam com seis ou mais moradores. É comum ainda a presença de animais de estimação dividindo o espaço doméstico. Os cachorros são os preferidos, seguidos por gatos e pássaros.

Na maioria das vezes, as casas são próprias (76%). Além das alugadas, há também um percentual de casas cedidas, de 5%, índice comum na maior parte dos demais distritos do extremo leste.

JOSÉ BONIFÁCIO

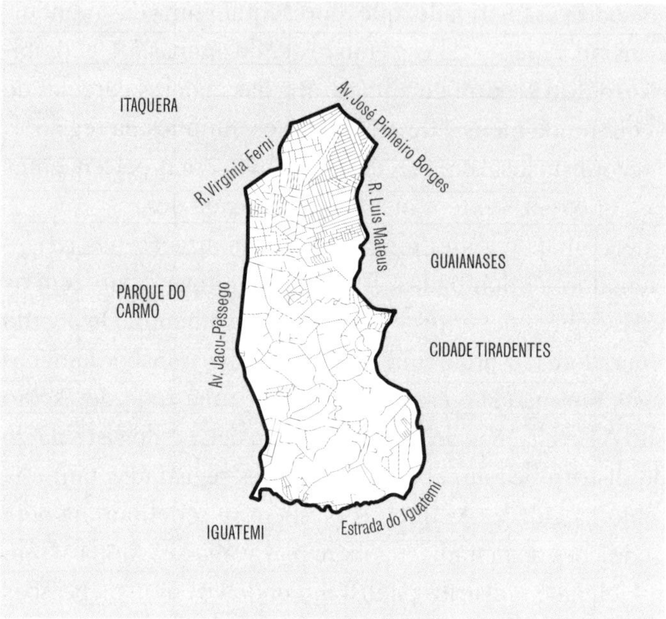

PERFIL (Resposta em %)

		JOSÉ BONIFÁCIO	EXTREMO LESTE	SÃO PAULO
SEXO	Masculino	48	49	48
	Feminino	52	51	52
IDADE	16 a 24 anos	26	27	24
	25 a 34 anos	25	26	24
	35 a 44 anos	19	21	20
	45 a 59 anos	22	18	20
	60 anos ou mais	8	8	11
MÉDIA DE IDADE		36,5	35,6	38
ESCOLARIDADE	Fundamental	34	44	40
	Médio	55	48	44
	Superior	10	8	16

PERFIL (Resposta em %)

		JOSÉ BONIFÁCIO	EXTREMO LESTE	SÃO PAULO
RENDA FAMILIAR MENSAL	Até 5 S.M.	69	78	69
	Mais de 5 a 10 S.M.	17	13	15
	Mais de 10 a 20 S.M.	5	4	7
	Mais de 20 a 50 S.M.	0	1	3
	Mais de 50 S.M.		0	0
	Não sabe/ recusa	8	5	7
CLASSIFICAÇÃO ECONÔMICA	A	0	1	5
	B	35	27	33
	C	59	62	53
	D	5	9	8
	E	0	1	1
	Não sabe/ recusa	0	0	0
OCUPAÇÃO PRINCIPAL	PEA	73	73	72
	NÃO PEA	27	27	28
ESTADO CONJUGAL	Solteiro(a)	39	39	40
	Casado(a)	45	49	46
	Separado(a)/ desquitado(a)/ divorciado(a)	11	7	8
	Viúvo(a)	6	5	6
RELIGIÃO	Católica	51	50	56
	Evangélica pentecostal	19	25	19
	Evangélica não pentecostal	7	6	5
	Espírita kardecista, espiritualista	3	3	5
	Outra religião	7	3	4
	Não tem religião nenhuma	12	12	10
	É ateu/ não acredita em Deus	1	0	1

PERFIL (Resposta em %)

	JOSÉ BONIFÁCIO	EXTREMO LESTE	SÃO PAULO
Mora em casa	32	81	77
Tempo médio para chegar ao trabalho (em min.)	50	46,3	37,4
IMC - Média	24,5	24,6	24,8
Tem animal de estimação	46	56	54
TV por assinatura	18	14	28
Telefone fixo	79	66	70
Vai ao cinema pelo menos uma vez por semana	5	3	4
Vai ao shopping pelo menos uma vez por semana	27	20	23
Viaja pelo menos uma vez por mês	9	8	10
Vai à academia pelo menos uma vez ou mais por semana	12	9	12
Costuma acessar a internet	50	46	51

A maior concentração de casas próprias da cidade de São Paulo está no distrito de José Bonifácio, onde 86% dos moradores são donos do teto sob o qual habitam. O retrato confirma a finalidade original do extremo leste paulistano, de prover local de dormitório aos trabalhadores de baixa renda. O distrito, no entanto, tem o menor percentual da região de famílias que vivem com até dois salários mínimos mensais e de moradores que pertencem às classes D e E. Na verdade, os moradores de José Bonifácio dispõem de mais bens que a média dos habitantes do extremo leste. É a maior taxa de lares com TV de plasma (13%) da região. Destacam-se ainda a presença relativamente ampla de DVD players, câmeras digitais e de computadores com acesso à internet – um em cada quatro moradores costuma se conectar todos os dias. Equipamentos eletrônicos parecem reinar nos lares, acima até mesmo dos animais de estimação: José Bonifácio tem o menor percentual da região de bichos criados em casa.

O comércio é o item mais elogiado pelos moradores: um quinto deles apontou o quesito como principal qualidade do local. A oferta de transporte coletivo aparece em segundo lugar. É o distrito da cidade onde mais pessoas usam lotações para chegar ao trabalho (22%), mas os ônibus comuns ainda são o meio mais utilizado (38%). Os índices de usuários de metrô (27%) e trem (13%) comprovam a variedade de meios de transporte coletivo que servem o local. O percentual dos que preferem chegar ao trabalho caminhando também é expressivo (28%), enquanto os que vão de carro são minoria, apenas 8%.

A torcida corintiana é preponderante no distrito. Além de assistir a competições esportivas, os moradores também jogam – ao menos, mais que a média dos paulistanos. José Bonifácio e Parque do Carmo empatam como os distritos da região onde mais pessoas visitam parques no fim de semana. Quem vive em José Bonifácio também tem mais costume de viajar que os demais moradores da cidade; quase metade faz as malas ao menos uma vez por ano.

LAJEADO

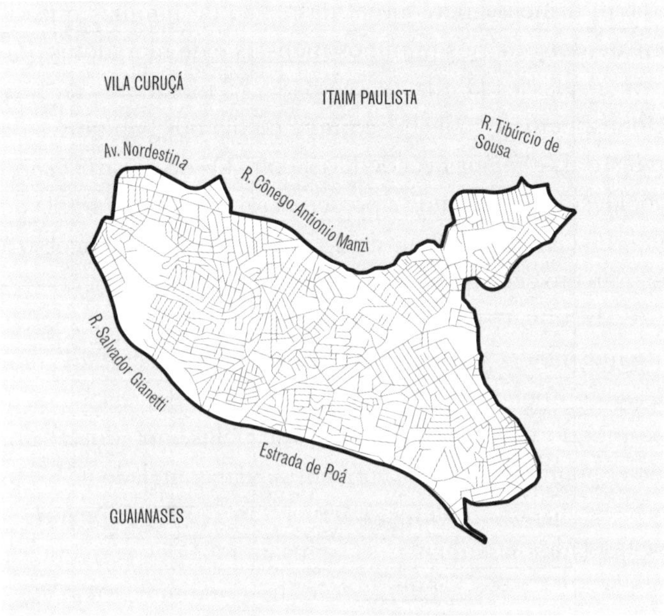

PERFIL (Resposta em %)

		LAJEADO	EXTREMO LESTE	SÃO PAULO
SEXO	Masculino	49	49	48
	Feminino	51	51	52
IDADE	16 a 24 anos	29	27	24
	25 a 34 anos	29	26	24
	35 a 44 anos	21	21	20
	45 a 59 anos	15	18	20
	60 anos ou mais	6	8	11
MÉDIA DE IDADE		34,4	35,6	38
ESCOLARIDADE	Fundamental	51	44	40
	Médio	43	48	44
	Superior	6	8	16

PERFIL (Resposta em %)

		LAJEADO	EXTREMO LESTE	SÃO PAULO
RENDA FAMILIAR MENSAL	Até 5 S.M.	82	78	69
	Mais de 5 a 10 S.M.	9	13	15
	Mais de 10 a 20 S.M.	4	4	7
	Mais de 20 a 50 S.M.	1	1	3
	Mais de 50 S.M.		0	0
	Não sabe/ recusa	5	5	7
CLASSIFICAÇÃO ECONÔMICA	A	1	1	5
	B	24	27	33
	C	64	62	53
	D	10	9	8
	E	1	1	1
	Não sabe/ recusa		0	0
OCUPAÇÃO PRINCIPAL	PEA	74	73	72
	NÃO PEA	26	27	28
ESTADO CONJUGAL	Solteiro(a)	42	39	40
	Casado(a)	47	49	46
	Separado(a)/ desquitado(a)/ divorciado(a)	7	7	8
	Viúvo(a)	5	5	6
RELIGIÃO	Católica	47	50	56
	Evangélica pentecostal	28	25	19
	Evangélica não pentecostal	8	6	5
	Espírita kardecista, espiritualista	2	3	5
	Outra religião	1	3	4
	Não tem religião nenhuma	13	12	10
	É ateu/ não acredita em Deus	0	0	1

PERFIL (Resposta em %)

	LAJEADO	EXTREMO LESTE	SÃO PAULO
Mora em casa	80	81	77
Tempo médio para chegar ao trabalho (em min.)	45,7	46,3	37,4
IMC - Média	24,9	24,6	24,8
Tem animal de estimação	49	56	54
TV por assinatura	4	14	28
Telefone fixo	65	66	70
Vai ao cinema pelo menos uma vez por semana	3	3	4
Vai ao shopping pelo menos uma vez por semana	15	20	23
Viaja pelo menos uma vez por mês	9	8	10
Vai à academia pelo menos uma vez ou mais por semana	8	9	12
Costuma acessar a internet	42	46	51

Mudar-se é um pensamento comum para quem vive em Lajeado. O distrito possui o maior percentual da cidade de pessoas que desejam morar em outro lugar (40%). E nem precisaria ser muito longe: Penha, Tatuapé e Itaquera são os mais citados como residência ideal. As raízes da insatisfação estão mais relacionadas à falta de infraestrutura e à má oferta de serviços públicos que à violência. O distrito tem o segundo menor percentual de pessoas que tiveram um amigo ou parente assassinado na região, e a maioria dos habitantes diz se sentir segura ao caminhar depois que anoitece. Porém, quando a questão é fornecimento de água, rede de esgoto e condição das moradias, Lajeado registra as piores avaliações do extremo leste. O distrito ainda registra a pior nota da região para a oferta de escolas públicas, e mais da metade dos moradores tem apenas o ensino fundamental completo. Quando o assunto são atividades de lazer e cultura, o panorama é igualmente ruim. De zero a dez, a nota dada pelos moradores para a oferta de áreas de lazer é a mais baixa da cidade: 1,9. As atividades de cultura também obtiveram outra nota irrisória, 1,7, ao evidenciar a falta de opções de uma população cuja maior parcela tem menos de 34 anos. O quadro geral de notas atribuídas faz com que Lajeado tenha registrado a média total mais baixa do extremo leste. A pele preta é mais comum em Lajeado que em qualquer outro distrito paulistano. São 22% os moradores que assim classificaram a própria cor, tornando evidente que ainda existe uma relação entre a cor da pele de uma pessoa e sua condição de vida precária.

No distrito, a maioria tem renda familiar mensal que não ultrapassa três salários mínimos e pertence à classe C. No entanto, há mais gente pertencente à classe B (24%) que à classe D (10%).

PARQUE DO CARMO

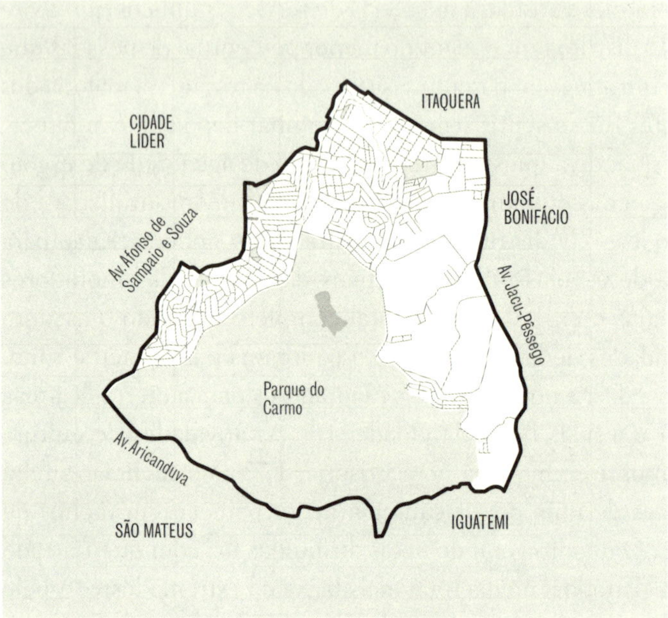

PERFIL (Resposta em %)

		PQ. DO CARMO	EXTREMO LESTE	SÃO PAULO
SEXO	Masculino	48	49	48
	Feminino	52	51	52
IDADE	16 a 24 anos	27	27	24
	25 a 34 anos	26	26	24
	35 a 44 anos	20	21	20
	45 a 59 anos	19	18	20
	60 anos ou mais	8	8	11
MÉDIA DE IDADE		35,8	35,6	38
ESCOLARIDADE	Fundamental	43	44	40
	Médio	48	48	44
	Superior	9	8	16

PERFIL (Resposta em %)

		PQ. DO CARMO	EXTREMO LESTE	SÃO PAULO
RENDA FAMILIAR MENSAL	Até 5 S.M.	74	78	69
	Mais de 5 a 10 S.M.	14	13	15
	Mais de 10 a 20 S.M.	6	4	7
	Mais de 20 a 50 S.M.	1	1	3
	Mais de 50 S.M.		0	0
	Não sabe/ recusa	6	5	7
CLASSIFICAÇÃO ECONÔMICA	A	1	1	5
	B	33	27	33
	C	59	62	53
	D	7	9	8
	E	1	1	1
	Não sabe/ recusa		0	0
OCUPAÇÃO PRINCIPAL	PEA	72	73	72
	NÃO PEA	28	27	28
ESTADO CONJUGAL	Solteiro(a)	39	39	40
	Casado(a)	51	49	46
	Separado(a)/ desquitado(a)/ divorciado(a)	6	7	8
	Viúvo(a)	4	5	6
RELIGIÃO	Católica	53	50	56
	Evangélica pentecostal	26	25	19
	Evangélica não pentecostal	4	6	5
	Espírita kardecista, espiritualista	3	3	5
	Outra religião	4	3	4
	Não tem religião nenhuma	10	12	10
	É ateu/ não acredita em Deus	1	0	1

PERFIL (Resposta em %)

	PQ. DO CARMO	EXTREMO LESTE	SÃO PAULO
Mora em casa	94	81	77
Tempo médio para chegar ao trabalho (em min.)	37	46,3	37,4
IMC - Média	25,2	24,6	24,8
Tem animal de estimação	57	56	54
TV por assinatura	26	14	28
Telefone fixo	67	66	70
Vai ao cinema pelo menos uma vez por semana	2	3	4
Vai ao shopping pelo menos uma vez por semana	22	20	23
Viaja pelo menos uma vez por mês	10	8	10
Vai à academia pelo menos uma vez ou mais por semana	8	9	12
Costuma acessar a internet	44	46	51

No parque que dá nome ao distrito, as pipas sobem altas durante a temporada de ventos. A brincadeira, típica dos locais periféricos – em que se improvisa com a falta de espaço, de dinheiro e de prédios altos – ganha ares de competição. Na batalha, há pipas abatidas em pleno ar, enganchadas em árvores ou, o que é mais perigoso, enroscadas em fios elétricos ou linhas com cerol, que é proibido e rende apreensões diárias na entrada do parque.

O distrito é o único do extremo leste em que a oferta de áreas de lazer recebe elogios, chegando a ser considerada a principal qualidade local por quase um em cada cinco moradores. Ao menos uma vez por mês, 61% visitam o parque, que, por ser a única grande área verde da região, atrai também quem vive em distritos próximos dali. Nos domingos de sol, a fila para usar as churrasqueiras de concreto espalhadas pelo parque começa às 9 horas da manhã – quem chegar por volta do meio-dia não consegue lugar.

No distrito, onde é comum encontrar bares e carros com portas abertas e som alto ligado, a principal reclamação é o excesso de barulho. Música sertaneja e gospel empatam na preferência dos moradores, seguidas por MPB. Segundo os moradores, ainda contribuem para o barulho o vaivém dos carros, pessoas falando alto nas ruas e o ruído causado por vizinhos, desdobramentos de uma ocupação que, por falta de planejamento, originou construções próximas demais, ruas muito estreitas para a intensidade do fluxo de veículos e usos urbanos sem regulamentação.

O Parque do Carmo está entre os distritos da região com maior percentual de moradores que usam carro para chegar ao trabalho, 13%. Ônibus é o meio mais utilizado, quase empatado com os que preferem se deslocar a pé.

O distrito registra o maior percentual da cidade de pessoas que acham que a vida melhorou nos últimos cinco anos, 72%. O índice de satisfação, média da avaliação da oferta de infraestrutura e de serviços públicos, é o mais alto do extremo leste. Trata-se também de um dos maiores percentuais de classe B da região.

SÃO MATEUS

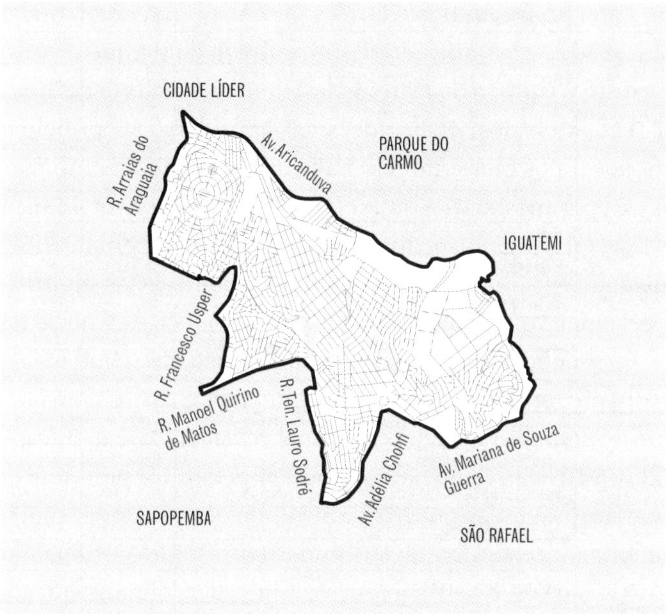

PERFIL (Resposta em %)

		SÃO MATEUS	EXTREMO LESTE	SÃO PAULO
SEXO	Masculino	51	49	48
	Feminino	49	51	52
IDADE	16 a 24 anos	25	27	24
	25 a 34 anos	26	26	24
	35 a 44 anos	21	21	20
	45 a 59 anos	19	18	20
	60 anos ou mais	9	8	11
MÉDIA DE IDADE		36,5	35,6	38
ESCOLARIDADE	Fundamental	44	44	40
	Médio	49	48	44
	Superior	8	8	16

PERFIL (Resposta em %)

		SÃO MATEUS	EXTREMO LESTE	SÃO PAULO
RENDA FAMILIAR MENSAL	Até 5 S.M.	68	78	69
	Mais de 5 a 10 S.M.	17	13	15
	Mais de 10 a 20 S.M.	6	4	7
	Mais de 20 a 50 S.M.	1	1	3
	Mais de 50 S.M.		0	0
	Não sabe/ recusa	7	5	7
CLASSIFICAÇÃO ECONÔMICA	A	2	1	5
	B	35	27	33
	C	56	62	53
	D	7	9	8
	E	1	1	1
	Não sabe/ recusa		0	0
OCUPAÇÃO PRINCIPAL	PEA	74	73	72
	NÃO PEA	26	27	28
ESTADO CONJUGAL	Solteiro(a)	36	39	40
	Casado(a)	50	49	46
	Separado(a)/ desquitado(a)/ divorciado(a)	9	7	8
	Viúvo(a)	5	5	6
RELIGIÃO	Católica	53	50	56
	Evangélica pentecostal	23	25	19
	Evangélica não pentecostal	6	6	5
	Espírita kardecista, espiritualista	5	3	5
	Outra religião	4	3	4
	Não tem religião nenhuma	10	12	10
	É ateu/ não acredita em Deus	0	0	1

PERFIL (Resposta em %)

	SÃO MATEUS	EXTREMO LESTE	SÃO PAULO
Mora em casa	88	81	77
Tempo médio para chegar ao trabalho (em min.)	50,3	46,3	37,4
IMC - Média	24,6	24,6	24,8
Tem animal de estimação	59	56	54
TV por assinatura	26	14	28
Telefone fixo	73	66	70
Vai ao cinema pelo menos uma vez por semana	2	3	4
Vai ao shopping pelo menos uma vez por semana	23	20	23
Viaja pelo menos uma vez por mês	9	8	10
Vai à academia pelo menos uma vez ou mais por semana	11	9	12
Costuma acessar a internet	43	46	51

O distrito com maior presença de classe B do extremo leste é também, de todo o município, o que registra maior percentual de pessoas que consideram a falta de segurança o fundamental problema do local onde vivem. A sensação de insegurança é o que mais preocupa 12% dos moradores, que se queixam da falta de policiamento, de ruas desertas e de grande fluxo de pessoas desocupadas perambulando. Os que consideram as falhas na rede elétrica o principal problema somam o mesmo percentual, sinal de que a percepção de vulnerabilidade está relacionada à falta de iluminação pública. Entre os moradores, 67% dizem evitar passar por certos locais depois que escurece, número superior às médias tanto da região como da cidade. São Mateus registra ainda, em relação à média paulistana, quase o dobro de pessoas que tiveram amigo ou parente assassinado no distrito onde vivem nos últimos 12 meses.

Ainda assim, no topo das reclamações estão passagens de pedestres e ruas esburacadas, vias que não têm asfalto e calçadas estreitas demais. O deslocamento fica ainda mais complicado com a falta de opções de transporte coletivo – mais de um em cada dez moradores deu nota zero para o quesito, que registrou uma das menores médias da região. Ônibus é o meio mais comum de se chegar ao trabalho, escolhido por 46% dos moradores. Os demais optam por fazer o deslocamento a pé, de metrô, de carro e de trem, nesta ordem. Curioso notar que o percentual dos que fazem o percurso diário usando automóvel supera o dos que usam a linha ferroviária, o que não significa que a jornada seja mais rápida. Em média, a ida consome mais de 50 minutos – sem contar a volta.

A maior parcela dos moradores de São Mateus tem renda familiar mensal oscilando entre mais de três e cinco salários mínimos. O percentual de famílias com faixas salariais entre cinco e 10 salários ou superior a 10 e inferior a 20 salários é, na média, superior ao dos demais distritos do extremo leste. O grau de escolaridade, no entanto, não difere muito do panorama da região. Praticamente metade dos habitantes do distrito concluiu apenas o ensino médio e 44% só fizeram o fundamental.

SÃO MIGUEL PAULISTA

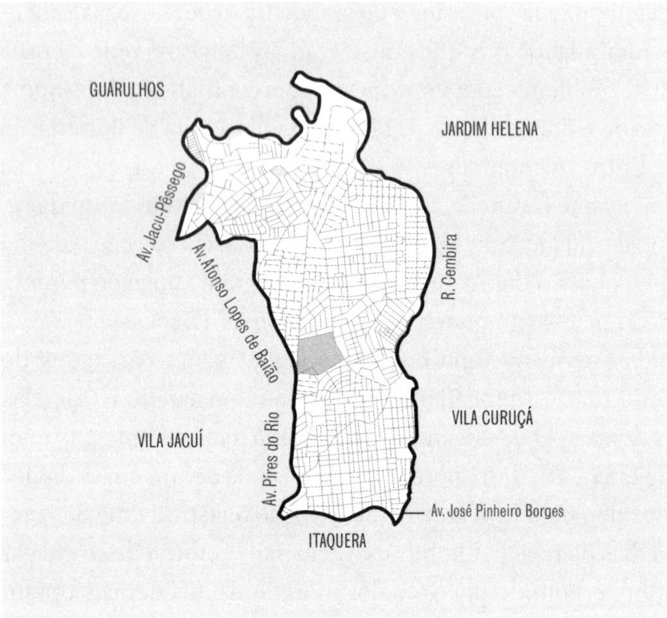

PERFIL (Resposta em %)

		SÃO MIGUEL PAULISTA	EXTREMO LESTE	SÃO PAULO
SEXO	Masculino	50	49	48
	Feminino	50	51	52
IDADE	16 a 24 anos	24	27	24
	25 a 34 anos	24	26	24
	35 a 44 anos	20	21	20
	45 a 59 anos	20	18	20
	60 anos ou mais	12	8	11
MÉDIA DE IDADE		38	35,6	38
ESCOLARIDADE	Fundamental	40	44	40
	Médio	46	48	44
	Superior	14	8	16

PERFIL (Resposta em %)

		SÃO MIGUEL PAULISTA	EXTREMO LESTE	SÃO PAULO
RENDA FAMILIAR MENSAL	Até 5 S.M.	72	78	69
	Mais de 5 a 10 S.M.	16	13	15
	Mais de 10 a 20 S.M.	6	4	7
	Mais de 20 a 50 S.M.	1	1	3
	Mais de 50 S.M.		0	0
	Não sabe/ recusa	4	5	7
CLASSIFICAÇÃO ECONÔMICA	A	1	1	5
	B	32	27	33
	C	57	62	53
	D	9	9	8
	E	1	1	1
	Não sabe/ recusa		0	0
OCUPAÇÃO PRINCIPAL	PEA	71	73	72
	NÃO PEA	29	27	28
ESTADO CONJUGAL	Solteiro(a)	41	39	40
	Casado(a)	44	49	46
	Separado(a)/ desquitado(a)/ divorciado(a)	7	7	8
	Viúvo(a)	7	5	6
RELIGIÃO	Católica	51	50	56
	Evangélica pentecostal	22	25	19
	Evangélica não pentecostal	6	6	5
	Espírita kardecista, espiritualista	5	3	5
	Outra religião	4	3	4
	Não tem religião nenhuma	12	12	10
	É ateu/ não acredita em Deus	1	0	1

PERFIL (Resposta em %)

	SÃO MIGUEL PAULISTA	EXTREMO LESTE	SÃO PAULO
Mora em casa	93	81	77
Tempo médio para chegar ao trabalho (em min.)	34,2	46,3	37,4
IMC - Média	24,8	24,6	24,8
Tem animal de estimação	65	56	54
TV por assinatura	22	14	28
Telefone fixo	68	66	70
Vai ao cinema pelo menos uma vez por semana	2	3	4
Vai ao shopping pelo menos uma vez por semana	14	20	23
Viaja pelo menos uma vez por mês	9	8	10
Vai à academia pelo menos uma vez ou mais por semana	12	9	12
Costuma acessar a internet	48	46	51

Tradicional reduto da população nordestina em São Paulo, São Miguel Paulista é o distrito do extremo leste em que o nível de escolaridade é mais avançado, revela a pesquisa DNA Paulistano. Cursam a faculdade 14% dos 94.890 moradores do bairro, contra apenas 8% na região. O índice, entretanto, fica aquém da média da cidade (15,8%).

Embora se localize em um dos núcleos de pobreza de São Paulo, São Miguel destoa dos distritos que o cercam quanto à situação econômica. Quase um a cada cinco moradores (23%) tem renda familiar maior que R$ 2.075, ou cinco salários mínimos – no extremo leste, há apenas 18% nesse patamar. A nota média do distrito é de 7,4, de zero a dez, superior à da região (7,0).

Para trabalhar, o carro é o meio de transporte menos utilizado no distrito. O morador local prefere, pela ordem, ir a pé, de ônibus e metrô. As estações do metrô mais próximas são Artur Alvim e Corinthians-Itaquera, da linha 3-vermelha.

O acesso ao lazer é, em geral, limitado. Quem vive em São Miguel vai menos a parques, a shopping centers, a cinemas, a teatros e a restaurantes que o paulistano médio. Entre dez indicadores, apenas a ida a shows, bares e academias supera os índices da cidade. Ainda segundo a pesquisa, São Miguel vai bem quanto à informação que consome: o índice de leitura de jornais e revistas é superior ao da cidade – bate, também, a média dos distritos vizinhos.

Brancos e pardos são maioria em São Miguel e representam, cada um, 39% da população local, índice bastante diverso do restante da cidade de São Paulo. A capital é mais branca (46,5%) que parda (33,9%). Há no distrito 50% de homens e mulheres. A maioria é católica, casada e torce para o Corinthians.

SÃO RAFAEL

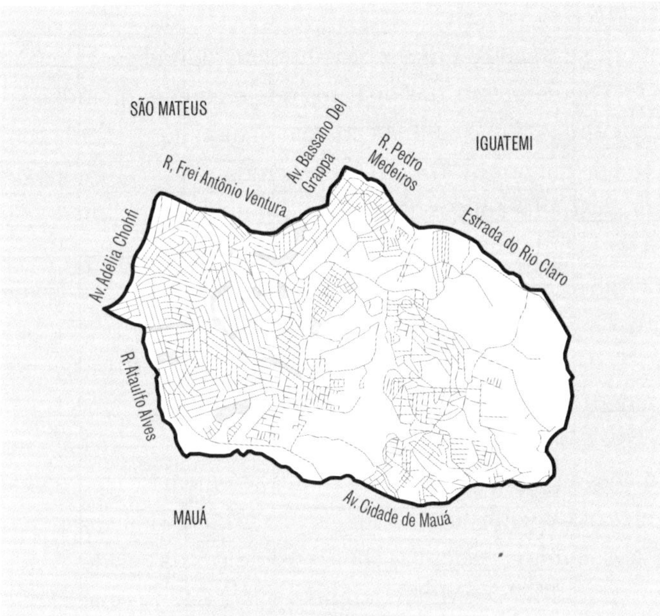

PERFIL (Resposta em %)

		SÃO RAFAEL	EXTREMO LESTE	SÃO PAULO
SEXO	Masculino	49	49	48
	Feminino	51	51	52
IDADE	16 a 24 anos	26	27	24
	25 a 34 anos	28	26	24
	35 a 44 anos	21	21	20
	45 a 59 anos	17	18	20
	60 anos ou mais	7	8	11
MÉDIA DE IDADE		35,6	35,6	38
ESCOLARIDADE	Fundamental	48	44	40
	Médio	49	48	44
	Superior	3	8	16

PERFIL (Resposta em %)

		SÃO RAFAEL	EXTREMO LESTE	SÃO PAULO
RENDA FAMILIAR MENSAL	Até 5 S.M.	85	78	69
	Mais de 5 a 10 S.M.	12	13	15
	Mais de 10 a 20 S.M.	1	4	7
	Mais de 20 a 50 S.M.	1	1	3
	Mais de 50 S.M.		0	0
	Não sabe/ recusa	2	5	7
CLASSIFICAÇÃO ECONÔMICA	A	0	1	5
	B	21	27	33
	C	67	62	53
	D	12	9	8
	E		1	1
	Não sabe/ recusa		0	0
OCUPAÇÃO PRINCIPAL	PEA	70	73	72
	NÃO PEA	30	27	28
ESTADO CONJUGAL	Solteiro(a)	34	39	40
	Casado(a)	57	49	46
	Separado(a)/ desquitado(a)/ divorciado(a)	3	7	8
	Viúvo(a)	6	5	6
RELIGIÃO	Católica	53	50	56
	Evangélica pentecostal	25	25	19
	Evangélica não pentecostal	5	6	5
	Espírita kardecista, espiritualista	2	3	5
	Outra religião	3	3	4
	Não tem religião nenhuma	12	12	10
	É ateu/ não acredita em Deus		0	1

PERFIL (Resposta em %)

	SÃO RAFAEL	EXTREMO LESTE	SÃO PAULO
Mora em casa	91	81	77
Tempo médio para chegar ao trabalho (em min.)	48,5	46,3	37,4
IMC - Média	24,9	24,6	24,8
Tem animal de estimação	51	56	54
TV por assinatura	14	14	28
Telefone fixo	60	66	70
Vai ao cinema pelo menos uma vez por semana	1	3	4
Vai ao shopping pelo menos uma vez por semana	15	20	23
Viaja pelo menos uma vez por mês	8	8	10
Vai à academia pelo menos uma vez ou mais por semana	6	9	12
Costuma acessar a internet	42	46	51

Só as motos dão conta de passar por cima dos buracos e se mover com agilidade pelas vias estreitas de São Rafael, o distrito da cidade onde mais pessoas se locomovem com motocicletas. O local é o que registra mais reclamações sobre a condição de ruas e calçadas, considerada o principal problema para 22% dos moradores, a maior taxa do extremo leste. Não bastasse isso, as queixas sobre má sinalização de lombadas e cruzamentos e a falta de semáforo e placas ocupam o segundo lugar no *ranking* dos principais problemas do distrito. Os serviços de conservação das vias e de asfaltamento receberam as piores notas da região. Empatam em segundo lugar as queixas sobre enchentes, causadas pela falta de canalização de córregos que, segundo os moradores, ainda traz o incômodo do mau cheiro. Com esse quadro, a rede de esgoto, o fornecimento de água e a condição das moradias receberam notas mais baixas que a média local.

Apesar de alto em relação à média da cidade, o percentual dos que usam moto é de apenas 5% – mais da metade enfrenta os percalços do caminho em ônibus ou lotações.

O distrito, que tem a maior taxa de católicos e de pessoas casadas do extremo leste, é o que tem a maior concentração de donas de casa da cidade, 17%. Chama a atenção ainda a presença de pessoas com sobrepeso, parcela equivalente a mais de um terço dos moradores. O percentual dos que pertencem à classe D também está entre os maiores da região. São Rafael registra alguns dos menores índices de moradores que possuem bens como TV de plasma, DVD player, computador, câmera digital, notebook e celular.

Os moradores de São Rafael também estão entre os que menos se importam com futebol. De cada quatro habitantes, um não torce para time nenhum. Somados, corintianos e são-paulinos representam mais da metade da população local, e a primeira torcida é o dobro da segunda. Na seara musical, depois do sertanejo, o ritmo mais apreciado é o forró; gospel e samba aparecem empatados em terceiro lugar.

VILA CURUÇÁ

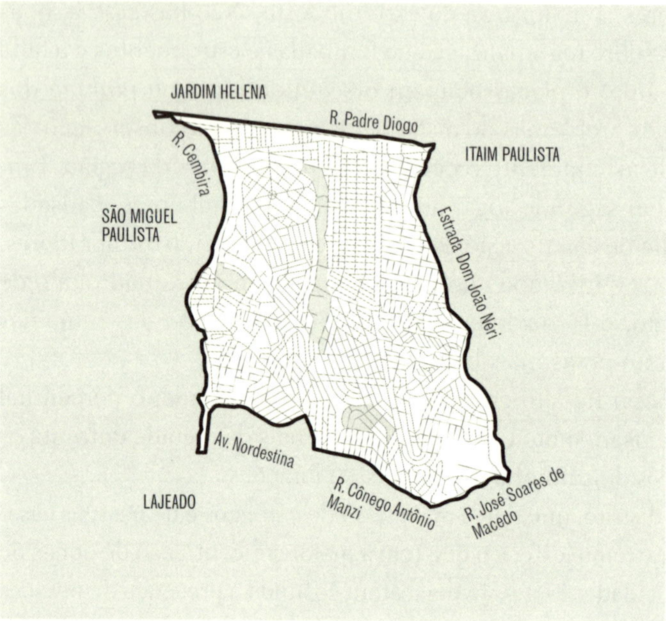

PERFIL (Resposta em %)

		VILA CURUÇÁ	EXTREMO LESTE	SÃO PAULO
SEXO	Masculino	50	49	48
	Feminino	50	51	52
IDADE	16 a 24 anos	26	27	24
	25 a 34 anos	26	26	24
	35 a 44 anos	22	21	20
	45 a 59 anos	18	18	20
	60 anos ou mais	8	8	11
MÉDIA DE IDADE		35,5	35,6	38
ESCOLARIDADE	Fundamental	43	44	40
	Médio	51	48	44
	Superior	7	8	16

PERFIL (Resposta em %)

		VILA CURUÇÁ	EXTREMO LESTE	SÃO PAULO
RENDA FAMILIAR MENSAL	Até 5 S.M.	83	78	69
	Mais de 5 a 10 S.M.	10	13	15
	Mais de 10 a 20 S.M.	3	4	7
	Mais de 20 a 50 S.M.	1	1	3
	Mais de 50 S.M.		0	0
	Não sabe/ recusa	4	5	7
CLASSIFICAÇÃO ECONÔMICA	A	3	1	5
	B	25	27	33
	C	60	62	53
	D	10	9	8
	E	1	1	1
	Não sabe/ recusa	1	0	0
OCUPAÇÃO PRINCIPAL	PEA	67	73	72
	NÃO PEA	33	27	28
ESTADO CONJUGAL	Solteiro(a)	39	39	40
	Casado(a)	49	49	46
	Separado(a)/ desquitado(a)/ divorciado(a)	6	7	8
	Viúvo(a)	5	5	6
RELIGIÃO	Católica	52	50	56
	Evangélica pentecostal	29	25	19
	Evangélica não pentecostal	5	6	5
	Espírita kardecista, espiritualista	2	3	5
	Outra religião	1	3	4
	Não tem religião nenhuma	10	12	10
	É ateu/ não acredita em Deus	0	0	1

PERFIL (Resposta em %)

	VILA CURUÇÁ	EXTREMO LESTE	SÃO PAULO
Mora em casa	91	81	77
Tempo médio para chegar ao trabalho (em min.)	50,6	46,3	37,4
IMC - Média	24,5	24,6	24,8
Tem animal de estimação	61	56	54
TV por assinatura	8	14	28
Telefone fixo	59	66	70
Vai ao cinema pelo menos uma vez por semana	2	3	4
Vai ao shopping pelo menos uma vez por semana	15	20	23
Viaja pelo menos uma vez por mês	3	8	10
Vai à academia pelo menos uma vez ou mais por semana	7	9	12
Costuma acessar a internet	46	46	51

O transporte coletivo é o segundo quesito mais elogiado pelos moradores de Vila Curuçá, atrás apenas do comércio local; ainda assim, quase um terço chega ao trabalho caminhando. Andar a pé é uma atividade comum também nos fins de semana – nos momentos livres, passear em parques e jardins é mais comum do que ir a restaurantes e feito com quase a mesma frequência do que as idas a shopping centers. Participar de jogos e competições é outro dos programas de maior adesão no distrito, onde 15% vão ao cinema apenas uma vez por ano.

A renda familiar mensal não chega a dois salários mínimos para a maior parcela da população, e o percentual de trabalhadores registrados empata com o dos que apenas fazem "bicos". Ainda assim, um em cada quatro moradores pertence à classe B. O índice de pessoas que vivem em casas alugadas é de quase um terço, o maior de uma região marcada pela esmagadora presença de casas próprias. Destaca-se ainda o percentual dos que não têm telefone fixo, 41%, enquanto a média paulistana é de 30%.

Os principais problemas de Vila Curuçá não fogem muito dos apontados nos demais distritos do extremo leste: falta de sinalização viária e falhas na rede elétrica aparecem, respectivamente, em primeiro e em segundo lugares no *ranking* das preocupações. Em terceiro, empatam as reclamações sobre sujeira e enchentes. Entre as principais qualidades, é apontada a presença de escolas, coisa incomum no extremo leste. A proximidade entre os domicílios e os estabelecimentos de ensino e a boa oferta de vagas contribuem para que o quesito tenha sido eleito o que há de melhor no distrito na opinião de um em cada dez moradores. O elogio vale mais para as escolas públicas, já que a oferta de particulares recebeu nota abaixo da média da região.

É na Vila Curuçá que está a maior concentração de fãs de música gospel, gosto que coincide com uma taxa alta de evangélicos, especialmente pentecostais.

VILA JACUÍ

PERFIL (Resposta em %)

		VILA JACUÍ	EXTREMO LESTE	SÃO PAULO
SEXO	Masculino	49	49	48
	Feminino	51	51	52
IDADE	16 a 24 anos	26	27	24
	25 a 34 anos	27	26	24
	35 a 44 anos	22	21	20
	45 a 59 anos	18	18	20
	60 anos ou mais	6	8	11
MÉDIA DE IDADE		35,3	35,6	38
ESCOLARIDADE	Fundamental	41	44	40
	Médio	53	48	44
	Superior	6	8	16

PERFIL (Resposta em %)

		VILA JACUÍ	EXTREMO LESTE	SÃO PAULO
RENDA FAMILIAR MENSAL	Até 5 S.M.	78	78	69
	Mais de 5 a 10 S.M.	11	13	15
	Mais de 10 a 20 S.M.	3	4	7
	Mais de 20 a 50 S.M.	1	1	3
	Mais de 50 S.M.		0	0
	Não sabe/ recusa	7	5	7
CLASSIFICAÇÃO ECONÔMICA	A	1	1	5
	B	26	27	33
	C	64	62	53
	D	8	9	8
	E	1	1	1
	Não sabe/ recusa	0	0	0
OCUPAÇÃO PRINCIPAL	PEA	71	73	72
	NÃO PEA	29	27	28
ESTADO CONJUGAL	Solteiro(a)	37	39	40
	Casado(a)	53	49	46
	Separado(a)/ desquitado(a)/ divorciado(a)	7	7	8
	Viúvo(a)	4	5	6
RELIGIÃO	Católica	47	50	56
	Evangélica pentecostal	26	25	19
	Evangélica não pentecostal	6	6	5
	Espírita kardecista, espiritualista	3	3	5
	Outra religião	3	3	4
	Não tem religião nenhuma	15	12	10
	É ateu/ não acredita em Deus	0	0	1

PERFIL (Resposta em %)

	VILA JACUÍ	EXTREMO LESTE	SÃO PAULO
Mora em casa	86	81	77
Tempo médio para chegar ao trabalho (em min.)	40,4	46,3	37,4
IMC - Média	24,7	24,6	24,8
Tem animal de estimação	52	56	54
TV por assinatura	17	14	28
Telefone fixo	64	66	70
Vai ao cinema pelo menos uma vez por semana	4	3	4
Vai ao shopping pelo menos uma vez por semana	15	20	23
Viaja pelo menos uma vez por mês	8	8	10
Vai à academia pelo menos uma vez ou mais por semana	9	9	12
Costuma acessar a internet	43	46	51

São poucos os moradores de Vila Jacuí que consideram seu distrito pior que os demais da cidade. O número é um dos mais baixos da região, enquanto mais da metade afirma que o local é muito ou pelo menos um pouco melhor que os outros do município – 75% não gostariam de se mudar, enquanto a média da região é de 66%.

O distrito tem o maior percentual da cidade de moradores que acham que a oferta de ensino é a principal qualidade do local. As notas atribuídas para a quantidade de escolas, tanto públicas como particulares, superam a média regional. O percentual de moradores que concluíram o ensino médio fica um pouco acima do registrado na maioria dos distritos do extremo leste.

O comércio e a segurança também estão entre os quesitos que se destacam de forma positiva – para muitos, trata-se de um lugar onde a criminalidade é naturalmente baixa e mais de um em cada cinco moradores dizem se sentir muito seguros ao caminhar depois do anoitecer. O índice de quem teve amigo ou parente assassinado no último ano está entre os mais baixos do extremo leste.

Cinema é um programa relativamente comum para os parâmetros da região: 11% se sentam em frente à telona pelo menos a cada quinze dias. Já o teatro, por outro lado, tem uma das menores taxas de frequentadores da cidade.

Entre os problemas, as reclamações recaem sobre a rede elétrica, principalmente em relação a lâmpadas queimadas ou fracas demais, e sobre o estado das vias, sendo a falta de pavimentação responsável pela maioria desse tipo de queixa. A avaliação de limpeza das ruas, opções de transporte coletivo, condição das moradias e quantidade de postos de saúde ficaram acima da média da região. Já o escoamento de água, a rede de esgoto, a qualidade do ar e a conservação de áreas verdes pontuaram abaixo da nota média.

REGIÃO 5 — OESTE

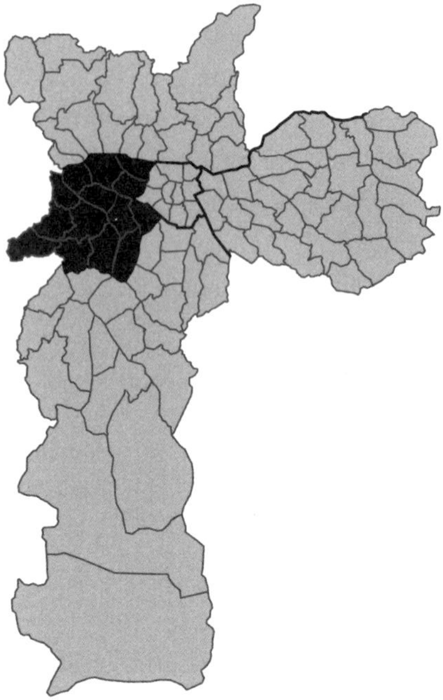

A região oeste é um lugar à parte do restante da cidade, onde a renda e a escolaridade alcançam patamares altíssimos e a infraestrutura e os serviços públicos apresentam seu melhor desempenho. Viver na área mais favorecida do município, no entanto, é uma realidade para apenas 8% da população paulistana.

É o único local onde há mais gente com ensino superior completo – 37,6% – que com ensino médio ou fundamental. É ainda o maior percentual de classe A e também de classe B – somadas, representam 58,7% dos moradores. A faixa salarial mais numerosa é a dos que ganham entre cinco e dez salários mínimos por família por mês e quase um em cada dez moradores tem renda superior a 20 salários. Trata-se do maior percentual de pessoas brancas (61,9%) e do menor percentual de pretas (8,9%) e também de pardas (23,3%), indício de que a desigualdade econômica ainda acompanha fortemente as diferenças de etnia.

Entre as ocupações, há mais funcionários públicos, profissionais autônomos e empresários do que no restante do município e menos desempregados. A concentração de divorciados é a maior da cidade, embora a maior parcela seja casada. Espíritas, ateus e pessoas sem religião têm seus maiores percentuais na região, que é predominantemente católica.

As principais queixas são sobre trânsito e barulho – ambos atribuídos ao excesso de veículos. É a área da cidade onde mais pessoas usam carro para ir ao trabalho, quase uma em cada quatro. O tempo gasto nesse deslocamento está entre os mais baixos registrados.

Seus moradores são os que mais vão a cinemas, teatros, shows, bares, restaurantes, parques, clubes e academias, competições esportivas, shoppings e os que mais costumam viajar nos fins de semana. A parcela de moradores da zona oeste que come em restaurantes no mínimo a cada 15 dias é quase a mesma dos que, no extremo sul, não costumam ir a esse tipo de estabelecimento. Já o percentual dos que vão ao teatro ao menos uma vez por mês é quase o mesmo dos que fazem o mesmo programa ao menos uma vez ao ano no extremo leste.

A zona oeste é reduto de duas das maiores torcidas do município: a do Palmeiras e a do São Paulo. A região tem o maior percentual de palmeirenses (16,6%) e o segundo maior de são-paulinos (25,4%), praticamente empatada com o extremo sul.

SATISFAÇÃO (NOTA MÉDIA DE 0 A 10)	TOTAL SP	TOTAL OESTE	Alto de Pinheiros	Barra Funda	Butantã	Itaim Bibi	Jaguara
a) não-ocorrência de enchentes, isto é, o escoamento das águas das chuvas	7,5	7,9	8,9	6,8	8,3	6,9	6,6
b) fornecimento de água	8,6	9	9,4	8,7	9	8,9	9,2
c) rede de esgoto	7,1	7,9	9	7	8,2	8,1	7,9
d) condições de habitação e moradias	7,2	8	9	7,6	8,1	8,4	7,8
e) conservação das ruas e avenidas	6,1	6,4	7,5	6,3	6,3	6,3	6,1
f) asfaltamento de ruas e avenidas	6,2	6,4	7,5	6,7	6,3	6,1	6
g) quantidade de escolas públicas	6,9	6,7	6,9	6,3	7,2	6,1	7,2
h) quantidade de escolas particulares	6,3	7,3	8,2	7,3	7	7,9	5,7
i) quantidade de postos de saúde	5,2	5,4	5,8	5,2	5,9	4,7	4,6
j) não-ocorrência de trânsito	5,8	4,9	5,8	4,2	5,2	3,2	5,1
k) opções de transportes coletivos como ônibus, metrô, vans e trens	6,7	6,6	6	7,8	6,2	5,8	6,1
l) áreas de lazer	4,4	5,4	7,8	6,1	5,9	5,1	5,1
m) áreas para prática de esportes	4,2	4,8	7,4	5,5	5,4	4,3	4,2
n) iluminação de ruas e avenidas	6	6,5	7,4	6	6,3	6,4	6,3
o) atividades de cultura	4,1	5,1	6,3	5,3	5,4	4,7	3,5
p) ações e eventos para os jovens	3,7	4,3	5,6	4,7	4,7	3,9	3,4
q) ações e eventos para os idosos	3,7	4,2	5,6	4,8	4,8	3,3	3,9
r) acessibilidade das ruas e avenidas para deficientes físicos	2,9	3,2	3,6	3,3	3,2	4	2,3
s) limpeza de ruas e avenidas	5,5	5,7	6,7	5,3	5,8	5,6	6,1
t) coleta de lixo domiciliar	7,8	7,9	8,4	7,4	8,1	7,9	8,2
u) qualidade do ar	5,3	5,5	6,9	4,4	6,3	4,8	6
v) conservação das áreas verdes	5,7	6,1	7,9	5,2	7	5,5	6,3
w) segurança	4,6	5,4	6,6	4,5	5,6	5,3	5,2
x) quantidade de hospitais públicos	4,5	4,4	4,5	3,9	5,1	2,9	2,9
y) quantidade de hospitais particulares	4,5	5,4	5,7	5,3	5	6,5	3,9
z) silêncio das ruas	5,3	5,6	7,1	4,4	6,7	4,9	6,4
aa) fornecimento de energia elétrica	8	8,2	8,2	8	7,8	8,4	8,5
I. SATISFAÇÃO COM O BAIRRO	5,7	6,1	7,0	5,9	6,3	5,8	5,7
II. PARTICIPAÇÃO COMUNITÁRIA	49	36	42	27	36	42	31
III. *FIDELIDADE AO BAIRRO	136	154	178	151,5	148	154,5	151
IV. RISCO DE VIOLÊNCIA	20	14	9	14	13	16	11
V. PERCEPÇÃO DE SEGURANÇA	21	26	33	20	29	19	22

* Índice de 0 a 200 (0 = extremo negativo e 200 = extremo positivo)

	Jaguaré	Jardim Paulista	Lapa	Mo-rumbi	Perdi-zes	Pinhei-ros	Raposo Tavares	Rio Pequeno	Vila Leopoldina	Vila Sônia
a)	7,9	8,6	7,8	8,4	7,7	8,4	8,1	7,6	7,9	8
b)	8,6	9,6	9,1	8,8	9,1	9,3	8,5	8,5	9,3	8,7
c)	6,6	9	8,5	6,9	8,8	8,9	6,3	7	8,6	7,4
d)	6,8	9	8,6	7,2	8,6	8,6	7	7,3	8,3	7,5
e)	5,5	7,3	6,7	5,8	7,2	7	5,4	5,7	6,7	5,9
f)	5,7	7,2	6,5	5,9	7,2	6,8	5,5	5,8	6,7	5,7
g)	7	6	7,1	5,9	6,8	7,1	6,6	7	7	6,8
h)	6,1	8,7	7,7	7,2	8,3	8,1	5,6	6,3	8	6,9
i)	4,7	6	5,7	4,3	5,8	6,2	5,3	5,4	5,7	4,9
j)	5,7	3	4,9	5	4,7	3,9	6,2	5,9	4,9	5,6
k)	7	7,9	7,6	5,7	7,4	7,6	6,1	6,2	7,5	5,6
l)	4,5	7	5,7	4,5	6,5	6,2	3,1	4,2	7,6	4,2
m)	4,4	6	5,1	4,3	5,6	5,2	2,7	4,2	7,3	3,9
n)	6,1	7,4	6,4	6	7	6,8	5,5	6,5	7,1	6
o)	4	7,7	5,7	4,5	6,5	7,3	2,4	3,6	6,2	3,6
p)	4	6,5	4,5	4,1	5,4	6,1	2,2	3,6	5,7	3
q)	4,2	5,7	5	3,1	5,5	5,5	2,3	3,5	5,6	3,1
r)	2,7	4,4	3,6	2,7	3,9	3,7	1,7	2,8	3,6	2,2
s)	5,6	6,2	5,8	5,1	6,4	6,1	4,9	5,2	5,9	5,4
t)	7,7	8,3	8,3	6,7	8,1	8	7,6	7,6	7,8	7,6
u)	5,3	4,8	5,5	5,2	5,7	5,2	5,8	5,3	6	5,7
v)	5,6	6,3	6,4	5,9	6,5	6,1	5,5	5,6	7	5,9
w)	4,7	6,6	5,6	4,7	6,3	5,7	4,5	4,8	6,1	4,7
x)	4,2	6,9	4,4	3,5	4	5,2	3,2	5,2	4,7	3,3
y)	4,3	8	6,3	5,5	6,5	5,9	2,8	3,8	5,3	4,8
z)	5,4	5,3	6,3	5,4	5,8	4,2	5,2	5,4	6,2	5,8
aa)	8	8,9	8,4	7,8	8,4	8,4	7,7	8,2	8,7	7,9
I.	5,6	7,0	6,4	5,6	6,7	6,6	5,1	5,6	6,7	5,6
II.	41	36	28	43	34	36	33	36	40	36
III.	150	172	157,5	145	168	166,5	133,5	136,5	163,5	143
IV.	18	10	15	11	11	11	17	14	15	16
V.	29	39	17	25	24	32	30	25	21	19

ALTO DE PINHEIROS

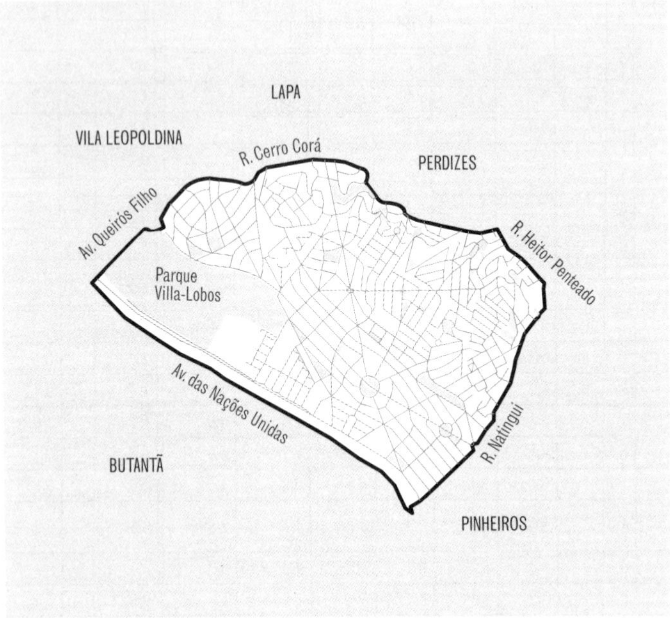

PERFIL (Resposta em %)

		ALTO DE PINHEIROS	OESTE	SÃO PAULO
SEXO	Masculino	46	47	48
	Feminino	54	53	52
IDADE	16 a 24 anos	17	21	24
	25 a 34 anos	14	22	24
	35 a 44 anos	20	19	20
	45 a 59 anos	27	22	20
	60 anos ou mais	21	17	11
MÉDIA DE IDADE		44,6	40,7	38
ESCOLARIDADE	Fundamental	19	28	40
	Médio	32	35	44
	Superior	49	38	16

PERFIL (Resposta em %)

		ALTO DE PINHEIROS	OESTE	SÃO PAULO
RENDA FAMILIAR MENSAL	Até 5 S.M.	33	47	69
	Mais de 5 a 10 S.M.	25	20	15
	Mais de 10 a 20 S.M.	17	15	7
	Mais de 20 a 50 S.M.	11	8	3
	Mais de 50 S.M.	3	2	0
	Não sabe/ recusa	11	9	7
CLASSIFICAÇÃO ECONÔMICA	A	23	14	5
	B	50	45	33
	C	24	35	53
	D	2	6	8
	E	0	0	1
	Não sabe/ recusa	0	0	0
OCUPAÇÃO PRINCIPAL	PEA	69	71	72
	NÃO PEA	31	29	28
ESTADO CONJUGAL	Solteiro(a)	43	41	40
	Casado(a)	40	43	46
	Separado(a)/ desquitado(a)/ divorciado(a)	11	10	8
	Viúvo(a)	6	6	6
RELIGIÃO	Católica	54	56	56
	Evangélica pentecostal	7	10	19
	Evangélica não pentecostal	3	4	5
	Espírita kardecista, espiritualista	12	9	5
	Outra religião	3	5	4
	Não tem religião nenhuma	18	13	10
	É ateu/ não acredita em Deus	3	1	1

PERFIL (Resposta em %)

	ALTO DE PINHEIROS	OESTE	SÃO PAULO
Mora em casa	41	51	77
Tempo médio para chegar ao trabalho (em min.)	28,3	30,8	37,4
IMC - Média	24,7	24,5	24,8
Tem animal de estimação	45	49	54
TV por assinatura	72	55	28
Telefone fixo	88	80	70
Vai ao cinema pelo menos uma vez por semana	11	9	4
Vai ao shopping pelo menos uma vez por semana	35	32	23
Viaja pelo menos uma vez por mês	21	16	10
Vai à academia pelo menos uma vez ou mais por semana	23	20	12
Costuma acessar a internet	71	64	51

Apenas 6% dos moradores de Alto de Pinheiros gostariam de se mudar do local. A taxa, a menor do gênero entre os distritos da capital, dá a medida do nível de excelência do distrito, que registrou as mais elevadas notas da cidade para áreas de lazer e prática de esportes, asfaltamento, conservação e limpeza das ruas, quantidade de escolas particulares e segurança. O distrito empata com o Jardim Paulista com o maior índice de satisfação do município, 7, enquanto a média registrada é de 5,7 – o índice tem base nas avaliações feitas por moradores de serviços públicos e outros quesitos dos locais onde vivem.

A população de Alto de Pinheiros apresenta uma das mais elevadas médias de idade, 44,6 anos, e um grande percentual de pessoas que já moraram em ouros distritos. Assim, é possível afirmar que, *grosso modo*, o local se apresenta como uma opção de residência para quem alcançou um padrão financeiro elevado ao longo da vida; 28% dos moradores têm renda familiar mensal entre dez e 50 salários mínimos e 73% são de classes A e B. O percentual de brancos também é bastante elevado, há mais de 12 para cada preto, e quase metade dos moradores concluíram o ensino superior.

O excesso de veículos é considerado o principal problema local – a maior parcela usa carro para chegar ao trabalho e gasta, em média, quase meia hora nesse deslocamento. O distrito registra uma das piores notas da zona oeste para a oferta de transporte coletivo. No entanto, para um terço dos moradores, o local não tem problema algum.

Entre as qualidades, o ambiente foi eleito como a principal delas, contrariando a tendência paulistana de eleger a oferta de comércio e serviços oferecidos pelos distritos. O fato também comprova a vocação residencial de Alto de Pinheiros, um dos locais mais arborizados da cidade, com ampla presença de praças e jardins.

Quando o assunto é religião, o distrito segue o padrão dos locais de maior renda e escolaridade: o grupo dos que não têm crença alguma é o segundo mais numeroso, atrás apenas dos católicos e seguido pelos espíritas. O percentual de ateus também está entre os mais altos da cidade.

BARRA FUNDA

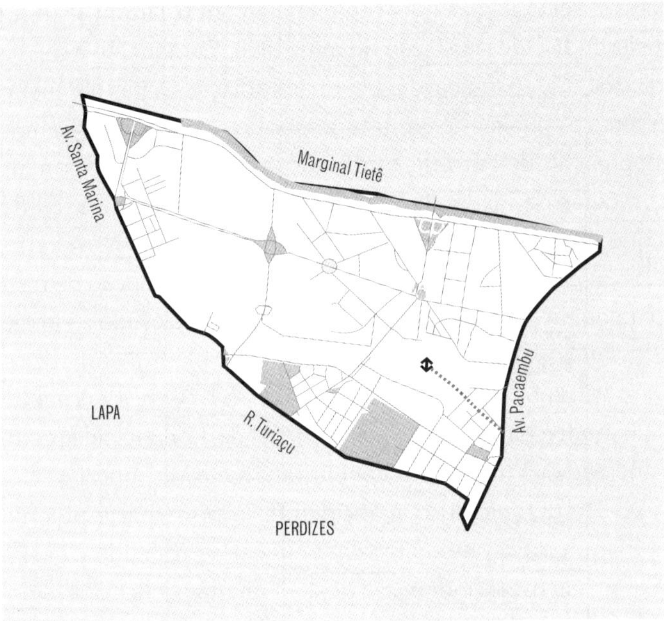

PERFIL (Resposta em %)

		BARRA FUNDA	OESTE	SÃO PAULO
SEXO	Masculino	50	47	48
	Feminino	50	53	52
IDADE	16 a 24 anos	20	21	24
	25 a 34 anos	22	22	24
	35 a 44 anos	15	19	20
	45 a 59 anos	23	22	20
	60 anos ou mais	19	17	11
MÉDIA DE IDADE		42,3	40,7	38
ESCOLARIDADE	Fundamental	36	28	40
	Médio	30	35	44
	Superior	33	38	16

PERFIL (Resposta em %)

		BARRA FUNDA	OESTE	SÃO PAULO
RENDA FAMILIAR MENSAL	Até 5 S.M.	54	47	69
	Mais de 5 a 10 S.M.	17	20	15
	Mais de 10 a 20 S.M.	15	15	7
	Mais de 20 a 50 S.M.	5	8	3
	Mais de 50 S.M.		2	0
	Não sabe/ recusa	9	9	7
CLASSIFICAÇÃO ECONÔMICA	A	8	14	5
	B	43	45	33
	C	41	35	53
	D	7	6	8
	E	1	0	1
	Não sabe/ recusa	0	0	0
OCUPAÇÃO PRINCIPAL	PEA	70	71	72
	NÃO PEA	30	29	28
ESTADO CONJUGAL	Solteiro(a)	38	41	40
	Casado(a)	45	43	46
	Separado(a)/ desquitado(a)/ divorciado(a)	9	10	8
	Viúvo(a)	7	6	6
RELIGIÃO	Católica	61	56	56
	Evangélica pentecostal	10	10	19
	Evangélica não pentecostal	1	4	5
	Espírita kardecista, espiritualista	7	9	5
	Outra religião	5	5	4
	Não tem religião nenhuma	13	13	10
	É ateu/ não acredita em Deus	2	1	1

PERFIL (Resposta em %)

	BARRA FUNDA	OESTE	SÃO PAULO
Mora em casa	26	51	77
Tempo médio para chegar ao trabalho (em min.)	26,8	30,8	37,4
IMC - Média	24,5	24,5	24,8
Tem animal de estimação	43	49	54
TV por assinatura	36	55	28
Telefone fixo	72	80	70
Vai ao cinema pelo menos uma vez por semana	6	9	4
Vai ao shopping pelo menos uma vez por semana	26	32	23
Viaja pelo menos uma vez por mês	14	16	10
Vai à academia pelo menos uma vez ou mais por semana	17	20	12
Costuma acessar a internet	52	64	51

O que antes era um polo industrial se transformou em uma área pontuada por terrenos vazios. O distrito da Barra Funda, assim como os da região central, está entre os que perderam população nos últimos anos.

Áreas sem uso ou menos utilizadas do que a infraestrutura instalada daria conta contribuem para que a sujeira se acumule nas vias e para que as calçadas sejam ocupadas por entulho. A falta de limpeza é considerada o segundo principal problema do distrito, atrás do trânsito e do excesso de barulho, que aparecem empatados em primeiro lugar. Moradores atribuem o excesso de ruído ao excesso de veículos nas ruas. Entre os distritos da zona oeste, Barra Funda é o que registra maior queixa sobre a presença de moradores de rua.

Servida por trem, metrô e diversas linhas de ônibus, além de abrigar o terminal de mesmo nome, a maior parcela da população da Barra Funda costuma ir a pé ao trabalho. Os usuários de ônibus aparecem em segundo lugar, enquanto os de trem e metrô somados não chegam nem a um décimo do total, apesar de a área abrigar estações de ambos os sistemas.

O potencial desta infraestrutura, no entanto, não é totalmente aproveitado, já que a Barra Funda tem a menor população entre os distritos que compõem a região: 11.581 pessoas. Para se ter uma ideia, o Jaguaré, que possui área mais ou menos equivalente e infraestrutura bem inferior, tem 41.630 moradores.

Por outro lado, o fácil acesso à região central transforma a localização da Barra Funda em um de seus maiores trunfos. Quase um em cada cinco moradores considera esta a principal qualidade do distrito, atrás apenas da oferta de comércio e serviços. As áreas de lazer e cultura são outro ponto valorizado e o mais elogiado para 10% dos habitantes.

O percentual de palmeirenses é um dos maiores da cidade e quase empata com o de corintianos: 24% contra 25%. Mas, se os moradores se interessam por futebol, o mesmo não ocorre se o assunto são movimentos ou organizações sociais. A participação nesse tipo de atividade é a menor da região.

BUTANTÃ

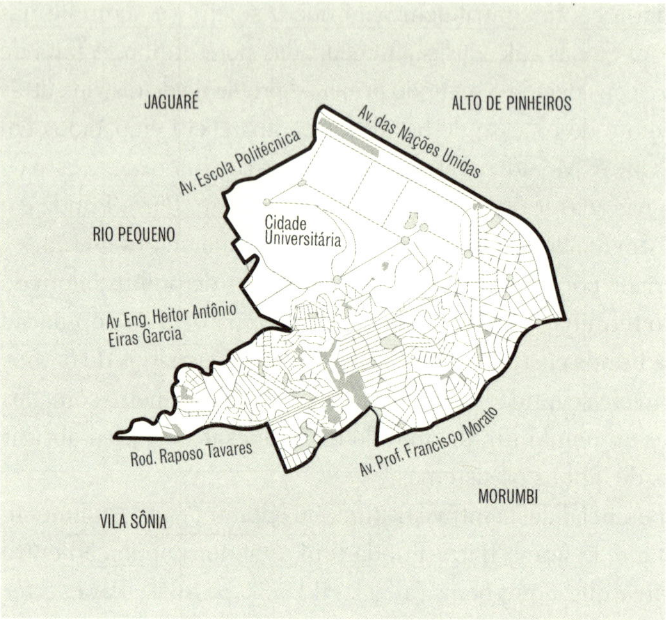

PERFIL (Resposta em %)

		BUTANTÃ	OESTE	SÃO PAULO
SEXO	Masculino	47	47	48
	Feminino	53	53	52
IDADE	16 a 24 anos	20	21	24
	25 a 34 anos	21	22	24
	35 a 44 anos	19	19	20
	45 a 59 anos	22	22	20
	60 anos ou mais	18	17	11
MÉDIA DE IDADE		41,2	40,7	38
ESCOLARIDADE	Fundamental	25	28	40
	Médio	42	35	44
	Superior	34	38	16

PERFIL (Resposta em %)

		BUTANTÃ	OESTE	SÃO PAULO
RENDA FAMILIAR MENSAL	Até 5 S.M.	49	47	69
	Mais de 5 a 10 S.M.	25	20	15
	Mais de 10 a 20 S.M.	14	15	7
	Mais de 20 a 50 S.M.	5	8	3
	Mais de 50 S.M.	1	2	0
	Não sabe/ recusa	5	9	7
CLASSIFICAÇÃO ECONÔMICA	A	9	14	5
	B	49	45	33
	C	39	35	53
	D	3	6	8
	E		0	1
	Não sabe/ recusa		0	0
OCUPAÇÃO PRINCIPAL	PEA	62	71	72
	NÃO PEA	38	29	28
ESTADO CONJUGAL	Solteiro(a)	40	41	40
	Casado(a)	46	43	46
	Separado(a)/ desquitado(a)/ divorciado(a)	8	10	8
	Viúvo(a)	6	6	6
RELIGIÃO	Católica	56	56	56
	Evangélica pentecostal	7	10	19
	Evangélica não pentecostal	3	4	5
	Espírita kardecista, espiritualista	10	9	5
	Outra religião	6	5	4
	Não tem religião nenhuma	18	13	10
	É ateu/ não acredita em Deus	1	1	1

PERFIL (Resposta em %)

	BUTANTÃ	OESTE	SÃO PAULO
Mora em casa	70	51	77
Tempo médio para chegar ao trabalho (em min.)	33,8	30,8	37,4
IMC - Média	24,8	24,5	24,8
Tem animal de estimação	53	49	54
TV por assinatura	52	55	28
Telefone fixo	81	80	70
Vai ao cinema pelo menos uma vez por semana	7	9	4
Vai ao shopping pelo menos uma vez por semana	27	32	23
Viaja pelo menos uma vez por mês	20	16	10
Vai à academia pelo menos uma vez ou mais por semana	14	20	12
Costuma acessar a internet	63	64	51

A região central abriga a maior parte das repartições de governo da capital, mas é o Butantã que concentra o maior percentual de funcionários públicos da cidade, 6%, empatado com os distritos de Bela Vista, no Centro, e São Miguel Paulista, no extremo leste. A maior parcela dos moradores do Butantã tem ensino médio completo, grupo numericamente seguido pelo dos que concluíram o ensino superior, e quase metade dos habitantes pertence à classe B.

O distrito, no entanto, registra uma queixa que é mais comum nas regiões menos abastadas da cidade: falhas na rede elétrica. O índice de pessoas que consideram este o principal problema local quase empata com o dos que elegem o trânsito a maior dor de cabeça, este último o primeiro colocado no *ranking* de reclamações. A falta de iluminação em algumas vias e as lâmpadas de intensidade fraca ou que queimam e não são trocadas são apenas parte do problema. As queixas também dizem respeito à falta de luz no interior das casas e a demora em resolver a falha – alguns moradores afirmam que a falta de energia pode ter a duração de um mês.

A maior parcela usa ônibus para se locomover diariamente, e os usuários de carro compõem o segundo maior grupo. De todos os distritos paulistanos, o Butantã é onde menos pessoas vão a pé para o trabalho; ainda assim, trata-se de 22% dos habitantes. Com 2% das preferências, os usuários de motos e bicicletas quase empatam com os de metrô, que equivalem a 3%. A qualidade do ambiente e a ausência de poluição são consideradas as principais qualidades locais.

ITAIM BIBI

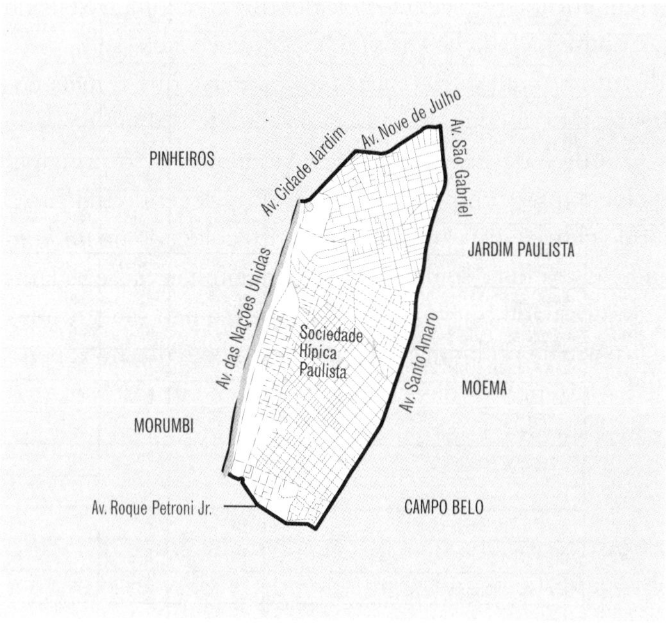

PERFIL (Resposta em %)

		ITAIM BIBI	OESTE	SÃO PAULO
SEXO	Masculino	49	47	48
	Feminino	51	53	52
IDADE	16 a 24 anos	20	21	24
	25 a 34 anos	18	22	24
	35 a 44 anos	16	19	20
	45 a 59 anos	24	22	20
	60 anos ou mais	22	17	11
MÉDIA DE IDADE		43,3	40,7	38
ESCOLARIDADE	Fundamental	15	28	40
	Médio	25	35	44
	Superior	60	38	16

PERFIL (Resposta em %)

		ITAIM BIBI	OESTE	SÃO PAULO
RENDA FAMILIAR MENSAL	Até 5 S.M.	23	47	69
	Mais de 5 a 10 S.M.	20	20	15
	Mais de 10 a 20 S.M.	21	15	7
	Mais de 20 a 50 S.M.	18	8	3
	Mais de 50 S.M.	4	2	0
	Não sabe/ recusa	13	9	7
CLASSIFICAÇÃO ECONÔMICA	A	23	14	5
	B	58	45	33
	C	15	35	53
	D	3	6	8
	E	0	0	1
	Não sabe/ recusa	1	0	0
OCUPAÇÃO PRINCIPAL	PEA	67	71	72
	NÃO PEA	33	29	28
ESTADO CONJUGAL	Solteiro(a)	46	41	40
	Casado(a)	33	43	46
	Separado(a)/ desquitado(a)/ divorciado(a)	12	10	8
	Viúvo(a)	9	6	6
RELIGIÃO	Católica	57	56	56
	Evangélica pentecostal	5	10	19
	Evangélica não pentecostal	5	4	5
	Espírita kardecista, espiritualista	12	9	5
	Outra religião	7	5	4
	Não tem religião nenhuma	11	13	10
	É ateu/ não acredita em Deus	2	1	1

PERFIL (Resposta em %)

	ITAIM BIBI	OESTE	SÃO PAULO
Mora em casa	29	51	77
Tempo médio para chegar ao trabalho (em min.)	26,2	30,8	37,4
IMC - Média	24,3	24,5	24,8
Tem animal de estimação	44	49	54
TV por assinatura	78	55	28
Telefone fixo	88	80	70
Vai ao cinema pelo menos uma vez por semana	19	9	4
Vai ao shopping pelo menos uma vez por semana	40	32	23
Viaja pelo menos uma vez por mês	20	16	10
Vai à academia pelo menos uma vez ou mais por semana	36	20	12
Costuma acessar a internet	76	64	51

O trânsito é ainda mais infernal no Itaim Bibi, que registra, empatado com a Vila Leopoldina, também na zona oeste, o maior índice de pessoas que consideram ser este o principal problema do local onde vivem. Segundo os próprios moradores, a causa do aborrecimento é uma só: as ruas não comportam tanto carro. Ainda assim, é esse o meio de transporte mais usado para se chegar ao trabalho por mais de um terço dos habitantes. A consequência são as constantes queixas sobre barulho, e vias esburacadas empatam em segundo lugar como a principal reclamação do distrito. Outro sintoma desse mesmo problema é a nota atribuída à qualidade do ar, inferior à média da região. Vale salientar, no entanto, que, apesar do grande número de reclamações sobre o trânsito, o tempo gasto diariamente para se chegar ao trabalho é menor do que em grande parte dos distritos da cidade, menos de meia hora.

O Itaim Bibi registra um dos maiores índices de moradores com ensino superior completo, 60%. Chama a atenção ainda o grande percentual de pessoas que classificam como branca a cor da própria pele e de pertencentes à classe A, mais de uma em cada cinco pessoas. Quando avaliam a oferta de escolas e de hospitais no distrito, os habitantes tendem a dar notas melhores ou acima da média aos serviços particulares e piores ou abaixo da média aos públicos. Curiosamente, o perfil-padrão presente do distrito não obedece ao perfil-padrão que costuma ser atendido por tais serviços públicos.

De cada cinco moradores, quatro têm TV por assinatura. Quando saem, um dos programas mais frequentes é comer em restaurantes; também são comuns as idas a shoppings e a academias de ginástica. MPB é o gênero musical mais apreciado, seguido por dois outros estilos que, de modo geral, não costumam ter percentual representativo na maioria dos distritos: rock e música clássica. Entre os distritos da zona oeste, o Itaim Bibi registra o maior percentual de pessoas que acham que a vida piorou nos últimos cinco anos, 21%.

JAGUARA

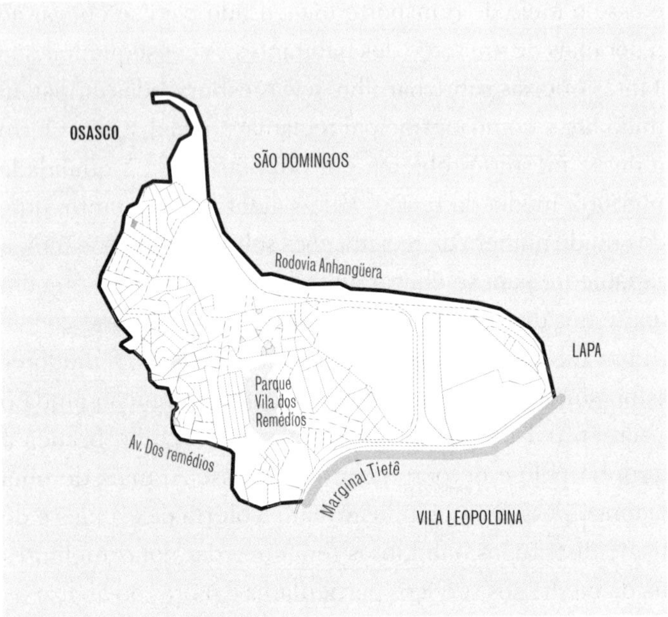

PERFIL (Resposta em %)

		JAGUARA	OESTE	SÃO PAULO
SEXO	Masculino	48	47	48
	Feminino	52	53	52
IDADE	16 a 24 anos	23	21	24
	25 a 34 anos	22	22	24
	35 a 44 anos	17	19	20
	45 a 59 anos	24	22	20
	60 anos ou mais	15	17	11
MÉDIA DE IDADE		39,9	40,7	38
ESCOLARIDADE	Fundamental	42	28	40
	Médio	45	35	44
	Superior	14	38	16

PERFIL (Resposta em %)

		JAGUARA	OESTE	SÃO PAULO
RENDA FAMILIAR MENSAL	Até 5 S.M.	69	47	69
	Mais de 5 a 10 S.M.	17	20	15
	Mais de 10 a 20 S.M.	6	15	7
	Mais de 20 a 50 S.M.	2	8	3
	Mais de 50 S.M.	1	2	0
	Não sabe/ recusa	6	9	7
CLASSIFICAÇÃO ECONÔMICA	A	7	14	5
	B	33	45	33
	C	52	35	53
	D	6	6	8
	E	1	0	1
	Não sabe/ recusa		0	0
OCUPAÇÃO PRINCIPAL	PEA	68	71	72
	NÃO PEA	31	29	28
ESTADO CONJUGAL	Solteiro(a)	35	41	40
	Casado(a)	53	43	46
	Separado(a)/ desquitado(a)/ divorciado(a)	7	10	8
	Viúvo(a)	5	6	6
RELIGIÃO	Católica	59	56	56
	Evangélica pentecostal	16	10	19
	Evangélica não pentecostal	5	4	5
	Espírita kardecista, espiritualista	7	9	5
	Outra religião	5	5	4
	Não tem religião nenhuma	8	13	10
	É ateu/ não acredita em Deus	1	1	1

PERFIL (Resposta em %)

	JAGUARA	OESTE	SÃO PAULO
Mora em casa	94	51	77
Tempo médio para chegar ao trabalho (em min.)	29,4	30,8	37,4
IMC - Média	25	24,5	24,8
Tem animal de estimação	65	49	54
TV por assinatura	29	55	28
Telefone fixo	74	80	70
Vai ao cinema pelo menos uma vez por semana	5	9	4
Vai ao shopping pelo menos uma vez por semana	14	32	23
Viaja pelo menos uma vez por mês	10	16	10
Vai à academia pelo menos uma vez ou mais por semana	12	20	12
Costuma acessar a internet	48	64	51

Com predominância da classe C, Jaguara integra o grupo de distritos da zona oeste que foge do perfil preponderante na região, marcado pela combinação de escolaridade bastante elevada e altíssima renda. Seus moradores apresentam características econômicas e de aprendizado abaixo da média regional, mas que obedecem à média da cidade: 14% concluíram o ensino superior (em São Paulo são 15,8%) e 52% são de classe C (no município o índice é de 53,1%). Jaguara se sobressai um pouco quanto à renda: enquanto a maior parcela das famílias do distrito ganha entre dois e três salários mínimos por mês, entre os paulistanos, o maior percentual é de famílias que recebem até dois salários mínimos mensalmente.

A música sertaneja é a mais apreciada no distrito, onde está a maior concentração de fãs do gênero da cidade. A segunda preferência mais frequente é pela MPB e a terceira, pela música gospel. Jaguara está entre os que registram seguidores da umbanda entre as religiões mais comumente praticadas, mas, apesar de se tratar de uma doutrina de origem africana, o percentual de pretos no distrito não se sobressai em relação à média paulistana, de 13%. A maioria dos moradores do distrito é católica, seguidos por evangélicos e espíritas, nesta ordem. O índice de pessoas que afirmam não ter religião é inferior ao registrado no município.

A principal queixa é sobre a má sinalização de ruas e cruzamentos, seguida por reclamações sobre as condições do asfalto de vias e calçadas. Em terceiro lugar, aparece a insatisfação quanto à iluminação pública, principalmente em relação à ausência dela em diversos locais. Jaguara tem o maior índice da região de moradores que consideram a vizinhança a principal qualidade de onde vivem, quesito que ocupa o terceiro lugar na lista de itens mais elogiados, encabeçada pelo comércio local e pela segurança. Destaca-se ainda o percentual de obesos do distrito, o mais elevado da zona oeste: 16%.

JAGUARÉ

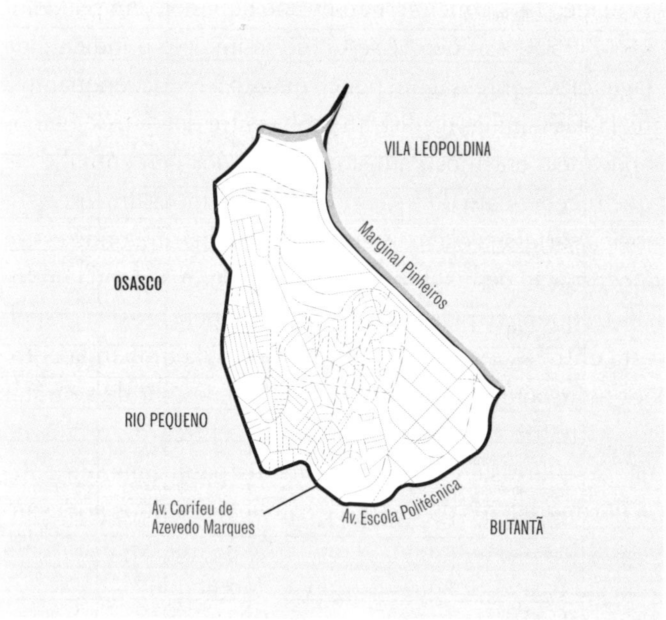

PERFIL (Resposta em %)

		JAGUARÉ	OESTE	SÃO PAULO
SEXO	Masculino	48	47	48
	Feminino	52	53	52
IDADE	16 a 24 anos	23	21	24
	25 a 34 anos	27	22	24
	35 a 44 anos	20	19	20
	45 a 59 anos	20	22	20
	60 anos ou mais	10	17	11
MÉDIA DE IDADE		37,4	40,7	38
ESCOLARIDADE	Fundamental	47	28	40
	Médio	37	35	44
	Superior	17	38	16

PERFIL (Resposta em %)

		JAGUARÉ	OESTE	SÃO PAULO
RENDA FAMILIAR MENSAL	Até 5 S.M.	75	47	69
	Mais de 5 a 10 S.M.	11	20	15
	Mais de 10 a 20 S.M.	7	15	7
	Mais de 20 a 50 S.M.	2	8	3
	Mais de 50 S.M.		2	0
	Não sabe/ recusa	5	9	7
CLASSIFICAÇÃO ECONÔMICA	A	6	14	5
	B	29	45	33
	C	57	35	53
	D	7	6	8
	E	1	0	1
	Não sabe/ recusa		0	0
OCUPAÇÃO PRINCIPAL	PEA	78	71	72
	NÃO PEA	22	29	28
ESTADO CONJUGAL	Solteiro(a)	37	41	40
	Casado(a)	50	43	46
	Separado(a)/ desquitado(a)/ divorciado(a)	8	10	8
	Viúvo(a)	4	6	6
RELIGIÃO	Católica	61	56	56
	Evangélica pentecostal	18	10	19
	Evangélica não pentecostal	4	4	5
	Espírita kardecista, espiritualista	4	9	5
	Outra religião	3	5	4
	Não tem religião nenhuma	9	13	10
	É ateu/ não acredita em Deus	1	1	1

PERFIL (Resposta em %)

	JAGUARÉ	OESTE	SÃO PAULO
Mora em casa	62	51	77
Tempo médio para chegar ao trabalho (em min.)	26,5	30,8	37,4
IMC - Média	24,4	24,5	24,8
Tem animal de estimação	46	49	54
TV por assinatura	24	55	28
Telefone fixo	64	80	70
Vai ao cinema pelo menos uma vez por semana	6	9	4
Vai ao shopping pelo menos uma vez por semana	40	32	23
Viaja pelo menos uma vez por mês	10	16	10
Vai à academia pelo menos uma vez ou mais por semana	11	20	12
Costuma acessar a internet	46	64	51

Quase metade dos que vivem no Jaguaré, distrito que é vizinho de uma das mais conceituadas universidades brasileiras, a Universidade de São Paulo (USP), concluiu apenas o ensino fundamental. Além da USP, a área abriga universidades particulares como a Unip (Universidade Paulista) e a Unifieo – esta já no município de Osasco, que faz divisa com o distrito.

O percentual de moradores do Jaguaré que apenas estuda é baixo e representa metade da média paulistana. Entre os que não exercem atividade remunerada, as donas de casa e os aposentados compõem os grupos mais numerosos, cada um deles equivalente a 13% dos moradores. Os assalariados incorporam a maior parcela e representam 27% dos quem vivem no distrito.

Integrante de uma das regiões mais ricas de São Paulo, o Jaguaré abriga ao menos três favelas – do Areião, Alba e do Jaguaré – e um conjunto habitacional. A condição das moradias locais recebeu nota abaixo da média regional. Ficaram neste mesmo patamar os serviços de fornecimento de água, de rede de esgoto e de conservação de ruas e áreas verdes, além da segurança e da quantidade de hospitais particulares – todos avaliados abaixo da média da zona oeste.

Apesar de o distrito ser cortado por uma linha ferroviária, o percentual de moradores que vai trabalhar de trem é de 4%. A forma mais comum de se chegar ao trabalho é caminhando – a maior parcela dos moradores diz levar menos de dez minutos em seu percurso diário. Em segundo lugar está o ônibus.

Gatos e aves empatam na preferência dos habitantes que têm animal de estimação, mas os cachorros ainda são os mais populares, presentes em quase um terço dos lares. A maioria, no entanto, não tem animais em casa.

O programa mais comum são as idas a shoppings: 40% vão no mínimo uma vez por semana. Outro passeio comum são as idas a parques e jardins, já que mais da metade dos moradores tem o costume de fazer esse passeio ao menos uma vez por mês. O Villa-Lobos é um dos parques mais próximos do distrito, embora, para acessá-lo, seja preciso cruzar o rio Pinheiros.

JARDIM PAULISTA

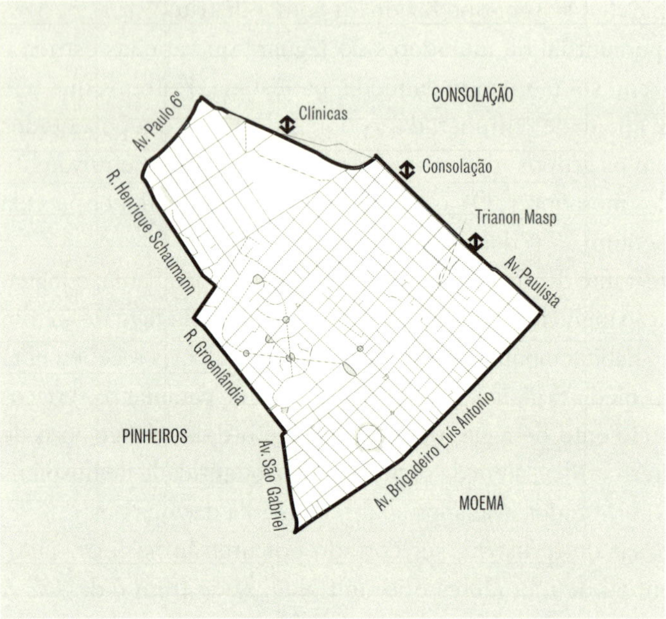

PERFIL (Resposta em %)

		JD. PAULISTA	OESTE	SÃO PAULO
SEXO	Masculino	43	47	48
	Feminino	57	53	52
IDADE	16 a 24 anos	16	21	24
	25 a 34 anos	22	22	24
	35 a 44 anos	17	19	20
	45 a 59 anos	21	22	20
	60 anos ou mais	24	17	11
MÉDIA DE IDADE		43,9	40,7	38
ESCOLARIDADE	Fundamental	11	28	40
	Médio	27	35	44
	Superior	62	38	16

PERFIL (Resposta em %)

		JD. PAULISTA	OESTE	SÃO PAULO
RENDA FAMILIAR MENSAL	Até 5 S.M.	24	47	69
	Mais de 5 a 10 S.M.	20	20	15
	Mais de 10 a 20 S.M.	24	15	7
	Mais de 20 a 50 S.M.	19	8	3
	Mais de 50 S.M.	6	2	0
	Não sabe/ recusa	8	9	7
CLASSIFICAÇÃO ECONÔMICA	A	25	14	5
	B	53	45	33
	C	18	35	53
	D	4	6	8
	E		0	1
	Não sabe/ recusa	1	0	0
OCUPAÇÃO PRINCIPAL	PEA	69	71	72
	NÃO PEA	31	29	28
ESTADO CONJUGAL	Solteiro(a)	45	41	40
	Casado(a)	35	43	46
	Separado(a)/ desquitado(a)/ divorciado(a)	14	10	8
	Viúvo(a)	6	6	6
RELIGIÃO	Católica	57	56	56
	Evangélica pentecostal	4	10	19
	Evangélica não pentecostal	4	4	5
	Espírita kardecista, espiritualista	11	9	5
	Outra religião	4	5	4
	Não tem religião nenhuma	16	13	10
	É ateu/ não acredita em Deus	2	1	1

PERFIL (Resposta em %)

	JD. PAULISTA	OESTE	SÃO PAULO
Mora em casa	11	51	77
Tempo médio para chegar ao trabalho (em min.)	25,4	30,8	37,4
IMC - Média	24,3	24,5	24,8
Tem animal de estimação	36	49	54
TV por assinatura	75	55	28
Telefone fixo	90	80	70
Vai ao cinema pelo menos uma vez por semana	19	9	4
Vai ao shopping pelo menos uma vez por semana	32	32	23
Viaja pelo menos uma vez por mês	24	16	10
Vai à academia pelo menos uma vez ou mais por semana	35	20	12
Costuma acessar a internet	77	64	51

Apontado por seus moradores como um dos melhores distritos para se viver em São Paulo, o Jardim Paulista é um dos locais mais tradicionais da cidade. Começou a ser urbanizado a partir de 1913 pela Companhia City, empresa também responsável pela urbanização de Alto de Pinheiros.

Os dois distritos registraram os maiores índices de satisfação da cidade, levando-se em conta as notas atribuídas a serviços públicos, à infraestrutura e a outras características locais. Empataram com 7, enquanto a média paulistana é de 5,7, sinalizando que as áreas mais abastadas são também as que recebem maior atenção do poder público. O Jardim Paulista recebeu as melhores notas para iluminação pública, condições das moradias, fornecimento de água e rede de esgoto. O distrito também se destaca pela oferta de opções culturais, item raramente bem avaliado.

De cada quatro moradores, um pertence à classe A, a mesma proporção dos que ganham entre 20 e 50 salários mínimos. Também numerosa é a classe B, composta por mais da metade de quem vive no local. Maior ainda é o índice de habitantes que têm ensino superior completo: 62%. Com média de idade de 43,9 anos, a maior parte é composta por quem já passou dos 60 anos. O distrito ainda tem a maior concentração de divorciados e o maior percentual de mulheres (57%) da região. Quanto à ocupação, há um percentual representativo de profissionais autônomos.

De maioria católica, o distrito tem alto percentual de pessoas sem religião, o segundo maior grupo quando o assunto é crença ou falta dela. Pouco mais de um décimo dos moradores segue o espiritismo e uma proporção um pouco menor se declara evangélica. Os judeus representam 3%, compondo uma das maiores concentrações da religião na cidade. A população é majoritariamente branca: de cada dez, apenas dois não classificam como branca a cor da própria pele.

O percentual dos que consideram o trânsito o principal problema está entre os mais elevados e é atribuído ao excesso de carros e à falta de locais para estacionar. Já entre as qualidades, reina absoluta a quantidade de pontos de comércio e serviço.

LAPA

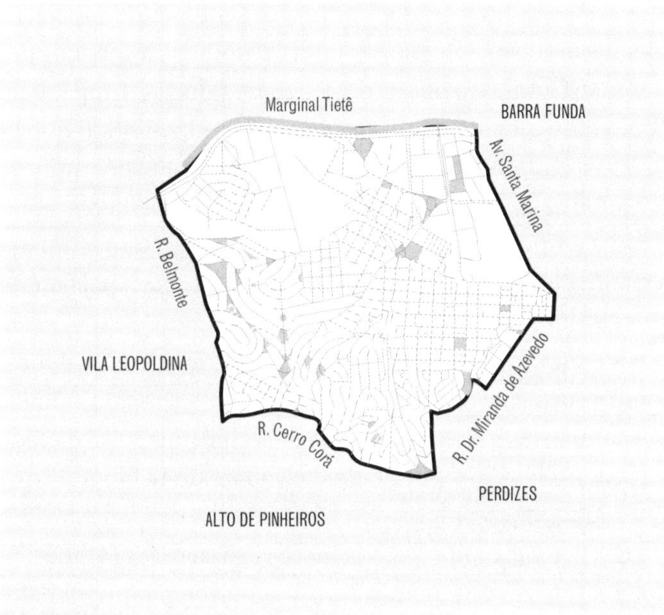

PERFIL (Resposta em %)

		LAPA	OESTE	SÃO PAULO
SEXO	Masculino	47	47	48
	Feminino	53	53	52
IDADE	16 a 24 anos	18	21	24
	25 a 34 anos	18	22	24
	35 a 44 anos	18	19	20
	45 a 59 anos	22	22	20
	60 anos ou mais	25	17	11
MÉDIA DE IDADE		44,5	40,7	38
ESCOLARIDADE	Fundamental	26	28	40
	Médio	37	35	44
	Superior	37	38	16

PERFIL (Resposta em %)

		LAPA	OESTE	SÃO PAULO
RENDA FAMILIAR MENSAL	Até 5 S.M.	45	47	69
	Mais de 5 a 10 S.M.	25	20	15
	Mais de 10 a 20 S.M.	16	15	7
	Mais de 20 a 50 S.M.	7	8	3
	Mais de 50 S.M.	1	2	0
	Não sabe/ recusa	6	9	7
CLASSIFICAÇÃO ECONÔMICA	A	14	14	5
	B	47	45	33
	C	33	35	53
	D	5	6	8
	E	1	0	1
	Não sabe/ recusa	0	0	0
OCUPAÇÃO PRINCIPAL	PEA	63	71	72
	NÃO PEA	37	29	28
ESTADO CONJUGAL	Solteiro(a)	40	41	40
	Casado(a)	41	43	46
	Separado(a)/ desquitado(a)/ divorciado(a)	10	10	8
	Viúvo(a)	9	6	6
RELIGIÃO	Católica	61	56	56
	Evangélica pentecostal	8	10	19
	Evangélica não pentecostal	4	4	5
	Espírita kardecista, espiritualista	11	9	5
	Outra religião	5	5	4
	Não tem religião nenhuma	9	13	10
	É ateu/ não acredita em Deus	2	1	1

PERFIL (Resposta em %)

	LAPA	OESTE	SÃO PAULO
Mora em casa	59	51	77
Tempo médio para chegar ao trabalho (em min.)	27,5	30,8	37,4
IMC - Média	24,9	24,5	24,8
Tem animal de estimação	55	49	54
TV por assinatura	65	55	28
Telefone fixo	85	80	70
Vai ao cinema pelo menos uma vez por semana	5	9	4
Vai ao shopping pelo menos uma vez por semana	29	32	23
Viaja pelo menos uma vez por mês	19	16	10
Vai à academia pelo menos uma vez ou mais por semana	16	20	12
Costuma acessar a internet	62	64	51

A Lapa é o maior reduto palmeirense da cidade e onde a torcida do Palmeiras (29%) predomina sobre as torcidas do Corinthians (24%) e do São Paulo (21%). Na média paulistana, um em cada três torcedores é corintiano, enquanto os do São Paulo somam 22%, os do Palmeiras, 17% e os do Santos, 5%. O distrito é vizinho à sede do clube que dá nome ao time, localizada entre Perdizes e Barra Funda, ambos na zona oeste e ambos com torcida predominantemente são-paulina.

Mais que em qualquer outro distrito da região, os moradores da Lapa costumam mudar seus trajetos depois que anoitece, por razões de segurança, e é ínfimo o percentual dos que se sentem seguros ao caminhar quando o sol já se pôs.

O número dos que vão a pé, de ônibus e de carro para o trabalho se aproximam. Para a maior parcela, o deslocamento não consome mais que dez minutos, embora, na média, sejam gastos 27,5 minutos no percurso rumo ao trabalho. A avaliação da oferta de transporte público registrou uma das maiores notas da região.

O trânsito é apontado como o principal problema do distrito, onde buracos nas vias e calçadas, falhas na rede elétrica, excesso de barulho e falta de limpeza das ruas também estão entre as reclamações mais significativas. Entre os quesitos avaliados com nota, o único que ficou um pouco abaixo da média regional foi a iluminação de ruas e avenidas.

Ir a shoppings, bares e parques são programas bastante frequentes entre os moradores, que vão pouco ao cinema: apenas 14% comem pipoca no escurinho pelo menos a cada 15 dias, enquanto a média da região é de 21% para o mesmo período.

O percentual dos que têm ensino superior é o mesmo dos que completaram o ensino médio, 37%, e a classe B é a que responde pela maior parcela da população.

MORUMBI

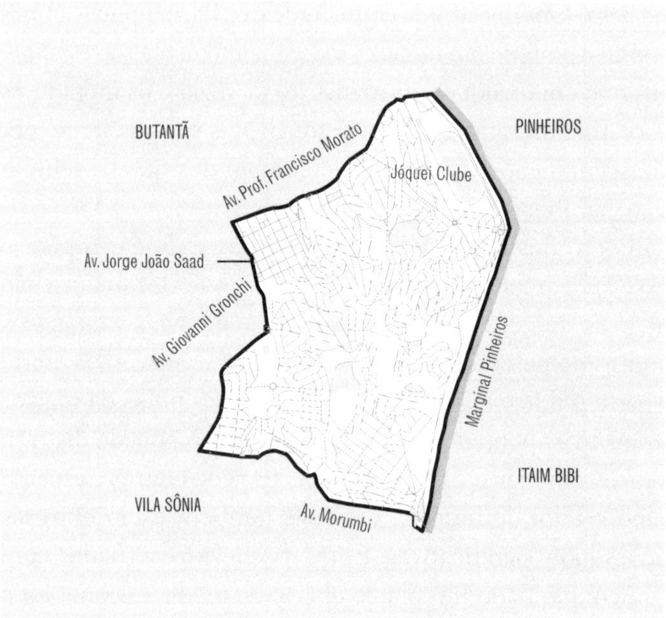

PERFIL (Resposta em %)

		MORUMBI	OESTE	SÃO PAULO
SEXO	Masculino	51	47	48
	Feminino	49	53	52
IDADE	16 a 24 anos	26	21	24
	25 a 34 anos	24	22	24
	35 a 44 anos	20	19	20
	45 a 59 anos	18	22	20
	60 anos ou mais	13	17	11
MÉDIA DE IDADE		37,5	40,7	38
ESCOLARIDADE	Fundamental	36	28	40
	Médio	39	35	44
	Superior	26	38	16

PERFIL (Resposta em %)

		MORUMBI	OESTE	SÃO PAULO
RENDA FAMILIAR MENSAL	Até 5 S.M.	62	47	69
	Mais de 5 a 10 S.M.	15	20	15
	Mais de 10 a 20 S.M.	11	15	7
	Mais de 20 a 50 S.M.	5	8	3
	Mais de 50 S.M.	0	2	0
	Não sabe/ recusa	6	9	7
CLASSIFICAÇÃO ECONÔMICA	A	12	14	5
	B	32	45	33
	C	44	35	53
	D	10	6	8
	E	1	0	1
	Não sabe/ recusa	1	0	0
OCUPAÇÃO PRINCIPAL	PEA	74	71	72
	NÃO PEA	26	29	28
ESTADO CONJUGAL	Solteiro(a)	41	41	40
	Casado(a)	46	43	46
	Separado(a)/ desquitado(a)/ divorciado(a)	9	10	8
	Viúvo(a)	3	6	6
RELIGIÃO	Católica	63	56	56
	Evangélica pentecostal	10	10	19
	Evangélica não pentecostal	4	4	5
	Espírita kardecista, espiritualista	5	9	5
	Outra religião	4	5	4
	Não tem religião nenhuma	13	13	10
	É ateu/ não acredita em Deus	1	1	1

PERFIL (Resposta em %)

	MORUMBI	OESTE	SÃO PAULO
Mora em casa	48	51	77
Tempo médio para chegar ao trabalho (em min.)	35,9	30,8	37,4
IMC - Média	24,3	24,5	24,8
Tem animal de estimação	44	49	54
TV por assinatura	41	55	28
Telefone fixo	65	80	70
Vai ao cinema pelo menos uma vez por semana	9	9	4
Vai ao shopping pelo menos uma vez por semana	35	32	23
Viaja pelo menos uma vez por mês	12	16	10
Vai à academia pelo menos uma vez ou mais por semana	15	20	12
Costuma acessar a internet	56	64	51

A presença de ao menos quatro favelas, segundo dados de 2008 da Sempla (Secretaria de Planejamento do Município de São Paulo), contribui para que o perfil econômico do Morumbi não seja tão elevado quanto o senso comum possa imaginar. O distrito, pontuado por prédios de alto padrão, tem a maior parcela de sua população ganhando até dois salários mínimos e pertencente à classe C. A idade média, de 37,5 anos, é uma das menores da zona oeste, obedecendo à tendência paulistana de vincular a existência de locais pobres a uma população jovem.

A sujeira e o entulho acumulados nas ruas e calçadas é o principal problema para um em cada cinco moradores. O incômodo com a falta de limpeza supera o causado pelo trânsito, tornando o ranking de queixas do distrito uma exceção na média da cidade. A nota atribuída à coleta de lixo é a mais baixa da zona oeste, e a avaliação do serviço de limpeza das vias também fica abaixo da média regional. Também receberam nota vermelha a rede de esgoto, a conservação das vias e das áreas verdes, o asfaltamento das ruas, a quantidade de escolas públicas, de postos de saúde e de hospitais públicos e particulares e as atividades para idosos. Com isso, o índice de satisfação do Morumbi, índice com base nestes e em outros quesitos, é de 5,6, o mais baixo da região, empatado com outros três distritos.

O comércio é considerado a principal qualidade do distrito; a segurança está em segundo lugar. Entre os moradores, 68% se sentem muito ou mais ou menos seguros ao caminhar depois que anoitece e 46% dizem que, mesmo à noite, não evitam passar por certas ruas. De cada cinco moradores, um tem cão de guarda, forma mais comum de proteger a própria casa.

De torcida de maioria são-paulina, o Morumbi tem mais apreciadores de música sertaneja que de outros gêneros. O percentual de pessoas abaixo do peso é o mesmo das consideradas obesas, 4%.

PERDIZES

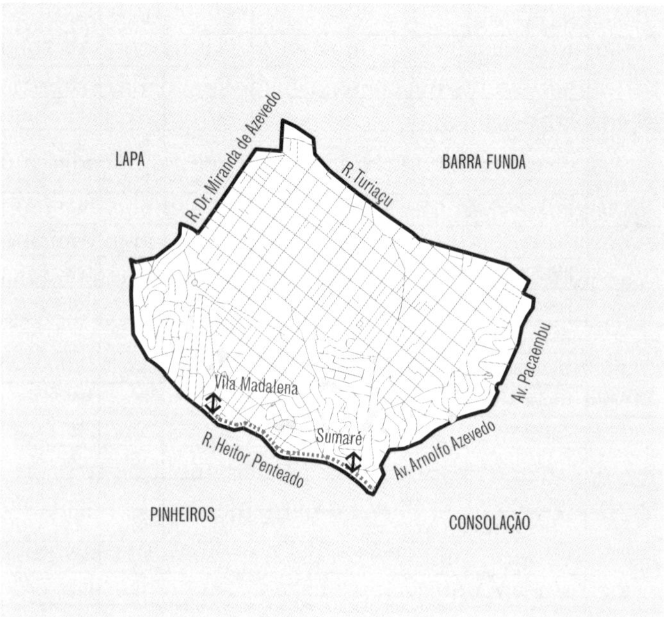

PERFIL (Resposta em %)

		PERDIZES	OESTE	SÃO PAULO
SEXO	Masculino	46	47	48
	Feminino	54	53	52
IDADE	16 a 24 anos	19	21	24
	25 a 34 anos	21	22	24
	35 a 44 anos	15	19	20
	45 a 59 anos	23	22	20
	60 anos ou mais	22	17	11
MÉDIA DE IDADE		42,6	40,7	38
ESCOLARIDADE	Fundamental	14	28	40
	Médio	29	35	44
	Superior	57	38	16

PERFIL (Resposta em %)

		PERDIZES	OESTE	SÃO PAULO
RENDA FAMILIAR MENSAL	Até 5 S.M.	28	47	69
	Mais de 5 a 10 S.M.	27	20	15
	Mais de 10 a 20 S.M.	22	15	7
	Mais de 20 a 50 S.M.	8	8	3
	Mais de 50 S.M.	2	2	0
	Não sabe/ recusa	12	9	7
CLASSIFICAÇÃO ECONÔMICA	A	19	14	5
	B	60	45	33
	C	18	35	53
	D	3	6	8
	E		0	1
	Não sabe/ recusa	0	0	0
OCUPAÇÃO PRINCIPAL	PEA	72	71	72
	NÃO PEA	28	29	28
ESTADO CONJUGAL	Solteiro(a)	43	41	40
	Casado(a)	36	43	46
	Separado(a)/ desquitado(a)/ divorciado(a)	13	10	8
	Viúvo(a)	9	6	6
RELIGIÃO	Católica	54	56	56
	Evangélica pentecostal	5	10	19
	Evangélica não pentecostal	4	4	5
	Espírita kardecista, espiritualista	16	9	5
	Outra religião	5	5	4
	Não tem religião nenhuma	11	13	10
	É ateu/ não acredita em Deus	4	1	1

PERFIL (Resposta em %)

	PERDIZES	OESTE	SÃO PAULO
Mora em casa	29	51	77
Tempo médio para chegar ao trabalho (em min.)	33,3	30,8	37,4
IMC - Média	24,7	24,5	24,8
Tem animal de estimação	43	49	54
TV por assinatura	71	55	28
Telefone fixo	87	80	70
Vai ao cinema pelo menos uma vez por semana	12	9	4
Vai ao shopping pelo menos uma vez por semana	37	32	23
Viaja pelo menos uma vez por mês	17	16	10
Vai à academia pelo menos uma vez ou mais por semana	28	20	12
Costuma acessar a internet	77	64	51

A maior concentração de ateus e espíritas da cidade está em Perdizes, distrito que, ainda assim, é majoritariamente católico. Dos moradores, 54% seguem a religião católica, 16% a espírita e apenas 6% as evangélicas, pentecostais e não pentecostais. Os que não têm religião representam 11% da população, enquanto os ateus somam 4% – percentual que, apesar de baixo, é o maior registrado no município.

O distrito também é o maior reduto paulistano de apreciadores de MPB, estilo que tem três vezes mais fãs que o segundo colocado, o rock. Ecléticos, os moradores elegeram dois gêneros bem distintos empatados em terceiro lugar: música clássica e sertaneja.

A média de pessoas por residência é a menor da zona oeste, 2,5, e mais de um em cada cinco habitantes vive sozinho. Em relação à renda, predomina a faixa dos que ganham entre cinco e dez salários mínimos; quanto à idade, a predominância é da faixa etária entre 45 e 59 anos. Mais da metade dos moradores têm ensino superior completo e pertence à classe B, e a maior parcela é solteira.

Um em cada quatro habitantes acha o trânsito o principal problema; o segundo maior índice é composto pelos que reclamam do excesso de barulho. A localização se destaca entre as principais qualidades locais, atrás do comércio e da segurança.

Fidelidade ao distrito é uma das características de quem vive em Perdizes: 90% afirmam que não gostariam de viver em outro lugar. De todos os itens avaliados pelos moradores, apenas três ficaram abaixo da média da região: escoamento de água, não-ocorrência de trânsito e quantidade de hospitais públicos, conferindo ao distrito um dos mais elevados índices de satisfação da zona oeste.

Os apartamentos predominam sobre as casas: 71% vivem em prédios, e, na média da cidade, esse percentual é de 22,9%. Ainda assim, um terço dos moradores têm cachorro.

O interesse que Perdizes tem por política é atípico. Na média paulistana, quase metade dos habitantes afirmam não ter nenhum interesse pelo assunto. Em Perdizes, os que declararam ter muito ou pelo menos um pouco de interesse somam 68%, e quase um em cada cinco moradores realiza atos comunitários ou voluntários.

PINHEIROS

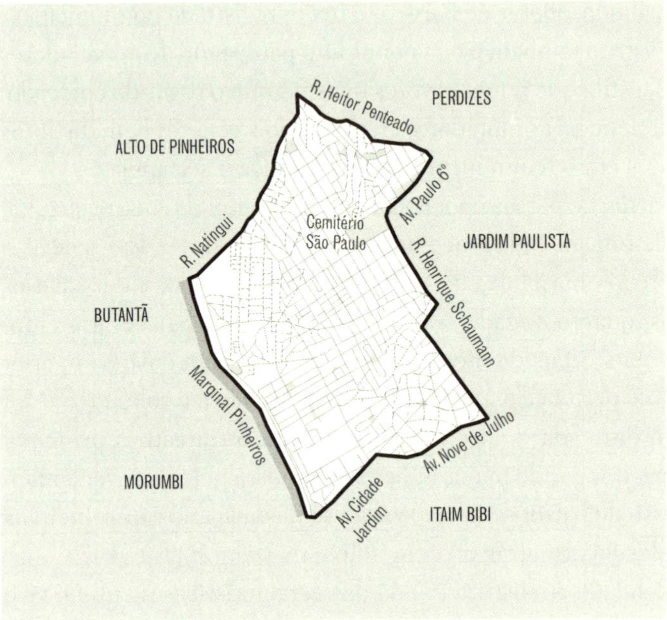

PERFIL (Resposta em %)

		PINHEIROS	OESTE	SÃO PAULO
SEXO	Masculino	44	47	48
	Feminino	56	53	52
IDADE	16 a 24 anos	15	21	24
	25 a 34 anos	17	22	24
	35 a 44 anos	20	19	20
	45 a 59 anos	25	22	20
	60 anos ou mais	23	17	11
MÉDIA DE IDADE		44,9	40,7	38
ESCOLARIDADE	Fundamental	14	28	40
	Médio	31	35	44
	Superior	54	38	16

PERFIL (Resposta em %)

		PINHEIROS	OESTE	SÃO PAULO
RENDA FAMILIAR MENSAL	Até 5 S.M.	23	47	69
	Mais de 5 a 10 S.M.	26	20	15
	Mais de 10 a 20 S.M.	25	15	7
	Mais de 20 a 50 S.M.	14	8	3
	Mais de 50 S.M.	2	2	0
	Não sabe/ recusa	11	9	7
CLASSIFICAÇÃO ECONÔMICA	A	21	14	5
	B	57	45	33
	C	19	35	53
	D	2	6	8
	E	1	0	1
	Não sabe/ recusa	0	0	0
OCUPAÇÃO PRINCIPAL	PEA	68	71	72
	NÃO PEA	32	29	28
ESTADO CONJUGAL	Solteiro(a)	45	41	40
	Casado(a)	33	43	46
	Separado(a)/ desquitado(a)/ divorciado(a)	12	10	8
	Viúvo(a)	10	6	6
RELIGIÃO	Católica	51	56	56
	Evangélica pentecostal	8	10	19
	Evangélica não pentecostal	2	4	5
	Espírita kardecista, espiritualista	12	9	5
	Outra religião	8	5	4
	Não tem religião nenhuma	19	13	10
	É ateu/ não acredita em Deus	1	1	1

PERFIL (Resposta em %)

	PINHEIROS	OESTE	SÃO PAULO
Mora em casa	34	51	77
Tempo médio para chegar ao trabalho (em min.)	20,9	30,8	37,4
IMC - Média	24,5	24,5	24,8
Tem animal de estimação	52	49	54
TV por assinatura	70	55	28
Telefone fixo	89	80	70
Vai ao cinema pelo menos uma vez por semana	13	9	4
Vai ao shopping pelo menos uma vez por semana	29	32	23
Viaja pelo menos uma vez por mês	23	16	10
Vai à academia pelo menos uma vez ou mais por semana	28	20	12
Costuma acessar a internet	77	64	51

A rua Teodoro Sampaio sintetiza bem o principal problema de Pinheiros: excesso de barulho. O intenso tráfego de carros, as diversas linhas de ônibus que sobem em direção ao centro e os frequentes congestionamentos produzem uma sinfonia capaz de tirar o sossego. Não bastasse isso, a poucos quarteirões dali e ainda dentro do distrito está a Vila Madalena, uma das maiores concentrações de bares da cidade, com ruas que chegam a avizinhar mais de dez estabelecimentos do gênero. É o excesso de ruído o principal problema na opinião de 24% dos moradores. O incômodo, no entanto, não chega a fazer com que queiram se mudar: só 9% gostariam de morar em outro distrito. A vocação para a oferta de serviços e o comércio variado são a principal qualidade do local, segundo seus habitantes. Colada a essa vantagem está uma desvantagem; a variedade atrai um volume de veículos maior do que o que as ruas são capazes de comportar, resultando altos índices de queixas sobre o trânsito e sobre as condições das vias.

Ainda assim, a proximidade de mercados, padarias, farmácias e bancos faz do distrito um dos preferidos pela população madura e idosa – 48% dos moradores têm mais de 45 anos. A média de idade, de 44,9 anos, é a mais alta da cidade. Destacam-se também a quantidade de aposentados que vivem no local, o equivalente a um em cada cinco moradores, e a de viúvos, que representam um em cada dez habitantes.

Pinheiros acumula ainda outro recorde: o de maior percentual de pessoas sem religião. O número só não é maior que o de católicos, que são maioria. A segunda religião mais adotada é a espírita.

A escolaridade está entre as mais altas da cidade: mais da metade dos habitantes com ensino superior completo, fato que se reflete no perfil econômico. A maior parcela pertence à classe B e tem renda familiar mensal entre 5 e 20 salários mínimos.

A proximidade da Vila Madalena se reflete nos hábitos de lazer da população local: ir a bares é um dos programas mais frequentes, atrás apenas das idas aos restaurantes e dos passeios em parques e jardins públicos.

RAPOSO TAVARES

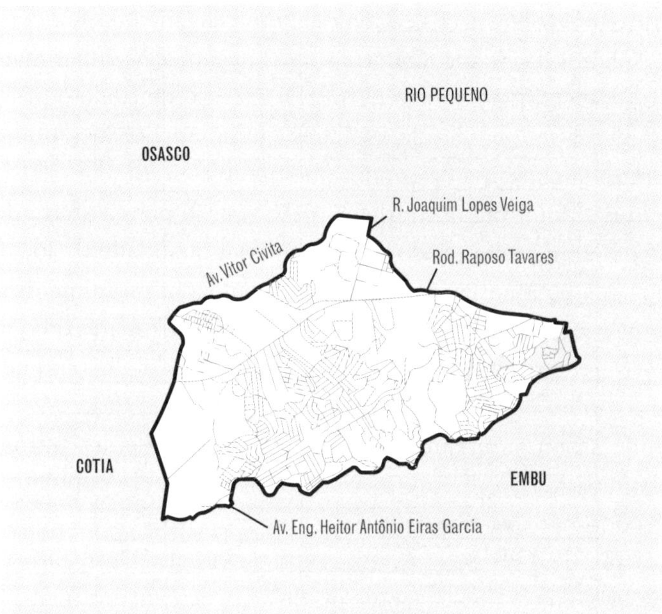

PERFIL (Resposta em %)

		RAPOSO TAVARES	OESTE	SÃO PAULO
SEXO	Masculino	50	47	48
	Feminino	50	53	52
IDADE	16 a 24 anos	26	21	24
	25 a 34 anos	25	22	24
	35 a 44 anos	22	19	20
	45 a 59 anos	21	22	20
	60 anos ou mais	6	17	11
MÉDIA DE IDADE		35,6	40,7	38
ESCOLARIDADE	Fundamental	43	28	40
	Médio	44	35	44
	Superior	13	38	16

PERFIL (Resposta em %)

		RAPOSO TAVARES	OESTE	SÃO PAULO
RENDA FAMILIAR MENSAL	Até 5 S.M.	73	47	69
	Mais de 5 a 10 S.M.	14	20	15
	Mais de 10 a 20 S.M.	9	15	7
	Mais de 20 a 50 S.M.	2	8	3
	Mais de 50 S.M.		2	0
	Não sabe/ recusa	3	9	7
CLASSIFICAÇÃO ECONÔMICA	A	4	14	5
	B	34	45	33
	C	50	35	53
	D	10	6	8
	E	1	0	1
	Não sabe/ recusa		0	0
OCUPAÇÃO PRINCIPAL	PEA	80	71	72
	NÃO PEA	20	29	28
ESTADO CONJUGAL	Solteiro(a)	38	41	40
	Casado(a)	53	43	46
	Separado(a)/ desquitado(a)/ divorciado(a)	6	10	8
	Viúvo(a)	3	6	6
RELIGIÃO	Católica	50	56	56
	Evangélica pentecostal	24	10	19
	Evangélica não pentecostal	5	4	5
	Espírita kardecista, espiritualista	4	9	5
	Outra religião	4	5	4
	Não tem religião nenhuma	14	13	10
	É ateu/ não acredita em Deus	0	1	1

PERFIL (Resposta em %)

	RAPOSO TAVARES	OESTE	SÃO PAULO
Mora em casa	71	51	77
Tempo médio para chegar ao trabalho (em min.)	38,1	30,8	37,4
IMC - Média	24,4	24,5	24,8
Tem animal de estimação	51	49	54
TV por assinatura	27	55	28
Telefone fixo	67	80	70
Vai ao cinema pelo menos uma vez por semana	2	9	4
Vai ao shopping pelo menos uma vez por semana	23	32	23
Viaja pelo menos uma vez por mês	8	16	10
Vai à academia pelo menos uma vez ou mais por semana	6	20	12
Costuma acessar a internet	54	64	51

Raposo Tavares integra a ala empobrecida da zona oeste. Diferentemente da média regional, que tem predominância da classe B, o distrito tem a maior parcela de seus moradores pertencente à classe C. O quadro se repete quanto à renda: em vez de o grupo que ganha entre cinco e dez salários mínimos ser o mais numeroso, são as famílias que têm renda mensal de até dois salários mínimos que registram o percentual mais elevado.

O índice dos que têm casa própria também é superior à média da zona oeste – curiosamente, em linhas gerais, quanto mais elevado o padrão econômico de um distrito, maior é a taxa de residências alugadas. Porém, acompanhando o perfil da região, Raposo Tavares apresenta uma taxa elevada de pessoas sem religião: é o terceiro maior grupo local, atrás dos católicos e dos evangélicos.

Os casados são maioria e o percentual dos que concluíram o ensino fundamental é semelhante ao dos que concluíram o ensino médio, 43% e 44%, respectivamente. O distrito tem a maior concentração da região de pessoas que caracterizam a cor da própria pele como preta, embora os pardos componham a parcela mais numerosa. Também é o local da zona oeste onde os moradores gastam mais tempo para chegar ao trabalho, 38,1 minutos, em média. Ônibus é o meio mais comumente utilizado e a avaliação do transporte coletivo é inferior à média regional. A não-ocorrência de trânsito, porém, é elogiada e um dos poucos quesitos em que Raposo Tavares se sobressai positivamente em relação aos demais distritos. Outro destaque positivo é a avaliação da segurança, que quase empata com comércio e serviços como a principal qualidade local: 69% dos moradores afirmam se sentir muito ou mais ou menos seguros ao caminhar depois que escurece. Já o calçamento deteriorado é considerado o principal problema, seguido de perto pela falta de limpeza das vias.

RIO PEQUENO

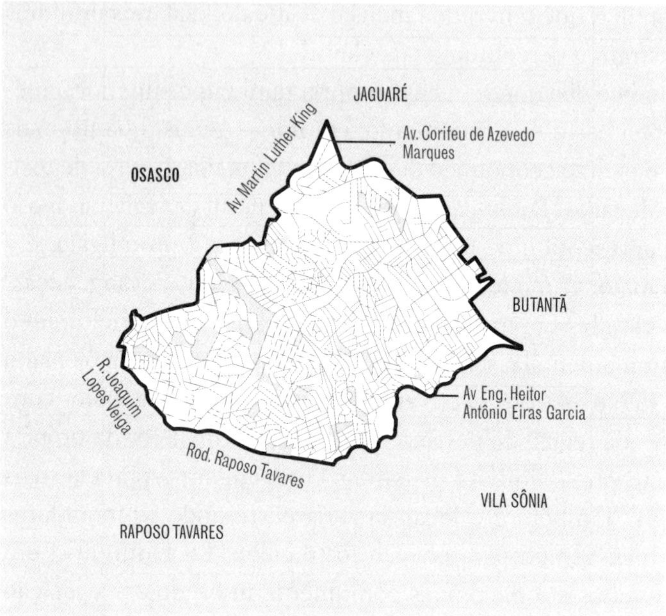

PERFIL (Resposta em %)

		RIO PEQUENO	OESTE	SÃO PAULO
SEXO	Masculino	49	47	48
	Feminino	51	53	52
IDADE	16 a 24 anos	25	21	24
	25 a 34 anos	24	22	24
	35 a 44 anos	21	19	20
	45 a 59 anos	20	22	20
	60 anos ou mais	10	17	11
MÉDIA DE IDADE		37,2	40,7	38
ESCOLARIDADE	Fundamental	41	28	40
	Médio	39	35	44
	Superior	19	38	16

PERFIL (Resposta em %)

		RIO PEQUENO	OESTE	SÃO PAULO
RENDA FAMILIAR MENSAL	Até 5 S.M.	69	47	69
	Mais de 5 a 10 S.M.	12	20	15
	Mais de 10 a 20 S.M.	3	15	7
	Mais de 20 a 50 S.M.	2	8	3
	Mais de 50 S.M.	0	2	0
	Não sabe/ recusa	13	9	7
CLASSIFICAÇÃO ECONÔMICA	A	3	14	5
	B	29	45	33
	C	57	35	53
	D	10	6	8
	E		0	1
	Não sabe/ recusa	1	0	0
OCUPAÇÃO PRINCIPAL	PEA	74	71	72
	NÃO PEA	26	29	28
ESTADO CONJUGAL	Solteiro(a)	42	41	40
	Casado(a)	45	43	46
	Separado(a)/ desquitado(a)/ divorciado(a)	8	10	8
	Viúvo(a)	5	6	6
RELIGIÃO	Católica	57	56	56
	Evangélica pentecostal	16	10	19
	Evangélica não pentecostal	6	4	5
	Espírita kardecista, espiritualista	5	9	5
	Outra religião	5	5	4
	Não tem religião nenhuma	10	13	10
	É ateu/ não acredita em Deus	1	1	1

PERFIL (Resposta em %)

	RIO PEQUENO	OESTE	SÃO PAULO
Mora em casa	75	51	77
Tempo médio para chegar ao trabalho (em min.)	34,9	30,8	37,4
IMC - Média	24,4	24,5	24,8
Tem animal de estimação	53	49	54
TV por assinatura	44	55	28
Telefone fixo	73	80	70
Vai ao cinema pelo menos uma vez por semana	3	9	4
Vai ao shopping pelo menos uma vez por semana	28	32	23
Viaja pelo menos uma vez por mês	13	16	10
Vai à academia pelo menos uma vez ou mais por semana	9	20	12
Costuma acessar a internet	51	64	51

O percentual de moradores de Rio Pequeno que sofreram violência no distrito no último ano está entre os mais baixos da zona oeste, enquanto o dos que tiveram algum parente ou amigo assassinado no mesmo período é o maior da região. Ainda assim, a nota atribuída à segurança supera a avaliação média e não está entre os principais problemas locais, de acordo com seus habitantes – pelo contrário, chega a ser eleita a segunda principal qualidade do distrito, depois da oferta de comércio e serviços. Na opinião de 11% dos moradores, no entanto, Rio Pequeno não tem nenhuma qualidade.

As notas atribuídas mostram que a conservação das vias, o asfaltamento, a quantidade de escolas e de hospitais particulares e as atividades de cultura estão entre os quesitos em que o distrito registrou pior desempenho.

Quase metade da população entrevistada no local tem menos de 34 anos e 41% cursaram apenas o ensino fundamental. De cada dez moradores, um pode ser classificado como pertencente à classe D, embora a parcela mais numerosa seja a da classe C. Pessoas de cor branca compõem o maior grupo, e o percentual de pretos é maior do que a média paulistana, enquanto o de pardos é menor. Butantã é o destino mais citado entre os 22% que dizem que gostariam de se mudar de onde vivem. Em segundo lugar, aparecem empatados Pinheiros e o próprio Rio Pequeno – mesmo entre os que pensam em se mudar, há quem queira manter-se próximo de onde vive –, além do grupo dos que gostariam de se mudar de cidade. Sertanejo é o estilo musical que mais faz sucesso, seguido pela MPB; um pouco mais atrás, vêm samba, forró e *black music*.

Ruas esburacadas, sujas e má sinalizadas são as maiores dores de cabeça de quem vive no distrito.

VILA LEOPOLDINA

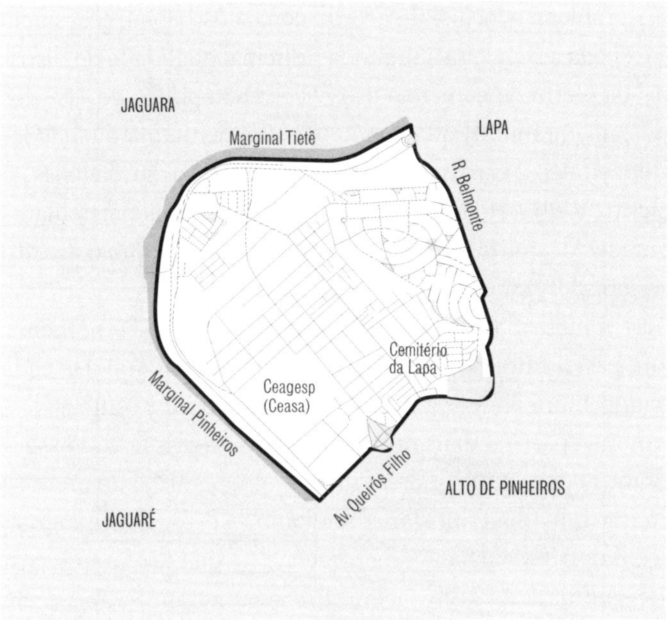

PERFIL (Resposta em %)

		VILA LEOPOLDINA	OESTE	SÃO PAULO
SEXO	Masculino	48	47	48
	Feminino	52	53	52
IDADE	16 a 24 anos	21	21	24
	25 a 34 anos	24	22	24
	35 a 44 anos	22	19	20
	45 a 59 anos	19	22	20
	60 anos ou mais	14	17	11
MÉDIA DE IDADE		39,2	40,7	38
ESCOLARIDADE	Fundamental	28	28	40
	Médio	29	35	44
	Superior	43	38	16

PERFIL (Resposta em %)

		VILA LEOPOLDINA	OESTE	SÃO PAULO
RENDA FAMILIAR MENSAL	Até 5 S.M.	40	47	69
	Mais de 5 a 10 S.M.	17	20	15
	Mais de 10 a 20 S.M.	19	15	7
	Mais de 20 a 50 S.M.	9	8	3
	Mais de 50 S.M.	3	2	0
	Não sabe/ recusa	13	9	7
CLASSIFICAÇÃO ECONÔMICA	A	21	14	5
	B	44	45	33
	C	31	35	53
	D	4	6	8
	E	1	0	1
	Não sabe/ recusa		0	0
OCUPAÇÃO PRINCIPAL	PEA	67	71	72
	NÃO PEA	33	29	28
ESTADO CONJUGAL	Solteiro(a)	37	41	40
	Casado(a)	50	43	46
	Separado(a)/ desquitado(a)/ divorciado(a)	8	10	8
	Viúvo(a)	5	6	6
RELIGIÃO	Católica	59	56	56
	Evangélica pentecostal	7	10	19
	Evangélica não pentecostal	6	4	5
	Espírita kardecista, espiritualista	9	9	5
	Outra religião	5	5	4
	Não tem religião nenhuma	12	13	10
	É ateu/ não acredita em Deus	2	1	1

PERFIL (Resposta em %)

	VILA LEOPOLDINA	OESTE	SÃO PAULO
Mora em casa	37	51	77
Tempo médio para chegar ao trabalho (em min.)	30	30,8	37,4
IMC - Média	24,6	24,5	24,8
Tem animal de estimação	47	49	54
TV por assinatura	59	55	28
Telefone fixo	85	80	70
Vai ao cinema pelo menos uma vez por semana	6	9	4
Vai ao shopping pelo menos uma vez por semana	28	32	23
Viaja pelo menos uma vez por mês	25	16	10
Vai à academia pelo menos uma vez ou mais por semana	24	20	12
Costuma acessar a internet	68	64	51

Pouco sobrou dos grandes galpões industriais que caracterizavam a Vila Leopoldina, localizada na confluência dos rios Pinheiros e Tietê. Esses imóveis vêm cedendo espaço para empreendimentos residenciais de alto padrão, resultado do *boom* imobiliário que há cerca de dez anos vem valorizando a região.

O adensamento do distrito se reflete nas principais reclamações de seus moradores: para um em cada cinco, o excesso de veículos é o principal problema e o percentual de reclamações de trânsito está entre os maiores da cidade. Sujeira de ruas e calçadas é outra queixa frequente, seguida pelo excesso de barulho – outro sintoma de uma ocupação cada vez mais intensa.

Ainda assim, a ampla oferta de áreas verdes impede que o local se torne hostil. Com trechos bem arborizados, a Vila Leopoldina registra notas altas para áreas de lazer e voltadas à prática de esportes. Além disso, o ambiente e a ausência de poluição aparecem entre as principais qualidades na opinião dos moradores. Mais da metade deles visita parques e jardins ao menos a cada quinze dias e quase um terço dos habitantes vai trabalhar a pé – o mesmo percentual dos que fazem esse trajeto de carro; são poucos os que utilizam transporte coletivo.

A maior parcela dos moradores tem ensino superior completo, renda familiar entre 10 e 20 salários mínimos e integra a classe B, e mais de um em cada cinco deles pertence à classe A.

Contudo, enquanto o lado mais próximo à Lapa é pontuado por condomínios de alto padrão, a área vizinha à confluência dos rios ainda relembra os tempos de distrito industrial, com atividades bem menos nobres. É lá que estão instalados a usina de compostagem da Vila Leopoldina, desativada em 2004, o Cadeião de Pinheiros e a Fundação Casa, antiga Febem. Também na região estão conglomerados de grande porte como o centro de exposições ITM Expo e o Ceagesp, importante centro hortifrutigranjeiro que deverá sair da Marginal do Pinheiros para ocupar uma área nas imediações do rodoanel, em um trecho próximo à rodovia Raposo Tavares.

VILA SÔNIA

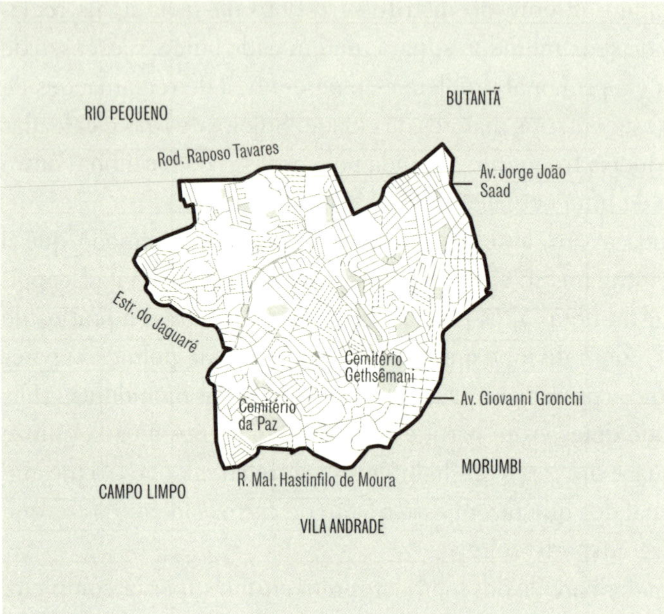

PERFIL (Resposta em %)

		VILA SÔNIA	OESTE	SÃO PAULO
SEXO	Masculino	48	47	48
	Feminino	52	53	52
IDADE	16 a 24 anos	23	21	24
	25 a 34 anos	23	22	24
	35 a 44 anos	19	19	20
	45 a 59 anos	21	22	20
	60 anos ou mais	13	17	11
MÉDIA DE IDADE		38,8	40,7	38
ESCOLARIDADE	Fundamental	34	28	40
	Médio	40	35	44
	Superior	27	38	16

PERFIL (Resposta em %)

		VILA SÔNIA	OESTE	SÃO PAULO
RENDA FAMILIAR MENSAL	Até 5 S.M.	56	47	69
	Mais de 5 a 10 S.M.	21	20	15
	Mais de 10 a 20 S.M.	10	15	7
	Mais de 20 a 50 S.M.	7	8	3
	Mais de 50 S.M.	1	2	0
	Não sabe/ recusa	5	9	7
CLASSIFICAÇÃO ECONÔMICA	A	13	14	5
	B	39	45	33
	C	41	35	53
	D	6	6	8
	E		0	1
	Não sabe/ recusa		0	0
OCUPAÇÃO PRINCIPAL	PEA	71	71	72
	NÃO PEA	28	29	28
ESTADO CONJUGAL	Solteiro(a)	35	41	40
	Casado(a)	51	43	46
	Separado(a)/ desquitado(a)/ divorciado(a)	10	10	8
	Viúvo(a)	4	6	6
RELIGIÃO	Católica	60	56	56
	Evangélica pentecostal	7	10	19
	Evangélica não pentecostal	6	4	5
	Espírita kardecista, espiritualista	8	9	5
	Outra religião	7	5	4
	Não tem religião nenhuma	11	13	10
	É ateu/ não acredita em Deus	0	1	1

PERFIL (Resposta em %)

	VILA SÔNIA	OESTE	SÃO PAULO
Mora em casa	74	51	77
Tempo médio para chegar ao trabalho (em min.)	33,5	30,8	37,4
IMC - Média	24,7	24,5	24,8
Tem animal de estimação	57	49	54
TV por assinatura	47	55	28
Telefone fixo	74	80	70
Vai ao cinema pelo menos uma vez por semana	5	9	4
Vai ao shopping pelo menos uma vez por semana	42	32	23
Viaja pelo menos uma vez por mês	14	16	10
Vai à academia pelo menos uma vez ou mais por semana	13	20	12
Costuma acessar a internet	59	64	51

Os são-paulinos dominam o cenário futebolístico na Vila Sônia, distrito vizinho do estádio do São Paulo, no Morumbi, e que, junto com Pinheiros, registra o maior percentual da zona oeste de torcedores desse time, 31%, um dos mais elevados da cidade. A maior parcela dos moradores concluiu apenas o ensino médio, faz parte da classe C e tem entre 16 e 34 anos. A maioria é católica, casada e mora em casa própria. Os prédios de alto padrão contrastam com casas mais humildes, já que o distrito abriga ao menos uma grande favela, a Jaqueline.

O fato ajuda a explicar as notas baixas dadas quanto à conservação e asfaltamento das ruas, à quantidade de postos de saúde, às opções de transporte coletivo, à oferta de áreas de lazer e prática esportiva, às atividades culturais, às ações para jovens e idosos, à acessibilidade das vias e à quantidade de hospitais, tanto públicos quanto particulares. O índice de satisfação, que considera, entre outros, os quesitos citados ficou em 5,6, abaixo da média regional.

A falta de interesse por política é uma das maiores da região: 45% dizem não ter interesse algum pelo assunto, enquanto apenas 13% se dizem muito interessados. O alheamento é superior à média da zona oeste, que tem 38% de desinteressados e 21% de muito interessados, se consolidando como a área da capital paulistana onde a discussão política é mais valorizada. Ainda assim, mesmo na zona oeste o engajamento em partidos políticos tradicionais é baixo, com apenas 3% de adesão dos moradores, panorama que na Vila Sônia não se altera muito – são 2% de adeptos.

O tipo de atividade social mais praticada no distrito são reuniões de condomínio, seguidas, respectivamente, por campanhas comunitárias, movimentos ligados à igreja e trabalhos voluntários.

Entre os distritos da região, a Vila Sônia é o que tem maior índice de pessoas que visitam shoppings pelo menos uma vez por semana, 42%. O número supera até mesmo as altas taxas de frequentadores de shoppings dos distritos que possuem a maior concentração de pessoas de classe A da zona oeste – Jardim Paulista, Itaim Bibi e Alto de Pinheiros.

Além das idas a shoppings, outro passatempo comum para quem vive na Vila Sônia é cuidar de bichos de estimação. O percentual de pessoas que tem cachorros, gatos, aves e até peixes é superior à média da região. Contribui para esse panorama o fato de a maioria dos moradores do distrito viver em casas –74% deles–, enquanto na média da zona oeste apenas 51% tem o mesmo tipo de endereço residencial

REGIÃO 6 — EXTREMO SUL

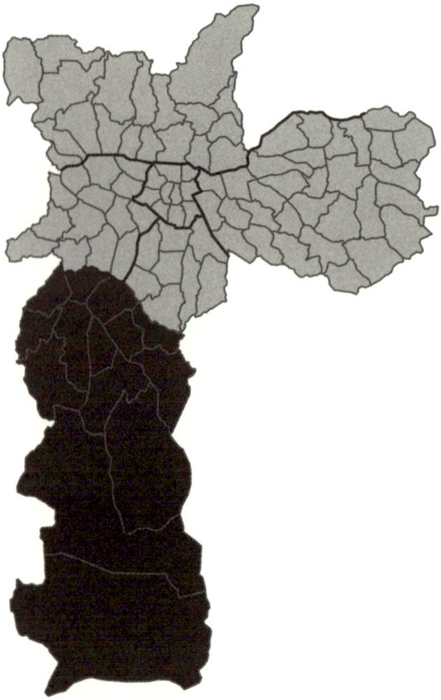

De cada dez moradores do extremo sul, um teve um amigo ou parente assassinado no distrito onde mora nos últimos 12 meses. A região também apresenta o maior índice de habitantes que conhecem quem tenha sido morto em algum ponto da cidade neste mesmo período e, de todo o município, é a que registra a menor nota para segurança, 3,7 – a média paulistana é de 4,3.

A violência, no entanto, não é um problema que se encerra em si; é também sintoma de uma carência que se estende a outros quesitos. As avaliações para transporte coletivo, fornecimento de água, rede de esgoto, condição de moradia, quantidade de postos de saúde, oferta de áreas de lazer, limpeza das vias, conservação de áreas verdes, silêncio das ruas e fornecimento de energia são as mais baixas da cidade, ainda que, em alguns casos, apareçam empatadas com as de outras regiões.

A renda está entre as menores de São Paulo: o ganho mensal de 36,6% das famílias é inferior a dois salários mínimos – e, em cada casa, moram, em média, 3,2 pessoas. Quanto à escolaridade, a maior parcela dos habitantes não foi além do ensino fundamental e apenas 9% chegaram ao ensino superior. A taxa de desemprego é a mais elevada do município: 18% estão à procura de serviço, na área que representa também a maior concentração de pessoas que vivem de fazer "bicos".

Os jovens compõem a maior parcela da população, cuja idade média é baixa em relação ao restante do município. A falta de dinheiro e as poucas opções disponíveis fazem com que os habitantes da região sejam os que menos frequentam locais de cultura e lazer. Ainda assim, em relação a outras áreas periféricas, como extremo leste e noroeste, o extremo sul é a que registra maior frequência de idas ao cinema – neste caso, superando ainda a zona leste.

A exclusão vivida na região também se reflete nas distâncias, reais e relativas. A fronteira mais afastada do centro está no extremo sul: Marsilac, considerado o único distrito rural de São Paulo, está a mais de 60 quilômetros da praça da Sé, já na divisa com o município de Itanhaém e de onde se vê o mar. A distância relativa também é marcante: a área abriga o distrito onde se gasta mais tempo para ir ao trabalho: quem vive no Grajaú leva, em média, 61,9 minutos nesse percurso.

SATISFAÇÃO (NOTA MÉDIA DE 0 A 10)	TOTAL SP	TOTAL EXTREMO SUL	Campo Grande	Campo Limpo	Capão Redondo	Cidade Ademar	Cidade Dutra
a) não-ocorrência de enchentes, isto é, o escoamento das águas das chuvas	7,5	7,1	7,7	7	6,6	6,6	8,1
b) fornecimento de água	8,6	8	9,1	8,3	8,2	8,1	8,8
c) rede de esgoto	7,1	5,9	7,2	6,2	6	5,2	7,2
d) condições de habitação e moradias	7,2	6,7	7,7	6,7	6,3	6,4	7,6
e) conservação das ruas e avenidas	6,1	5,4	6,5	5,8	5	5,3	6,6
f) asfaltamento de ruas e avenidas	6,2	5,4	6,6	5,9	4,9	5,2	6,6
g) quantidade de escolas públicas	6,9	6,3	6,7	7,1	6,3	6,4	7,3
h) quantidade de escolas particulares	6,3	5,2	7,7	6	5,5	5,8	6,2
i) quantidade de postos de saúde	5,2	4,8	5,9	4,9	5,1	5,3	4,8
j) não-ocorrência de trânsito	5,8	4,9	5,3	5,7	4,7	4,5	5,8
k) opções de transportes coletivos como ônibus, metrô, vans e trens	6,7	5,4	5,7	6,4	5,4	6,5	5,7
l) áreas de lazer	4,4	3,1	4,1	3,2	2,7	3	4
m) áreas para prática de esportes	4,2	3	3,9	3,4	2,3	3	3,9
n) iluminação de ruas e avenidas	6	5,8	6,4	5,9	5,4	5,7	5,8
o) atividades de cultura	4,1	3	3,6	3,1	2,5	2,9	3,4
p) ações e eventos para os jovens	3,7	2,7	3,1	2,8	2,4	2,7	3,3
q) ações e eventos para os idosos	3,7	2,5	3,5	2,6	2,5	2,6	3
r) acessibilidade das ruas e avenidas para deficientes físicos	2,9	1,9	2,8	2,1	1,6	2,5	2,3
s) limpeza de ruas e avenidas	5,5	4,4	5,6	4,7	4,2	4,4	5,5
t) coleta de lixo domiciliar	7,8	7,6	8,4	7,6	7,1	7,2	7,9
u) qualidade do ar	5,3	4,9	5,2	4,7	4,4	3,9	5,6
v) conservação das áreas verdes	5,7	4,9	5,7	4,6	3,9	3,6	5,8
w) segurança	4,6	3,7	4,9	3,6	3	3,3	4,7
x) quantidade de hospitais públicos	4,5	3,8	5,3	4	3,6	4,4	4,4
y) quantidade de hospitais particulares	4,5	3,2	5,6	3,3	3	4,3	3,3
z) silêncio das ruas	5,3	4,6	5,8	4,5	4	4	5,5
aa) fornecimento de energia elétrica	8	7,6	8,5	7,6	7	7,7	8,1
I. SATISFAÇÃO COM O BAIRRO	5,7	4,9	5,9	5,1	4,6	4,8	5,6
II. PARTICIPAÇÃO COMUNITÁRIA	49	37	40	37	40	32	37
III. *FIDELIDADE AO BAIRRO	136	132,5	149,5	135	130,5	135	131
IV. RISCO DE VIOLÊNCIA	20	21	22	25	30	22	21
V. PERCEPÇÃO DE SEGURANÇA	21	22	20	15	22	17	23

* Índice de 0 a 200 (0 = extremo negativo e 200 = extremo positivo)

	Grajaú	Jardim Ângela	Jardim São Luis	Marsilac	Parelheiros	Pedreira	Santo Amaro	Socorro	Vila Andrade
a)	7,2	7,7	6,4	8,4	7,5	6,6	8,4	7,9	7,2
b)	7,6	7,8	8,1	2,3	5,4	8,3	8,9	8,9	8,4
c)	5,5	5,5	5,7	1,4	3,7	5,4	8,4	8	5,4
d)	6,4	6,2	6,5	5,6	6,6	6,6	8,6	8	6,6
e)	5	5,1	5,2	3,4	4,4	4,9	6,5	6,7	6,1
f)	5	5	5,3	3,2	3,6	5,1	6,5	6,6	6,6
g)	5,7	5,9	6,4	6	5,1	6	6,7	7,3	6,7
h)	3,3	3,6	5,6	1,4	2,7	5,5	8	6,9	5,5
i)	3,9	4,8	5,1	3,9	3,5	5,4	5,4	4,5	4,7
j)	4,3	4,9	3,9	7,4	7	5,4	4,8	5,4	3,2
k)	4,2	4,3	5,2	5	4,7	6,6	6,6	5,7	6,5
l)	2,4	2,3	3,6	2,6	2,2	3,2	5,7	4,5	4,1
m)	2,3	2,2	3,5	2,1	2,2	3,1	5	4,3	4,2
n)	5,8	5,6	5,9	5,4	5,8	5,7	6,3	6	5,6
o)	2,1	2,5	3,5	2,3	2,5	3,5	5	3,8	3,6
p)	2	2,6	3	1,8	2,4	2,9	4,2	3,4	3,8
q)	1,5	2,4	3,2	1,1	2	2,5	4	3,2	2,6
r)	1	1,9	2	1	1,6	1,9	3,3	3,1	1,8
s)	3,4	4,3	4,4	3,3	4	4,4	5,9	6	4,8
t)	7,6	7,4	7,2	7,4	7,9	8	8,3	8,2	7,6
u)	4,8	5,1	4,6	9,3	7,6	5	5,4	5,6	4,2
v)	4,3	4,8	4,9	8,8	7,3	5,1	6,6	6,1	4,5
w)	3,2	3,5	3,4	5,8	4,3	3,6	4,9	5,1	3,7
x)	2,5	4	4,2	1,5	1,8	4	4,2	3,7	3,8
y)	1,5	2,2	4,4	0,8	1,2	3,5	5,9	4,2	4,3
z)	3,7	4,8	4,5	8,5	6,6	4,6	6,2	6,1	4
aa)	7,2	7,7	7,2	7,7	7,6	7,7	8,4	8,2	7,5
I.	4,2	4,6	4,9	4,3	4,5	5,0	6,2	5,8	5,1
II.	40	37	31	46	44	39	32	47	41
III.	123	117,5	136,5	136,5	130	128,5	158,5	148	147,5
IV.	20	19	17	18	13	18	17	20	17
V.	24	18	28	53	27	27	18	17	28

CAMPO GRANDE

PERFIL (Resposta em %)

		CAMPO GRANDE	EXTREMO SUL	SÃO PAULO
SEXO	Masculino	45	48	48
	Feminino	55	52	52
IDADE	16 a 24 anos	23	27	24
	25 a 34 anos	21	27	24
	35 a 44 anos	22	20	20
	45 a 59 anos	21	18	20
	60 anos ou mais	13	8	11
MÉDIA DE IDADE		39,6	35,8	38
ESCOLARIDADE	Fundamental	37	47	40
	Médio	46	45	44
	Superior	18	9	16

PERFIL (Resposta em %)

		CAMPO GRANDE	EXTREMO SUL	SÃO PAULO
RENDA FAMILIAR MENSAL	Até 5 S.M.	59	80	69
	Mais de 5 a 10 S.M.	13	11	15
	Mais de 10 a 20 S.M.	9	4	7
	Mais de 20 a 50 S.M.	3	1	3
	Mais de 50 S.M.	1	0	0
	Não sabe/ recusa	15	6	7
CLASSIFICAÇÃO ECONÔMICA	A	8	2	5
	B	39	25	33
	C	46	61	53
	D	7	10	8
	E	0	1	1
	Não sabe/ recusa	0	1	0
OCUPAÇÃO PRINCIPAL	PEA	64	72	72
	NÃO PEA	36	27	28
ESTADO CONJUGAL	Solteiro(a)	36	41	40
	Casado(a)	47	47	46
	Separado(a)/ desquitado(a)/ divorciado(a)	9	7	8
	Viúvo(a)	8	4	6
RELIGIÃO	Católica	59	60	56
	Evangélica pentecostal	11	18	19
	Evangélica não pentecostal	4	4	5
	Espírita kardecista, espiritualista	9	3	5
	Outra religião	7	3	4
	Não tem religião nenhuma	8	10	10
	É ateu/ não acredita em Deus	1	0	1

PERFIL (Resposta em %)

	CAMPO GRANDE	EXTREMO SUL	SÃO PAULO
Mora em casa	72	91	77
Tempo médio para chegar ao trabalho (em min.)	27,9	44,6	37,4
IMC - Média	24,8	24,7	24,8
Tem animal de estimação	58	55	54
TV por assinatura	54	18	28
Telefone fixo	76	64	70
Vai ao cinema pelo menos uma vez por semana	6	3	4
Vai ao shopping pelo menos uma vez por semana	48	20	23
Viaja pelo menos uma vez por mês	10	7	10
Vai à academia pelo menos uma vez ou mais por semana	15	9	12
Costuma acessar a internet	53	46	51

Ao contrário do que se poderia supor, o distrito com maior percentual de moradores que foram assaltados, roubados ou agredidos nos últimos 12 meses está em uma das regiões mais carentes da cidade. Em Campo Grande, no extremo sul, 15% dizem ter sido vítimas desse tipo de violência, enquanto a média paulistana é de 8,3%.

De outro modo, entre os distritos da região, Campo Grande registra uma avaliação acima da média em todos os quesitos avaliados. O resultado disso é que, depois de Santo Amaro, é dele o maior índice de satisfação do extremo sul, de 5,9, superior às médias regional, de 4,9, e municipal, de 5,7.

O distrito também registra a maior nota da cidade para o serviço de coleta de lixo. Ainda assim, ficou abaixo da média paulistana na avaliação de itens como quantidade de escolas públicas, opções de transporte coletivo, oferta de áreas de lazer e para a prática de esportes, iluminação pública, atividades de cultura, ações para jovens e idosos, acessibilidade e qualidade do ar.

Para 58% de seus moradores, Campo Grande é muito melhor do que os demais distritos da região, número que cai quando o local é comparado aos demais distritos da cidade: 35% dizem o mesmo em relação ao restante do município.

Com a maior parcela de moradores pertencentes à classe C, Campo Grande tem um percentual de classe B representativo, 39%. Além disso, 8% integram a classe A. Quanto à renda, o predomínio é dos que ganham até dois salários mínimos. O grupo dos que concluíram o ensino médio é maior que o dos que concluíram apenas o fundamental, ao contrário do que acontece na média da região. Ainda tendo a média regional como parâmetro, o percentual dos que têm ensino superior completo é o dobro no distrito. Pessoas de cor branca são maioria, enquanto, na média do extremo sul, o predomínio é da cor parda.

CAMPO LIMPO

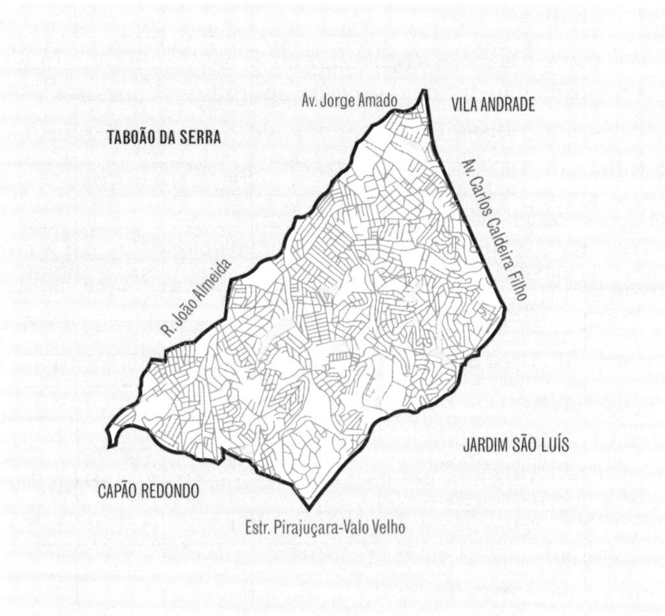

PERFIL (Resposta em %)

		CAMPO LIMPO	EXTREMO SUL	SÃO PAULO
SEXO	Masculino	51	48	48
	Feminino	49	52	52
IDADE	16 a 24 anos	28	27	24
	25 a 34 anos	26	27	24
	35 a 44 anos	22	20	20
	45 a 59 anos	17	18	20
	60 anos ou mais	7	8	11
MÉDIA DE IDADE		35,1	35,8	38
ESCOLARIDADE	Fundamental	47	47	40
	Médio	44	45	44
	Superior	8	9	16

PERFIL (Resposta em %)

		CAMPO LIMPO	EXTREMO SUL	SÃO PAULO
RENDA FAMILIAR MENSAL	Até 5 S.M.	83	80	69
	Mais de 5 a 10 S.M.	9	11	15
	Mais de 10 a 20 S.M.	2	4	7
	Mais de 20 a 50 S.M.	1	1	3
	Mais de 50 S.M.		0	0
	Não sabe/ recusa	5	6	7
CLASSIFICAÇÃO ECONÔMICA	A	2	2	5
	B	30	25	33
	C	56	61	53
	D	12	10	8
	E	0	1	1
	Não sabe/ recusa		1	0
OCUPAÇÃO PRINCIPAL	PEA	69	72	72
	NÃO PEA	31	27	28
ESTADO CONJUGAL	Solteiro(a)	42	41	40
	Casado(a)	49	47	46
	Separado(a)/ desquitado(a)/ divorciado(a)	4	7	8
	Viúvo(a)	5	4	6
RELIGIÃO	Católica	60	60	56
	Evangélica pentecostal	17	18	19
	Evangélica não pentecostal	6	4	5
	Espírita kardecista, espiritualista	4	3	5
	Outra religião	5	3	4
	Não tem religião nenhuma	8	10	10
	É ateu/ não acredita em Deus	1	0	1

PERFIL (Resposta em %)

	CAMPO LIMPO	EXTREMO SUL	SÃO PAULO
Mora em casa	84	91	77
Tempo médio para chegar ao trabalho (em min.)	41,2	44,6	37,4
IMC - Média	24,8	24,7	24,8
Tem animal de estimação	53	55	54
TV por assinatura	24	18	28
Telefone fixo	61	64	70
Vai ao cinema pelo menos uma vez por semana	5	3	4
Vai ao shopping pelo menos uma vez por semana	21	20	23
Viaja pelo menos uma vez por mês	6	7	10
Vai à academia pelo menos uma vez ou mais por semana	6	9	12
Costuma acessar a internet	46	46	51

Campo Limpo, local onde se mesclam condomínios fechados de alto padrão e residências para a população de baixa renda, é o distrito com maior percentual de moradores que consideram a falta de segurança o principal problema de onde vivem. Para 12%, é esta a principal queixa, percentual que na média da cidade é de 5,6%.

Os índices de pessoas que se sentem muito inseguras ao caminhar pelo distrito depois que escurece, que evitam certas ruas por motivo de segurança, que foram roubadas ou que tiveram parente ou amigo assassinado nos últimos 12 meses superam a média regional. No entanto, em relação aos serviços públicos e à infraestrutura existente, Campo Limpo se sai melhor do que boa parte dos distritos do extremo sul. Fica com nota vermelha, porém, na avaliação de não-ocorrência de enchentes, já que sofre com os frequentes transbordamentos do córrego Pirajuçara. A sujeira de ruas e calçadas é a segunda reclamação mais comum entre os moradores, atrás apenas da falta de segurança.

Com uma estação de metrô inaugurada em 2002, pertencente à linha Lilás, Campo Limpo tem um baixo percentual de moradores que usam o trem subterrâneo para chegar ao trabalho, apenas 2%. A maioria usa ônibus ou lotação, e o grupo dos que preferem ir a pé é o segundo mais numeroso. O tempo gasto nesse deslocamento está entre os menores do extremo sul, 27,9 minutos – a média regional é de 44,6 minutos.

O comércio é a principal qualidade local, na opinião dos moradores, que também elogiam o relacionamento com os vizinhos e a presença de escolas que, para 8%, é o que o distrito tem de melhor. Quase um em cada cinco habitantes está à procura de emprego e mais de um em cada dez vive de fazer "bicos".

Sertanejo é o gênero musical mais apreciado, seguido pelo forró. Gospel e MPB aparecem, respectivamente, em terceiro e quarto lugares.

CAPÃO REDONDO

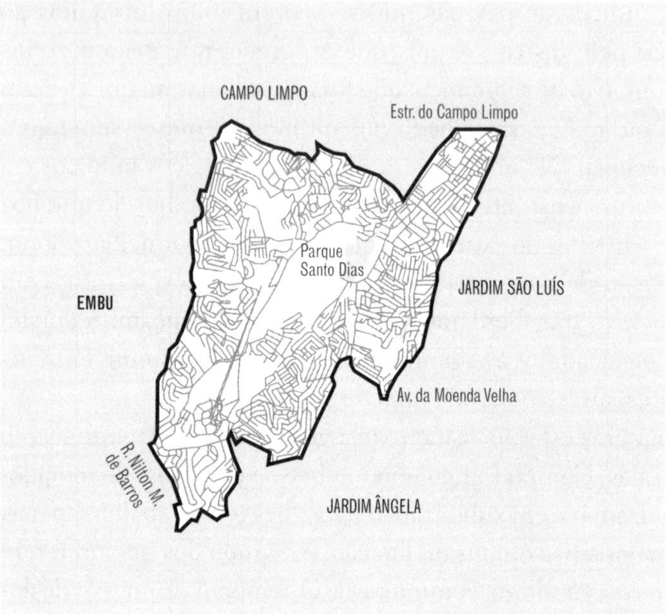

PERFIL (Resposta em %)

		CAPÃO REDONDO	EXTREMO SUL	SÃO PAULO
SEXO	Masculino	47	48	48
	Feminino	53	52	52
IDADE	16 a 24 anos	28	27	24
	25 a 34 anos	27	27	24
	35 a 44 anos	20	20	20
	45 a 59 anos	18	18	20
	60 anos ou mais	7	8	11
MÉDIA DE IDADE		35,3	35,8	38
ESCOLARIDADE	Fundamental	49	47	40
	Médio	42	45	44
	Superior	9	9	16

PERFIL (Resposta em %)

		CAPÃO REDONDO	EXTREMO SUL	SÃO PAULO
RENDA FAMILIAR MENSAL	Até 5 S.M.	76	80	69
	Mais de 5 a 10 S.M.	15	11	15
	Mais de 10 a 20 S.M.	4	4	7
	Mais de 20 a 50 S.M.		1	3
	Mais de 50 S.M.		0	0
	Não sabe/ recusa	5	6	7
CLASSIFICAÇÃO ECONÔMICA	A	1	2	5
	B	21	25	33
	C	67	61	53
	D	9	10	8
	E	0	1	1
	Não sabe/ recusa	1	1	0
OCUPAÇÃO PRINCIPAL	PEA	71	72	72
	NÃO PEA	29	27	28
ESTADO CONJUGAL	Solteiro(a)	47	41	40
	Casado(a)	42	47	46
	Separado(a)/ desquitado(a)/ divorciado(a)	7	7	8
	Viúvo(a)	4	4	6
RELIGIÃO	Católica	64	60	56
	Evangélica pentecostal	14	18	19
	Evangélica não pentecostal	3	4	5
	Espírita kardecista, espiritualista	3	3	5
	Outra religião	6	3	4
	Não tem religião nenhuma	10	10	10
	É ateu/ não acredita em Deus	0	0	1

PERFIL (Resposta em %)

	CAPÃO REDONDO	EXTREMO SUL	SÃO PAULO
Mora em casa	89	91	77
Tempo médio para chegar ao trabalho (em min.)	43,1	44,6	37,4
IMC - Média	24,5	24,7	24,8
Tem animal de estimação	53	55	54
TV por assinatura	14	18	28
Telefone fixo	62	64	70
Vai ao cinema pelo menos uma vez por semana	3	3	4
Vai ao shopping pelo menos uma vez por semana	17	20	23
Viaja pelo menos uma vez por mês	7	7	10
Vai à academia pelo menos uma vez ou mais por semana	7	9	12
Costuma acessar a internet	46	46	51

Capão Redondo é marcado pela violência: 15% dos moradores tiveram algum amigo ou familiar morto no distrito nos últimos 12 meses. O local registra ainda a pior avaliação de segurança da cidade, com nota 3, e um alto índice de violência, com base não na percepção, mas no risco real a que os moradores estão sujeitos. Com esse panorama, fica difícil explicar que a segurança tenha sido eleita pelos habitantes como a principal qualidade do local onde vivem.

De acordo com especialistas, a convivência com situações de violência pode levar ao aumento da tolerância a esses casos e a uma diminuição do temor de que eles ocorram. A pesquisa revela que em São Paulo, de modo geral, os locais onde o medo de violência é maior são onde ela menos acontece de fato. A sensação de insegurança e o risco real muitas vezes não coincidem. No Capão Redondo, por exemplo, 55% dos moradores se sentem muito ou mais ou menos seguros ao caminharem depois que anoitece.

A violência também não chega a influenciar a avaliação sobre como está a vida em comparação a como estava há cinco anos – para 68%, a vida está melhor agora. A maioria dos moradores entrevistados tem entre 16 e 34 anos e quase metade deles cursou apenas o ensino fundamental. Há mais solteiros que casados e mais divorciados que viúvos, e a população é predominantemente parda. Quando o assunto é futebol, São Paulo e Corinthians empatam com o mesmo percentual de torcedores, e o Palmeiras registra sua menor torcida no extremo sul – o mesmo índice de palmeirenses é registrado no distrito de Pedreira.

Apesar de quase metade dos moradores do Capão Redondo ter uma relação entre peso e altura considerada normal, 5% estão abaixo do peso e 12% são obesos, acompanhando as médias registradas no extremo sul de 4% e 13%, respectivamente. Acessar a internet não é costume da maioria, embora, entre os que têm o hábito, 20% o façam todos os dias.

CIDADE ADEMAR

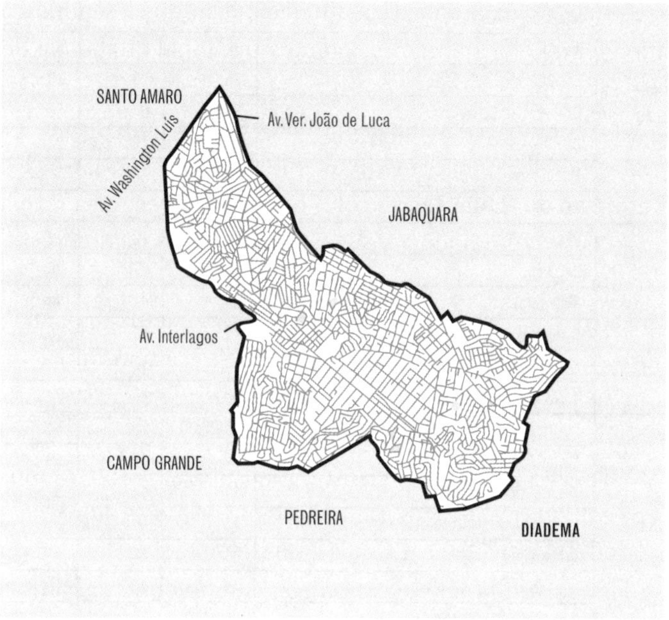

PERFIL (Resposta em %)

		CIDADE ADEMAR	EXTREMO SUL	SÃO PAULO
SEXO	Masculino	47	48	48
	Feminino	53	52	52
IDADE	16 a 24 anos	27	27	24
	25 a 34 anos	27	27	24
	35 a 44 anos	18	20	20
	45 a 59 anos	19	18	20
	60 anos ou mais	9	8	11
MÉDIA DE IDADE		36,3	35,8	38
ESCOLARIDADE	Fundamental	51	47	40
	Médio	44	45	44
	Superior	5	9	16

PERFIL (Resposta em %)

		CIDADE ADEMAR	EXTREMO SUL	SÃO PAULO
RENDA FAMILIAR MENSAL	Até 5 S.M.	79	80	69
	Mais de 5 a 10 S.M.	11	11	15
	Mais de 10 a 20 S.M.	3	4	7
	Mais de 20 a 50 S.M.	1	1	3
	Mais de 50 S.M.	0	0	0
	Não sabe/ recusa	5	6	7
CLASSIFICAÇÃO ECONÔMICA	A	3	2	5
	B	25	25	33
	C	63	61	53
	D	9	10	8
	E	1	1	1
	Não sabe/ recusa		1	0
OCUPAÇÃO PRINCIPAL	PEA	74	72	72
	NÃO PEA	26	27	28
ESTADO CONJUGAL	Solteiro(a)	44	41	40
	Casado(a)	42	47	46
	Separado(a)/ desquitado(a)/ divorciado(a)	7	7	8
	Viúvo(a)	6	4	6
RELIGIÃO	Católica	56	60	56
	Evangélica pentecostal	20	18	19
	Evangélica não pentecostal	4	4	5
	Espírita kardecista, espiritualista	4	3	5
	Outra religião	4	3	4
	Não tem religião nenhuma	12	10	10
	É ateu/ não acredita em Deus		0	1

PERFIL (Resposta em %)

	CIDADE ADEMAR	EXTREMO SUL	SÃO PAULO
Mora em casa	96	91	77
Tempo médio para chegar ao trabalho (em min.)	33,8	44,6	37,4
IMC - Média	24,4	24,7	24,8
Tem animal de estimação	57	55	54
TV por assinatura	14	18	28
Telefone fixo	62	64	70
Vai ao cinema pelo menos uma vez por semana	4	3	4
Vai ao shopping pelo menos uma vez por semana	22	20	23
Viaja pelo menos uma vez por mês	8	7	10
Vai à academia pelo menos uma vez ou mais por semana	8	9	12
Costuma acessar a internet	44	46	51

Localizado entre duas áreas verdes, o entorno da represa de Guarapiranga e o Parque do Estado, Cidade Ademar é, ainda assim, um local bastante árido. O distrito registra a pior nota para a qualidade do ar do extremo sul, 3,9, e também vai mal na avaliação do serviço de conservação de áreas verdes, escassas no local. Metade da população não frequenta parques ou jardins e 83% não participam de jogos ou competições esportivas.

No distrito, o percentual dos que estão à procura de emprego supera o de assalariados registrados, e a maior parcela das famílias tem renda mensal de até dois salários mínimos. A maioria pertence à classe C e a classe B corresponde a um quarto da população. Pretos e pardos somam 59%, resultado semelhante à média da região.

Problemas relacionados à falta de infraestrutura são os que mais incomodam os moradores. A principal queixa é sobre o calçamento deteriorado, seguida pela falta de limpeza das ruas e calçadas e pelas enchentes causadas pelo transbordamento de córregos não canalizados. O comércio é, na opinião dos habitantes, a principal qualidade local, embora 23% afirmem que Cidade Ademar não tenha qualidade alguma.

Empatado com Jardim São Luís, o local registra o maior percentual do extremo sul de moradores que nunca viveram em outro distrito e 76% dizem que pretendem se manter onde estão.

Nos últimos 12 meses, o índice dos que tiveram a casa invadida para que fosse roubada é maior que o índice dos que foram assaltados no distrito. Cidade Ademar registra ainda uma das mais elevadas taxas do extremo sul de moradores que não têm nenhum interesse por política e que não participam de nenhum movimento ou organização social.

De acordo com o cálculo de IMC (índice de massa corporal), que relaciona peso e altura, quase um terço da população está com sobrepeso.

CIDADE DUTRA

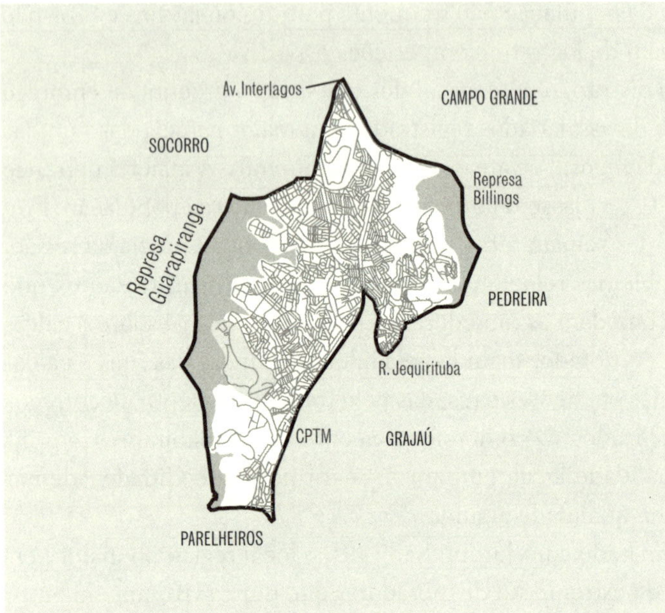

PERFIL (Resposta em %)

		CIDADE DUTRA	EXTREMO SUL	SÃO PAULO
SEXO	Masculino	48	48	48
	Feminino	52	52	52
IDADE	16 a 24 anos	26	27	24
	25 a 34 anos	25	27	24
	35 a 44 anos	19	20	20
	45 a 59 anos	22	18	20
	60 anos ou mais	8	8	11
MÉDIA DE IDADE		36,8	35,8	38
ESCOLARIDADE	Fundamental	43	47	40
	Médio	47	45	44
	Superior	10	9	16

PERFIL (Resposta em %)

		CIDADE DUTRA	EXTREMO SUL	SÃO PAULO
RENDA FAMILIAR MENSAL	Até 5 S.M.	80	80	69
	Mais de 5 a 10 S.M.	12	11	15
	Mais de 10 a 20 S.M.	6	4	7
	Mais de 20 a 50 S.M.	1	1	3
	Mais de 50 S.M.		0	0
	Não sabe/ recusa	3	6	7
CLASSIFICAÇÃO ECONÔMICA	A	3	2	5
	B	34	25	33
	C	52	61	53
	D	10	10	8
	E	1	1	1
	Não sabe/ recusa	1	1	0
OCUPAÇÃO PRINCIPAL	PEA	70	72	72
	NÃO PEA	30	27	28
ESTADO CONJUGAL	Solteiro(a)	40	41	40
	Casado(a)	45	47	46
	Separado(a)/ desquitado(a)/ divorciado(a)	10	7	8
	Viúvo(a)	4	4	6
RELIGIÃO	Católica	55	60	56
	Evangélica pentecostal	23	18	19
	Evangélica não pentecostal	6	4	5
	Espírita kardecista, espiritualista	3	3	5
	Outra religião	3	3	4
	Não tem religião nenhuma	9	10	10
	É ateu/ não acredita em Deus		0	1

PERFIL (Resposta em %)

	CIDADE DUTRA	EXTREMO SUL	SÃO PAULO
Mora em casa	88	91	77
Tempo médio para chegar ao trabalho (em min.)	39,5	44,6	37,4
IMC - Média	24,5	24,7	24,8
Tem animal de estimação	60	55	54
TV por assinatura	20	18	28
Telefone fixo	72	64	70
Vai ao cinema pelo menos uma vez por semana	3	3	4
Vai ao shopping pelo menos uma vez por semana	20	20	23
Viaja pelo menos uma vez por mês	9	7	10
Vai à academia pelo menos uma vez ou mais por semana	10	9	12
Costuma acessar a internet	49	46	51

O nome do distrito, uma homenagem ao ex-presidente Eurico Gaspar Dutra, que governou o país entre 1946 e 1951, revela o quanto o local é novo se comparado à cidade como um todo. Enquanto o município de São Paulo completa 455 anos, o distrito de Cidade Dutra tem apenas cerca de 60 anos de existência. Essa ocupação recente se reflete na pouca idade de sua população, que, como a maior parte dos distritos do extremo sul, tem mais da metade de seus habitantes na faixa etária entre 16 e 34 anos.

Brancos compõem a parcela mais numerosa de um distrito onde apenas um em cada dez moradores concluiu o ensino superior e 58% ganham até três salários mínimos. Os casados compõem o maior grupo e o percentual de divorciados é, empatado com Pedreira, o maior da região, equivalente a um a cada dez moradores.

A sujeira e o entulho nas ruas e calçadas são o principal motivo de reclamação de quem reside no local. O excesso de trânsito, causado principalmente pela falta de sinalização, e as falhas na rede elétrica empatam em segundo lugar. Cidade Dutra registra o maior percentual do extremo sul de moradores que afirmam que o melhor do local onde vivem são as áreas de lazer e cultura. As notas dadas para atividades culturais e oferta de lazer e voltadas à prática de esportes superam a média regional. De modo geral, o distrito se sobressai de forma positiva na avaliação de serviços públicos e infraestrutura locais.

A maior parcela dos moradores leva entre 30 minutos e uma hora para chegar ao trabalho, deslocamento que na maioria das vezes é feito de ônibus. O percentual de moradores que tem computador em casa, 44%, é alto para os padrões da região; mais da metade da população, porém, não tem o costume de acessar a internet.

Gospel e sertanejo empatam na preferência musical – evangélicos representam 29% dos habitantes do distrito, índice superior à média regional.

GRAJAÚ

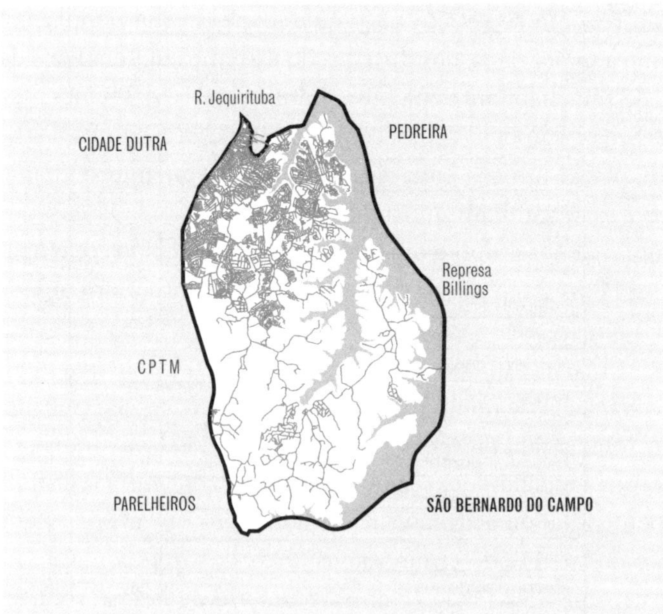

PERFIL (Resposta em %)

		GRAJAÚ	EXTREMO SUL	SÃO PAULO
SEXO	Masculino	49	48	48
	Feminino	51	52	52
IDADE	16 a 24 anos	28	27	24
	25 a 34 anos	29	27	24
	35 a 44 anos	22	20	20
	45 a 59 anos	16	18	20
	60 anos ou mais	5	8	11
MÉDIA DE IDADE		34,3	35,8	38
ESCOLARIDADE	Fundamental	48	47	40
	Médio	46	45	44
	Superior	6	9	16

PERFIL (Resposta em %)

		GRAJAÚ	EXTREMO SUL	SÃO PAULO
RENDA FAMILIAR MENSAL	Até 5 S.M.	86	80	69
	Mais de 5 a 10 S.M.	9	11	15
	Mais de 10 a 20 S.M.	1	4	7
	Mais de 20 a 50 S.M.	1	1	3
	Mais de 50 S.M.		0	0
	Não sabe/ recusa	4	6	7
CLASSIFICAÇÃO ECONÔMICA	A	1	2	5
	B	21	25	33
	C	65	61	53
	D	11	10	8
	E	0	1	1
	Não sabe/ recusa	1	1	0
OCUPAÇÃO PRINCIPAL	PEA	80	72	72
	NÃO PEA	20	27	28
ESTADO CONJUGAL	Solteiro(a)	35	41	40
	Casado(a)	56	47	46
	Separado(a)/ desquitado(a)/ divorciado(a)	6	7	8
	Viúvo(a)	3	4	6
RELIGIÃO	Católica	60	60	56
	Evangélica pentecostal	18	18	19
	Evangélica não pentecostal	7	4	5
	Espírita kardecista, espiritualista	2	3	5
	Outra religião	4	3	4
	Não tem religião nenhuma	9	10	10
	É ateu/ não acredita em Deus		0	1

PERFIL (Resposta em %)

	GRAJAÚ	EXTREMO SUL	SÃO PAULO
Mora em casa	97	91	77
Tempo médio para chegar ao trabalho (em min.)	61,9	44,6	37,4
IMC - Média	25,2	24,7	24,8
Tem animal de estimação	54	55	54
TV por assinatura	9	18	28
Telefone fixo	62	64	70
Vai ao cinema pelo menos uma vez por semana	2	3	4
Vai ao shopping pelo menos uma vez por semana	12	20	23
Viaja pelo menos uma vez por mês	7	7	10
Vai à academia pelo menos uma vez ou mais por semana	8	9	12
Costuma acessar a internet	44	46	51

De cada cem paulistanos, quatro moram no Grajaú, um dos distritos mais populosos da capital, com 412 mil habitantes. O local é também o que registra o maior tempo para se chegar ao trabalho. Em média, cada morador do Grajaú gasta 61,9 minutos em seu percurso diário, o que significa que muitos demoram ainda mais – quase um terço deles leva mais de uma hora.

A má avaliação do transporte público pode dar uma pista sobre as causas de tamanha demora. A nota dada pelos moradores para esse quesito, 4,2, é a mais baixa de toda a cidade. A proximidade da represa de Guarapiranga faz com que parte deles precise utilizar balsa para concluir o percurso, feito tanto caminhando como a bordo de coletivos. Quase metade das pessoas se locomove de ônibus, enquanto um pouco mais de uma em cada cinco delas optem por ir a pé. Os que usam lotação representam 12% e apenas metade desse percentual utiliza carro em seus percursos – mesma parcela de usuários de trem e metrô somados.

A predominância do transporte viário, no entanto, não garante que as ruas sejam compatíveis com esse fluxo. Buracos nas ruas e nas calçadas são apontados como o principal problema do local e mais da metade dessas queixas são motivadas pela falta de pavimentação das vias. A nota para a acessibilidade é, empatada com Marsilac, a mais baixa da cidade: 1. Não bastasse, a segunda principal reclamação dos moradores também diz respeito às más condições de circulação: a falta de sinalização e de semáforos nas ruas.

Entre os distritos do extremo sul, o Grajaú tem os menores percentuais de pessoas que sempre viveram no distrito, 34%, e de moradores que consideram o local onde vivem muito melhor que os demais da cidade, apenas 7%. O distrito tem a maior concentração de pardos da cidade, o equivalente a quase metade de sua população. Alto também é o índice de crimes contra a vida: mais de um em cada dez moradores teve amigo ou parente assassinado nos últimos 12 meses.

JARDIM ÂNGELA

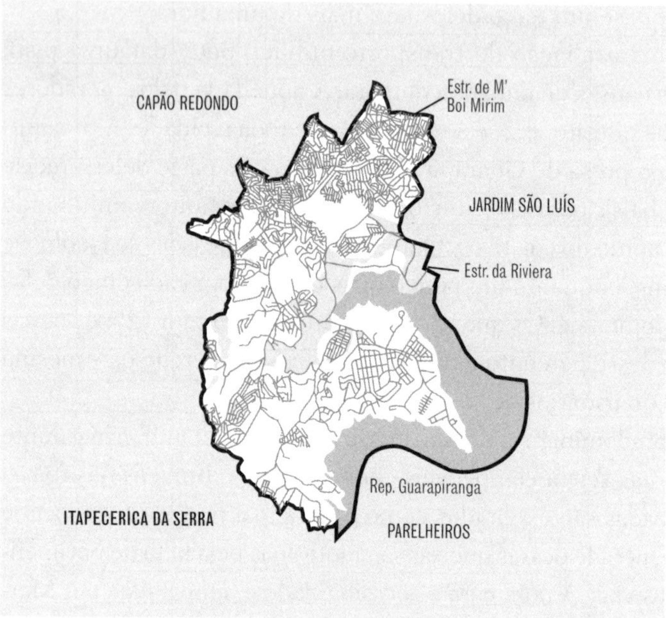

PERFIL (Resposta em %)

		JD. ÂNGELA	EXTREMO SUL	SÃO PAULO
SEXO	Masculino	50	48	48
	Feminino	50	52	52
IDADE	16 a 24 anos	27	27	24
	25 a 34 anos	29	27	24
	35 a 44 anos	20	20	20
	45 a 59 anos	16	18	20
	60 anos ou mais	7	8	11
MÉDIA DE IDADE		35	35,8	38
ESCOLARIDADE	Fundamental	53	47	40
	Médio	41	45	44
	Superior	7	9	16

PERFIL (Resposta em %)

		JD. ÂNGELA	EXTREMO SUL	SÃO PAULO
RENDA FAMILIAR MENSAL	Até 5 S.M.	84	80	69
	Mais de 5 a 10 S.M.	8	11	15
	Mais de 10 a 20 S.M.	2	4	7
	Mais de 20 a 50 S.M.	0	1	3
	Mais de 50 S.M.		0	0
	Não sabe/ recusa	5	6	7
CLASSIFICAÇÃO ECONÔMICA	A	0	2	5
	B	17	25	33
	C	67	61	53
	D	14	10	8
	E	0	1	1
	Não sabe/ recusa	1	1	0
OCUPAÇÃO PRINCIPAL	PEA	77	72	72
	NÃO PEA	23	27	28
ESTADO CONJUGAL	Solteiro(a)	42	41	40
	Casado(a)	46	47	46
	Separado(a)/ desquitado(a)/ divorciado(a)	7	7	8
	Viúvo(a)	5	4	6
RELIGIÃO	Católica	58	60	56
	Evangélica pentecostal	22	18	19
	Evangélica não pentecostal	2	4	5
	Espírita kardecista, espiritualista	2	3	5
	Outra religião	2	3	4
	Não tem religião nenhuma	12	10	10
	É ateu/ não acredita em Deus	1	0	1

PERFIL (Resposta em %)

	JD. ÂNGELA	EXTREMO SUL	SÃO PAULO
Mora em casa	99	91	77
Tempo médio para chegar ao trabalho (em min.)	51,3	44,6	37,4
IMC - Média	24,7	24,7	24,8
Tem animal de estimação	55	55	54
TV por assinatura	4	18	28
Telefone fixo	53	64	70
Vai ao cinema pelo menos uma vez por semana	2	3	4
Vai ao shopping pelo menos uma vez por semana	15	20	23
Viaja pelo menos uma vez por mês	6	7	10
Vai à academia pelo menos uma vez ou mais por semana	9	9	12
Costuma acessar a internet	46	46	51

Se a maioria dos paulistanos não frequenta locais de lazer e cultura como cinemas, teatros e shows, no Jardim Ângela esses percentuais são ainda mais baixos: 57% não vão ao cinema, 86% não vão ao teatro e 71% não vão a shows. Nem mesmo visitar shoppings é um programa comum: 45% dos moradores não costumam ir a centros de compras.

A baixa renda é um dos motivos para a frequência rareada, já que 68% das famílias têm renda mensal de até três salários mínimos – parcela quase equivalente a dos que pertencem à classe C, e 14% integram a classe D. A escolaridade do distrito também é baixa e representa um dos maiores percentuais da cidade de pessoas que concluíram apenas o ensino fundamental, mais da metade dos moradores. O número de assalariados registrados é o mesmo de desempregados, 22%.

Quanto à avaliação de serviços e infraestrutura, o desempenho do distrito é inferior às médias regionais em diversos quesitos, como fornecimento de água, rede de esgoto, condição das moradias, asfaltamento, quantidade de escolas públicas e particulares, iluminação pública e, principalmente, opções de transporte coletivo.

No Jardim Ângela, os prédios são mais que escassos: 99% da população vive em casas. Com predomínio de pessoas de cor parda, o distrito registra a menor presença de brancos do extremo sul. É também reduto da torcida santista, com 9% de torcedores do time, mesmo percentual registrado no Jardim São Luís, com o qual empata com a maior concentração de fãs do clube da cidade. Corintianos e são-paulinos têm quase o mesmo índice, de 26% e 25%, respectivamente; já os palmeirenses representam 13%.

Chama a atenção a quantidade de moradores que declararam ter muito interesse em política, uma das maiores taxas da região. O Jardim Ângela também se destaca pelo alto percentual de fãs de forró, embora a maior parcela prefira música sertaneja.

JARDIM SÃO LUÍS

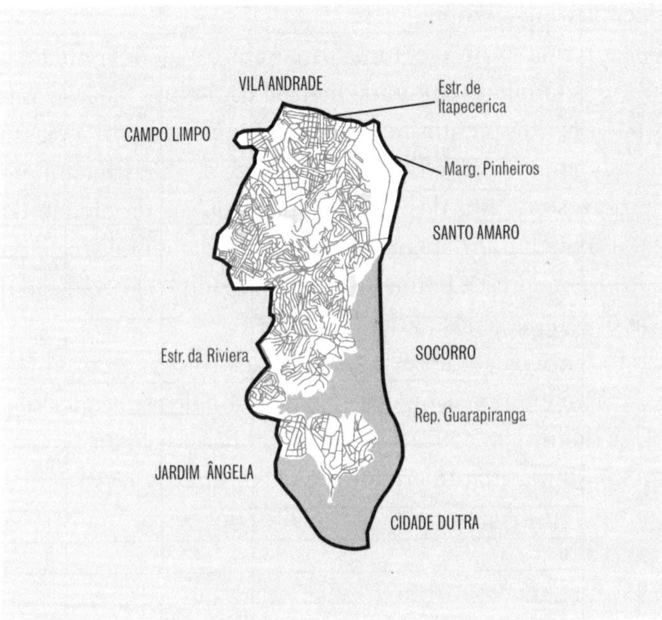

PERFIL (Resposta em %)

		JD. SÃO LUÍS	EXTREMO SUL	SÃO PAULO
SEXO	Masculino	46	48	48
	Feminino	54	52	52
IDADE	16 a 24 anos	29	27	24
	25 a 34 anos	27	27	24
	35 a 44 anos	19	20	20
	45 a 59 anos	17	18	20
	60 anos ou mais	9	8	11
MÉDIA DE IDADE		35,4	35,8	38
ESCOLARIDADE	Fundamental	44	47	40
	Médio	48	45	44
	Superior	8	9	16

PERFIL (Resposta em %)

		JD. SÃO LUÍS	EXTREMO SUL	SÃO PAULO
RENDA FAMILIAR MENSAL	Até 5 S.M.	84	80	69
	Mais de 5 a 10 S.M.	5	11	15
	Mais de 10 a 20 S.M.	2	4	7
	Mais de 20 a 50 S.M.	0	1	3
	Mais de 50 S.M.		0	0
	Não sabe/ recusa	9	6	7
CLASSIFICAÇÃO ECONÔMICA	A	1	2	5
	B	25	25	33
	C	64	61	53
	D	9	10	8
	E	1	1	1
	Não sabe/ recusa	0	1	0
OCUPAÇÃO PRINCIPAL	PEA	65	72	72
	NÃO PEA	34	27	28
ESTADO CONJUGAL	Solteiro(a)	45	41	40
	Casado(a)	45	47	46
	Separado(a)/ desquitado(a)/ divorciado(a)	6	7	8
	Viúvo(a)	3	4	6
RELIGIÃO	Católica	66	60	56
	Evangélica pentecostal	17	18	19
	Evangélica não pentecostal	4	4	5
	Espírita kardecista, espiritualista	1	3	5
	Outra religião	1	3	4
	Não tem religião nenhuma	12	10	10
	É ateu/ não acredita em Deus		0	1

PERFIL (Resposta em %)

	JD. SÃO LUÍS	EXTREMO SUL	SÃO PAULO
Mora em casa	97	91	77
Tempo médio para chegar ao trabalho (em min.)	39,8	44,6	37,4
IMC - Média	24,5	24,7	24,8
Tem animal de estimação	56	55	54
TV por assinatura	21	18	28
Telefone fixo	60	64	70
Vai ao cinema pelo menos uma vez por semana	4	3	4
Vai ao shopping pelo menos uma vez por semana	21	20	23
Viaja pelo menos uma vez por mês	5	7	10
Vai à academia pelo menos uma vez ou mais por semana	6	9	12
Costuma acessar a internet	44	46	51

Jardim São Luís, um distrito do "distante" extremo sul de São Paulo, já foi um bairro vizinho do centro. No caso, vizinho do centro do município de Santo Amaro, extinto em 1935 por determinação do governo do Estado e incorporado à cidade de São Paulo.

A religião está fortemente ligada à história do distrito. Uma capela em homenagem a Nossa Senhora da Penha ficava bem na entrada do distrito e era a última parada de tropeiros que vinham de Itapecerica da Serra para Santo Amaro antes da travessia do limpo rio Pinheiros.

Hoje, 66% se declaram católicos, dez pontos percentuais acima da média da cidade. Há, ainda, 17% de evangélicos pentecostais e 4% de não pentecostais. Porém 43% dos moradores dizem que não são praticantes de suas religiões (na média, esse índice é de 39% na capital) e 12% afirmam que não têm religião alguma.

No distrito apontado como um dos mais violentos de São Paulo (estatísticas da Secretaria de Segurança Pública demonstram altos índices de assassinatos no local), apenas 3% dos moradores vivem em apartamento, mas 69% dos imóveis não são protegidos por nenhum tipo de sistema ou equipamento de segurança. Mesmo assim, apenas 4% dos imóveis foram invadidos no período de um ano (a média da cidade é de 8%).

Mesmo apontado como violento, mesmo que 16% dos moradores conheçam alguém que tenha sido assassinado no período de um ano, segurança não é uma grande preocupação dos moradores do Jardim São Luís.

O maior problema do distrito são os buracos das ruas para 16% dos moradores, trânsito para 10% e enchentes para outros 10%. A violência foi citada por apenas 3%. A nota para a segurança no distrito, no entanto, é baixa: 3,4 para uma média de 4,3 da cidade.

Também preocupa a situação econômica dos moradores, já que 31% estão desempregados ou vivem de "bico". Há 16% de donas de casa e 3% de assalariados sem registro.

MARSILAC

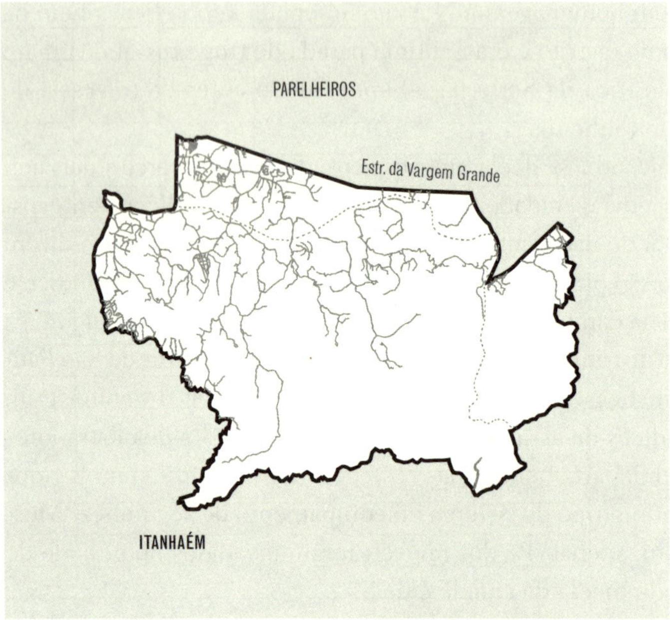

PERFIL (Resposta em %)

		MARSILAC	EXTREMO SUL	SÃO PAULO
SEXO	Masculino	51	48	48
	Feminino	49	52	52
IDADE	16 a 24 anos	30	27	24
	25 a 34 anos	24	27	24
	35 a 44 anos	19	20	20
	45 a 59 anos	17	18	20
	60 anos ou mais	10	8	11
MÉDIA DE IDADE		35,7	35,8	38
ESCOLARIDADE	Fundamental	50	47	40
	Médio	44	45	44
	Superior	5	9	16

PERFIL (Resposta em %)

		MARSILAC	EXTREMO SUL	SÃO PAULO
RENDA FAMILIAR MENSAL	Até 5 S.M.	84	80	69
	Mais de 5 a 10 S.M.	8	11	15
	Mais de 10 a 20 S.M.	1	4	7
	Mais de 20 a 50 S.M.		1	3
	Mais de 50 S.M.		0	0
	Não sabe/ recusa	6	6	7
CLASSIFICAÇÃO ECONÔMICA	A		2	5
	B	18	25	33
	C	67	61	53
	D	14	10	8
	E	0	1	1
	Não sabe/ recusa	0	1	0
OCUPAÇÃO PRINCIPAL	PEA	76	72	72
	NÃO PEA	24	27	28
ESTADO CONJUGAL	Solteiro(a)	44	41	40
	Casado(a)	48	47	46
	Separado(a)/ desquitado(a)/ divorciado(a)	4	7	8
	Viúvo(a)	3	4	6
RELIGIÃO	Católica	55	60	56
	Evangélica pentecostal	25	18	19
	Evangélica não pentecostal	2	4	5
	Espírita kardecista, espiritualista	2	3	5
	Outra religião	5	3	4
	Não tem religião nenhuma	10	10	10
	É ateu/ não acredita em Deus		0	1

PERFIL (Resposta em %)

	MARSILAC	EXTREMO SUL	SÃO PAULO
Mora em casa	100	91	77
Tempo médio para chegar ao trabalho (em min.)	53,6	44,6	37,4
IMC - Média	24,4	24,7	24,8
Tem animal de estimação	79	55	54
TV por assinatura	1	18	28
Telefone fixo	63	64	70
Vai ao cinema pelo menos uma vez por semana	1	3	4
Vai ao shopping pelo menos uma vez por semana	9	20	23
Viaja pelo menos uma vez por mês	7	7	10
Vai à academia pelo menos uma vez ou mais por semana	1	9	12
Costuma acessar a internet	36	46	51

Em plena Serra do Mar, a cerca de 40 quilômetros do centro, Marsilac é o distrito mais distante, o maior, o de menor densidade demográfica e também o mais pobre de São Paulo.

É ali, no extremo sul da capital, que se encontram os maiores percentuais de desempregados (25%), de trabalhadores informais (51%) e de renda familiar mensal de até 2 salários mínimos (57%).

A baixa renda e a distância refletem-se na baixa frequência às atividades culturais da cidade: 73% dos moradores de Marsilac não vão a cinemas, 91% não frequentam teatros, 61% não vão sequer a restaurantes e 54% não visitam sequer shopping centers.

Equipamentos eletrônicos também não são prioridade em uma região que não possui sequer água encanada na maioria das residências. Apenas 19% dizem possuir computador com acesso à internet (na maior parte do distrito não há internet banda larga) e 100% dos entrevistados afirmaram não ter notebook. Já 74% possuem telefone celular, embora o sinal seja fraco ou inexistente em parte significativa do território de 20 mil quilômetros quadrados.

Trata-se de uma região eminentemente rural, mas onde até mesmo plantações e criações são restritas. É que todo o distrito está localizado dentro da APA (Área de Proteção Ambiental) Capivari-Monos, o que impede qualquer tipo de atividade poluente e onde a derrubada de árvores é vetada.

A população é relativamente jovem (média de idade de 35,7 anos contra 37,8 da cidade) e o nível de ensino é baixo (50% possuem apenas ensino fundamental).

A maior reclamação é em relação à falta de pavimentação e aos buracos nas ruas (49%). Por ser uma região ambientalmente protegida, no entanto, há restrições até mesmo quanto à pavimentação. Trânsito, por outro lado, praticamente não há. E a grande virtude, na opinião dos moradores, é a excelente qualidade do ar (38%).

PARELHEIROS

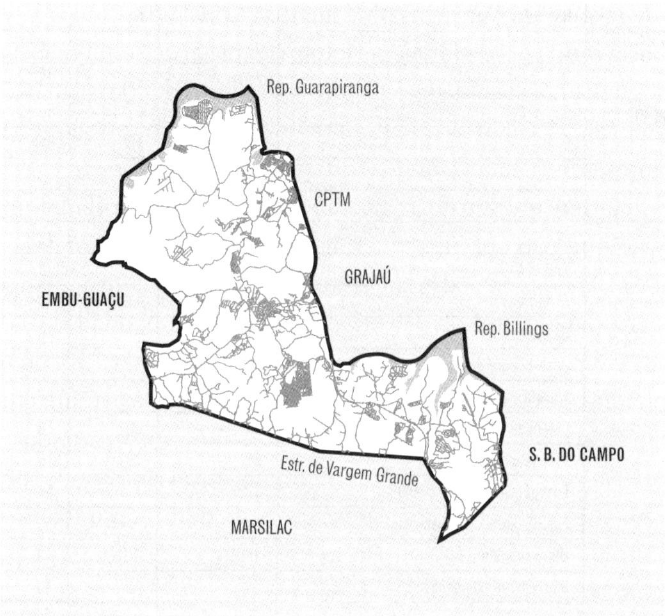

PERFIL (Resposta em %)

		PARELHEIROS	EXTREMO SUL	SÃO PAULO
SEXO	Masculino	50	48	48
	Feminino	50	52	52
IDADE	16 a 24 anos	31	27	24
	25 a 34 anos	27	27	24
	35 a 44 anos	23	20	20
	45 a 59 anos	14	18	20
	60 anos ou mais	5	8	11
MÉDIA DE IDADE		33,2	35,8	38
ESCOLARIDADE	Fundamental	48	47	40
	Médio	46	45	44
	Superior	7	9	16

PERFIL (Resposta em %)

		PARELHEIROS	EXTREMO SUL	SÃO PAULO
RENDA FAMILIAR MENSAL	Até 5 S.M.	85	80	69
	Mais de 5 a 10 S.M.	7	11	15
	Mais de 10 a 20 S.M.	0	4	7
	Mais de 20 a 50 S.M.		1	3
	Mais de 50 S.M.		0	0
	Não sabe/ recusa	8	6	7
CLASSIFICAÇÃO ECONÔMICA	A	0	2	5
	B	22	25	33
	C	61	61	53
	D	15	10	8
	E	0	1	1
	Não sabe/ recusa	1	1	0
OCUPAÇÃO PRINCIPAL	PEA	81	72	72
	NÃO PEA	18	27	28
ESTADO CONJUGAL	Solteiro(a)	38	41	40
	Casado(a)	52	47	46
	Separado(a)/ desquitado(a)/ divorciado(a)	7	7	8
	Viúvo(a)	3	4	6
RELIGIÃO	Católica	60	60	56
	Evangélica pentecostal	25	18	19
	Evangélica não pentecostal	3	4	5
	Espírita kardecista, espiritualista	1	3	5
	Outra religião	3	3	4
	Não tem religião nenhuma	8	10	10
	É ateu/ não acredita em Deus		0	1

PERFIL (Resposta em %)

	PARELHEIROS	EXTREMO SUL	SÃO PAULO
Mora em casa	100	91	77
Tempo médio para chegar ao trabalho (em min.)	58	44,6	37,4
IMC - Média	24,5	24,7	24,8
Tem animal de estimação	61	55	54
TV por assinatura	4	18	28
Telefone fixo	68	64	70
Vai ao cinema pelo menos uma vez por semana	1	3	4
Vai ao shopping pelo menos uma vez por semana	12	20	23
Viaja pelo menos uma vez por mês	3	7	10
Vai à academia pelo menos uma vez ou mais por semana	5	9	12
Costuma acessar a internet	40	46	51

Seguro e sem poluição. Em resumo, é assim que podem se definir as principais qualidades do distrito de Parelheiros, no extremo sul de São Paulo. Para 24% dos moradores do local, segurança é a maior virtude do distrito. Outros 19% apontam a ausência de poluição como a melhor.

Parelheiros tem a maior parte de sua área incluída em duas APAs (Áreas de Proteção Ambiental), onde há forte restrição a obras e a atividades econômicas poluentes.

Vizinho à Serra do Mar, Parelheiros abriga mata nativa, parte das duas represas que abastece de água a maior parte dos paulistanos e até duas aldeias de índios guaranis.

Essas características, que se tornaram os principais atrativos do distrito, também são responsáveis pelo problema fundamental: falta de pavimentação nas ruas, item apontado por 47% dos moradores como o pior do bairro em que moram. Exatamente por se encontrar em uma área de preservação ambiental, boa parte das ruas do distrito não pode ser asfaltada. Até porque há muitas áreas ocupadas irregularmente, especialmente às margens das represas Billings e Guarapiranga.

A média de idade em Parelheiros é de 33,2 anos, abaixo dos 37,8 anos da média da cidade – 31% dos moradores têm de 16 a 24 anos e apenas 5% já passaram dos 60 anos de idade.

Os indicadores socioeconômicos no distrito são sofríveis. A Subprefeitura de Parelheiros tem o pior IDH (Índice de Desenvolvimento Humano) da capital. A pesquisa DNA Paulistano apontou que 49% das famílias vivem com renda de até 2 salários mínimos, o nível de desemprego atinge 19% e apenas 7% dos moradores têm curso superior contra 48% de nível fundamental de escolaridade. O percentual de famílias de classe A no distrito não chega a 1%, e a maioria (61%) se enquadra na classe C.

PEDREIRA

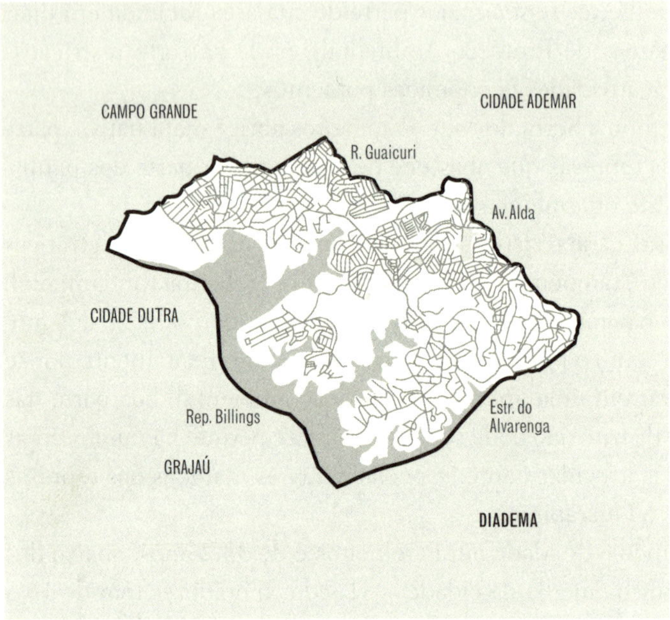

PERFIL (Resposta em %)

		PEDREIRA	EXTREMO SUL	SÃO PAULO
SEXO	Masculino	51	48	48
	Feminino	49	52	52
IDADE	16 a 24 anos	27	27	24
	25 a 34 anos	29	27	24
	35 a 44 anos	20	20	20
	45 a 59 anos	18	18	20
	60 anos ou mais	6	8	11
MÉDIA DE IDADE		35	35,8	38
ESCOLARIDADE	Fundamental	44	47	40
	Médio	52	45	44
	Superior	4	9	16

PERFIL (Resposta em %)

		PEDREIRA	EXTREMO SUL	SÃO PAULO
RENDA FAMILIAR MENSAL	Até 5 S.M.	76	80	69
	Mais de 5 a 10 S.M.	13	11	15
	Mais de 10 a 20 S.M.	3	4	7
	Mais de 20 a 50 S.M.	0	1	3
	Mais de 50 S.M.		0	0
	Não sabe/ recusa	7	6	7
CLASSIFICAÇÃO ECONÔMICA	A	1	2	5
	B	23	25	33
	C	68	61	53
	D	8	10	8
	E	1	1	1
	Não sabe/ recusa		1	0
OCUPAÇÃO PRINCIPAL	PEA	72	72	72
	NÃO PEA	28	27	28
ESTADO CONJUGAL	Solteiro(a)	41	41	40
	Casado(a)	48	47	46
	Separado(a)/ desquitado(a)/ divorciado(a)	10	7	8
	Viúvo(a)	2	4	6
RELIGIÃO	Católica	65	60	56
	Evangélica pentecostal	17	18	19
	Evangélica não pentecostal	4	4	5
	Espírita kardecista, espiritualista	2	3	5
	Outra religião	5	3	4
	Não tem religião nenhuma	8	10	10
	É ateu/ não acredita em Deus		0	1

PERFIL (Resposta em %)

	PEDREIRA	EXTREMO SUL	SÃO PAULO
Mora em casa	97	91	77
Tempo médio para chegar ao trabalho (em min.)	41,2	44,6	37,4
IMC - Média	24,7	24,7	24,8
Tem animal de estimação	56	55	54
TV por assinatura	17	18	28
Telefone fixo	69	64	70
Vai ao cinema pelo menos uma vez por semana	4	3	4
Vai ao shopping pelo menos uma vez por semana	22	20	23
Viaja pelo menos uma vez por mês	7	7	10
Vai à academia pelo menos uma vez ou mais por semana	10	9	12
Costuma acessar a internet	44	46	51

À beira da represa Billings, com muitas áreas ocupadas irregularmente em região de mananciais, com poucos e malconservados corredores de tráfego; enchentes, trânsito e buracos nas ruas são as principais preocupações dos moradores do distrito de Pedreira, no extremo sul de São Paulo. Já as vantagens de se morar ali quase não existem.

Os moradores do distrito reclamam principalmente do trânsito (16%), enchentes (16%) e buracos nas ruas (15%). Apenas 10% disseram que o distrito não tem problemas. Os demais apontam, com menos ênfase, problemas como segurança e limpeza.

Quando se questionam as qualidades, 24% dizem que o distrito não tem nenhuma. Outros 15% dizem que é o comércio local, 12% apontam o relacionamento com os vizinhos e 10% citam a segurança.

Na divisa com Diadema, Pedreira reclama de ser uma região esquecida pelas autoridades. O *boom* populacional na região se deu entre as décadas de 1960 e 1970. Foram para lá operários e trabalhadores expulsos do campo e que não tinham alternativas de moradia. Daí a necessidade da ocupação irregular em áreas de mananciais. Hoje, 27% querem se mudar do local (a média da cidade é de 24%): 5% dizem que querem ir para o vizinho distrito de Campo Grande, 4% sonham com o Jabaquara e 3% querem mesmo é se mudar de cidade.

Falta até infraestrutura básica. A nota dos moradores para a rede de esgoto é 5,4 (a média da capital é 6,9). As condições de habitação e moradia recebem nota 6,6 contra 7,2 da capital.

A área é dominada por simpatizantes do PT (28% dizem preferir o partido; a média da cidade é de 20%), torcedores do Corinthians (34% ante uma média de 33% na cidade) e católicos (65% contra 56% da capital). O principal meio de transporte é o ônibus (46% usam esse meio para ir ao trabalho) e a viagem é longa (média de 41,2 minutos de trajeto ante 37,4 minutos da média da cidade).

SANTO AMARO

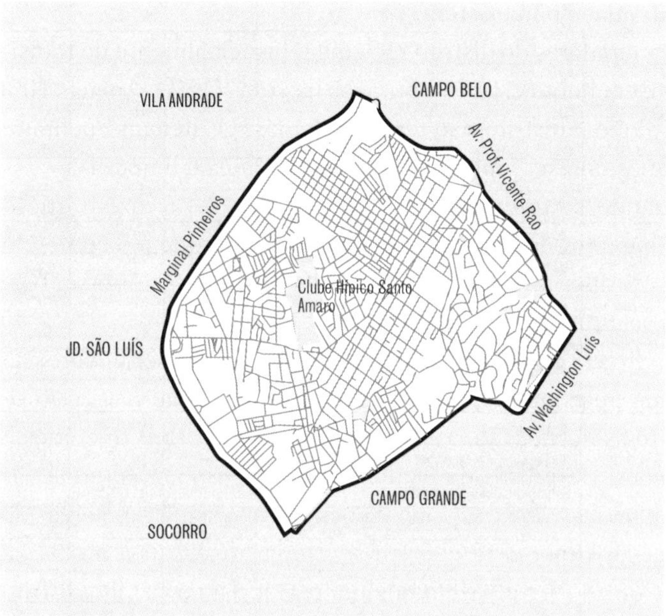

PERFIL (Resposta em %)

		SANTO AMARO	EXTREMO SUL	SÃO PAULO
SEXO	Masculino	48	48	48
	Feminino	52	52	52
IDADE	16 a 24 anos	21	27	24
	25 a 34 anos	17	27	24
	35 a 44 anos	14	20	20
	45 a 59 anos	24	18	20
	60 anos ou mais	24	8	11
MÉDIA DE IDADE		44,5	35,8	38
ESCOLARIDADE	Fundamental	21	47	40
	Médio	34	45	44
	Superior	45	9	16

PERFIL (Resposta em %)

		SANTO AMARO	EXTREMO SUL	SÃO PAULO
RENDA FAMILIAR MENSAL	Até 5 S.M.	41	80	69
	Mais de 5 a 10 S.M.	23	11	15
	Mais de 10 a 20 S.M.	19	4	7
	Mais de 20 a 50 S.M.	7	1	3
	Mais de 50 S.M.	1	0	0
	Não sabe/ recusa	10	6	7
CLASSIFICAÇÃO ECONÔMICA	A	23	2	5
	B	50	25	33
	C	24	61	53
	D	2	10	8
	E	1	1	1
	Não sabe/ recusa		1	0
OCUPAÇÃO PRINCIPAL	PEA	63	72	72
	NÃO PEA	37	27	28
ESTADO CONJUGAL	Solteiro(a)	36	41	40
	Casado(a)	48	47	46
	Separado(a)/ desquitado(a)/ divorciado(a)	9	7	8
	Viúvo(a)	8	4	6
RELIGIÃO	Católica	58	60	56
	Evangélica pentecostal	10	18	19
	Evangélica não pentecostal	6	4	5
	Espírita kardecista, espiritualista	12	3	5
	Outra religião	4	3	4
	Não tem religião nenhuma	9	10	10
	É ateu/ não acredita em Deus	1	0	1

PERFIL (Resposta em %)

	SANTO AMARO	EXTREMO SUL	SÃO PAULO
Mora em casa	65	91	77
Tempo médio para chegar ao trabalho (em min.)	23,4	44,6	37,4
IMC - Média	24,5	24,7	24,8
Tem animal de estimação	53	55	54
TV por assinatura	69	18	28
Telefone fixo	89	64	70
Vai ao cinema pelo menos uma vez por semana	6	3	4
Vai ao shopping pelo menos uma vez por semana	39	20	23
Viaja pelo menos uma vez por mês	17	7	10
Vai à academia pelo menos uma vez ou mais por semana	22	9	12
Costuma acessar a internet	70	46	51

Santo Amaro é São Paulo. Mas, por pouco mais de um século, foi apenas Santo Amaro. Elevado a município em 1832, com área que abrangia tudo o que ficasse abaixo do córrego da Traição (hoje canalizado e "coberto" pela avenida dos Bandeirantes), voltou a fazer parte da cidade de São Paulo em 1935 por ordem do governo do Estado.

Se fosse um município isolado hoje, o distrito de Santo Amaro, no extremo sul da capital, teria um importante peso econômico. Muitas sedes de bancos estão instaladas ali, além de outras incontáveis empresas de prestação de serviços.

Uma mostra do peso econômico do distrito é a renda das famílias locais: 50% vivem com mais de 5 salários mínimos por mês – na média da cidade, 25% têm esse nível de renda. Outro dado: 73% são de classes A ou B contra 38% da capital.

Os 8% de desemprego de Santo Amaro não chegam a assustar, já que São Paulo tem um nível de desemprego de 14%. O que espanta é a quantidade de aposentados: 21% contra 9% da média da cidade.

Mais um dado que demonstra o caráter de área nobre de Santo Amaro: 45% dos moradores têm nível superior de escolaridade. O percentual médio em São Paulo é 16%.

Como é comum nas áreas nobres de São Paulo, o trânsito é o que mais incomoda os moradores: 27% apontaram o tema como o principal problema do distrito. O segundo maior problema – 10% das citações – é a falta de segurança.

A melhor qualidade de Santo Amaro, na opinião de 34% dos moradores, é o comércio local. Não poderia ser diferente, afinal Santo Amaro era uma cidade independente. Citados por 18% e 13% respectivamente, os outros principais problemas são o ambiente (praças, áreas verdes, etc.) e a ausência de barulho.

No futebol, o distrito é dividido. O São Paulo tem a maior torcida (27%), seguido de perto pelo Corinthians (25%) e pelo Palmeiras (21%).

SOCORRO

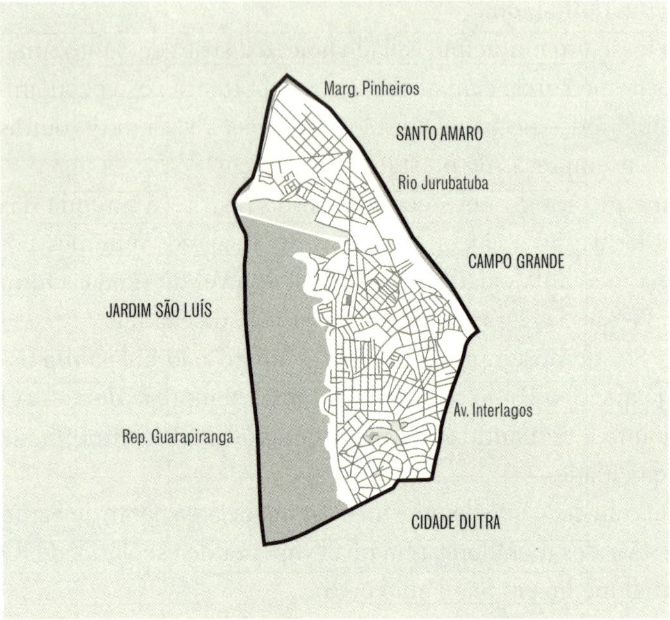

PERFIL (Resposta em %)

		SOCORRO	EXTREMO SUL	SÃO PAULO
SEXO	Masculino	45	48	48
	Feminino	55	52	52
IDADE	16 a 24 anos	19	27	24
	25 a 34 anos	21	27	24
	35 a 44 anos	16	20	20
	45 a 59 anos	25	18	20
	60 anos ou mais	19	8	11
MÉDIA DE IDADE		42,2	35,8	38
ESCOLARIDADE	Fundamental	39	47	40
	Médio	41	45	44
	Superior	20	9	16

PERFIL (Resposta em %)

		SOCORRO	EXTREMO SUL	SÃO PAULO
RENDA FAMILIAR MENSAL	Até 5 S.M.	59	80	69
	Mais de 5 a 10 S.M.	20	11	15
	Mais de 10 a 20 S.M.	9	4	7
	Mais de 20 a 50 S.M.	3	1	3
	Mais de 50 S.M.	0	0	0
	Não sabe/ recusa	8	6	7
CLASSIFICAÇÃO ECONÔMICA	A	8	2	5
	B	45	25	33
	C	41	61	53
	D	6	10	8
	E	0	1	1
	Não sabe/ recusa		1	0
OCUPAÇÃO PRINCIPAL	PEA	62	72	72
	NÃO PEA	38	27	28
ESTADO CONJUGAL	Solteiro(a)	37	41	40
	Casado(a)	46	47	46
	Separado(a)/ desquitado(a)/ divorciado(a)	8	7	8
	Viúvo(a)	9	4	6
RELIGIÃO	Católica	62	60	56
	Evangélica pentecostal	12	18	19
	Evangélica não pentecostal	4	4	5
	Espírita kardecista, espiritualista	7	3	5
	Outra religião	2	3	4
	Não tem religião nenhuma	11	10	10
	É ateu/ não acredita em Deus	0	0	1

PERFIL (Resposta em %)

	SOCORRO	EXTREMO SUL	SÃO PAULO
Mora em casa	79	91	77
Tempo médio para chegar ao trabalho (em min.)	27,8	44,6	37,4
IMC - Média	24,7	24,7	24,8
Tem animal de estimação	53	55	54
TV por assinatura	43	18	28
Telefone fixo	80	64	70
Vai ao cinema pelo menos uma vez por semana	6	3	4
Vai ao shopping pelo menos uma vez por semana	29	20	23
Viaja pelo menos uma vez por mês	12	7	10
Vai à academia pelo menos uma vez ou mais por semana	15	9	12
Costuma acessar a internet	52	46	51

Responda rápido: onde fica o autódromo de Interlagos? Claro, em Interlagos, certo? Pois é, errado. Fica no distrito de Socorro, mais conhecido como Capela do Socorro, uma espécie de porta de entrada para o extremo sul de São Paulo.

Socorro tem, de um lado, a represa Guarapiranga. De outro, a represa Billings. E, ao norte, Santo Amaro. O lazer oferecido pelas represas e o emprego da área industrial de Santo Amaro proporcionaram o desenvolvimento de Socorro.

Apesar de abrigar ocupações irregulares, é um distrito relativamente bem dotado de infraestrutura e abriga uma população essencialmente de classe média.

De acordo com a pesquisa DNA Paulistano, 20% têm nível superior de escolaridade (a média na cidade é de 16%), 32% têm renda superior a 5 salários mínimos (média de 25% na capital) e 53% pertencem às classes A e B (38% em São Paulo). Há 13% de aposentados e 12% de donas de casa, índices superiores à média da cidade, e 12% de desempregados, percentual pouco abaixo do registrado na cidade.

O maior problema, para 14% dos moradores, é o trânsito, 12% apontam a manutenção das ruas e 11% reclamam da iluminação pública. O melhor é o comércio local para 24%, e 20% apontam a segurança do distrito.

A sensação de segurança, no entanto, não corresponde à realidade da violência no distrito, onde 12% foram assaltados ou sofreram violência no próprio bairro onde moram no período de um ano. A média é de 8% na cidade. Apenas sete distritos têm índice de assaltos maior que Socorro.

O PT domina a preferência dos moradores de Socorro, com 17% das indicações. O PSDB alcança índice de 9%. A média de apoios ao PT é de 20% na cidade e o PSD alcança 7%.

Os torcedores do Corinthians são 28% em Socorro, só um pouco acima dos 25% do São Paulo. O Palmeiras tem 16%. E há um predomínio de 62% de católicos contra 12% dos evangélicos pentecostais.

VILA ANDRADE

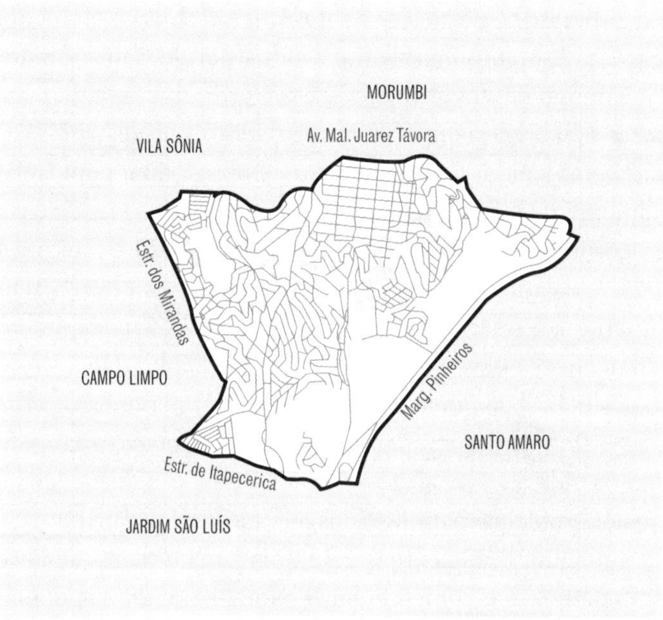

PERFIL (Resposta em %)

		VILA ANDRADE	EXTREMO SUL	SÃO PAULO
SEXO	Masculino	49	48	48
	Feminino	51	52	52
IDADE	16 a 24 anos	30	27	24
	25 a 34 anos	26	27	24
	35 a 44 anos	19	20	20
	45 a 59 anos	17	18	20
	60 anos ou mais	8	8	11
MÉDIA DE IDADE		35	35,8	38
ESCOLARIDADE	Fundamental	54	47	40
	Médio	40	45	44
	Superior	6	9	16

PERFIL (Resposta em %)

		VILA ANDRADE	EXTREMO SUL	SÃO PAULO
RENDA FAMILIAR MENSAL	Até 5 S.M.	82	80	69
	Mais de 5 a 10 S.M.	8	11	15
	Mais de 10 a 20 S.M.	5	4	7
	Mais de 20 a 50 S.M.	1	1	3
	Mais de 50 S.M.		0	0
	Não sabe/ recusa	5	6	7
CLASSIFICAÇÃO ECONÔMICA	A	3	2	5
	B	17	25	33
	C	60	61	53
	D	18	10	8
	E	1	1	1
	Não sabe/ recusa	0	1	0
OCUPAÇÃO PRINCIPAL	PEA	74	72	72
	NÃO PEA	26	27	28
ESTADO CONJUGAL	Solteiro(a)	42	41	40
	Casado(a)	48	47	46
	Separado(a)/ desquitado(a)/ divorciado(a)	8	7	8
	Viúvo(a)	3	4	6
RELIGIÃO	Católica	63	60	56
	Evangélica pentecostal	19	18	19
	Evangélica não pentecostal	4	4	5
	Espírita kardecista, espiritualista	2	3	5
	Outra religião	1	3	4
	Não tem religião nenhuma	11	10	10
	É ateu/ não acredita em Deus	0	0	1

PERFIL (Resposta em %)

	VILA ANDRADE	EXTREMO SUL	SÃO PAULO
Mora em casa	76	91	77
Tempo médio para chegar ao trabalho (em min.)	37,2	44,6	37,4
IMC - Média	24	24,7	24,8
Tem animal de estimação	41	55	54
TV por assinatura	18	18	28
Telefone fixo	52	64	70
Vai ao cinema pelo menos uma vez por semana	6	3	4
Vai ao shopping pelo menos uma vez por semana	21	20	23
Viaja pelo menos uma vez por mês	8	7	10
Vai à academia pelo menos uma vez ou mais por semana	6	9	12
Costuma acessar a internet	43	46	51

No distrito que tem a maior parte de sua área ocupada pela segunda maior favela de São Paulo, renda e escolaridade são baixos e o desemprego, alto. Paraisópolis, no distrito de Vila Andrade, tem cerca de 800 mil metros quadrados e 18 mil imóveis. A maior favela da cidade é a de Heliópolis, no Sacomã.

Em Vila Andrade, 54% dos moradores têm o ensino fundamental e apenas 6% cursaram educação superior. Na cidade, os percentuais são de 40% e 16%, respectivamente.

No distrito, 47% das famílias vivem com renda de até 2 salários mínimos – a média paulistana é de 28%. As classes D e E correspondem a 19% das famílias de Vila Andrade, que ainda tem 60% de pessoas de classe C.

O nível de desemprego, de 25%, é o maior da cidade, dado que está diretamente vinculado ao baixo nível de escolaridade. Outros 12% vivem de "bico".

Os católicos são maioria, com 63% dos moradores, 19% pertencem a igrejas evangélicas pentecostais e 4% a evangélicas não pentecostais.

Paraisópolis se formou com a ocupação irregular de um loteamento da antiga fazenda Morumbi. Os lotes foram divididos na década de 1920, mas parte significativa dos terrenos foi abandonada, o que propiciou a ocupação irregular mais intensa nas décadas de 1960 e 1970.

Encravado em uma das regiões mais nobres da cidade, vizinho do Morumbi, o distrito de Vila Andrade tem como principal problema, na opinião de 20% de seus moradores, o trânsito intenso. Já a maior qualidade é o intenso comércio local. Está em andamento um programa de urbanização da favela, que inclui a conclusão de um sistema de esgoto e a construção de uma avenida que vai passar de um dos lados da favela – do outro fica a avenida Giovanni Gronchi.

Vila Andrade é um dos poucos distritos que tem prevalência de torcedores do São Paulo, que faz seus jogos no vizinho estádio do Morumbi. Os corintianos somam 24% e os palmeirenses, 14%.

REGIÃO 7 — NOROESTE

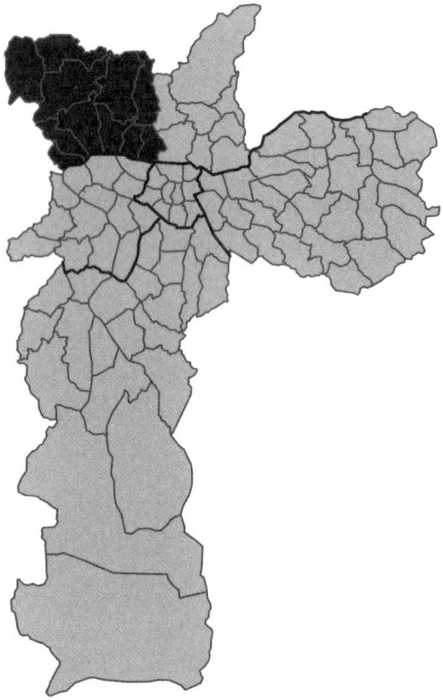

Calçadas e vias esburacadas e falta de pavimentação representam o maior percentual de reclamação entre os paulistanos, com 12,6% das menções. Na região noroeste, essa dor de cabeça surge ainda mais forte: para quase um em cada cinco moradores, trata-se da principal queixa sobre o local onde vivem.

Já a rede elétrica é fonte do segundo maior percentual de reclamações, apontada por 15% dos habitantes como o principal problema local. A maior parte desse grupo atribui sua insatisfação à falta de iluminação das vias; para outra parcela, é a manutenção deficiente a causadora do incômodo.

A Brasilândia, distrito que teve boa parte de sua expansão marcada pela ocupação irregular de terrenos aos pés da Serra da Cantareira, lidera as reclamações sobre rede elétrica e sobre as condições de moradia. É de lá que se originam as piores notas dadas na cidade para o fornecimento de energia elétrica, para a iluminação pública e para a qualidade das habitações existentes, sintoma de uma ocupação marcada antes pelo povoamento em condições bastante precárias e depois pela busca de alguma infraestrutura que suprisse parte das demandas mais básicas. Ainda hoje a Brasilândia sofre com a precariedade e registra a pior nota livre dada pelos moradores ao local onde vivem, 6,5 – a média paulistana é de 7,1. As notas para fornecimento de água, rede de esgoto, conservação e asfaltamento das ruas também ficam abaixo da média geral. Com vias e calçadas deterioradas e um relevo acidentado em diversos pontos, a região registra ainda a pior nota para acessibilidade de todo o município: 1,8.

Na região noroeste, a maior parcela dos habitantes concluiu o ensino médio e apenas 10,5% chegaram ao ensino superior, taxa inferior à média da cidade. Quase um terço dos moradores tem renda familiar mensal de até dois salários mínimos e 56,7% pertencem à classe C. É a menor taxa do município de assalariados registrados e a segunda maior de desempregados à procura de trabalho. A região noroeste registra ainda o maior percentual de casados – mais da metade da população – e de evangélicos pentecostais. A boa relação entre vizinhos é a segunda principal qualidade, atrás apenas do comércio local.

SATISFAÇÃO (NOTA MÉDIA DE 0 A 10)	TOTAL - SP	TOTAL NOROESTE	Anhanguera	Brasilândia	Cachoeirinha
a) não-ocorrência de enchentes, isto é, o escoamento das águas das chuvas	7,5	7	7,5	6,3	7,3
b) fornecimento de água	8,6	8,4	7,7	7,8	8,5
c) rede de esgoto	7,1	6,3	5,8	5	6
d) condições de habitação e moradias	7,2	6,7	6,7	5,6	6,6
e) conservação das ruas e avenidas	6,1	5	5,2	4,2	5,1
f) asfaltamento de ruas e avenidas	6,2	4,9	5	4,2	5,1
g) quantidade de escolas públicas	6,9	6,6	6,3	6,1	6,6
h) quantidade de escolas particulares	6,3	5,8	4,2	4,1	5,3
i) quantidade de postos de saúde	5,2	5	4,5	4,5	4,6
j) não-ocorrência de trânsito	5,8	5,4	6,9	5,2	5,6
k) opções de transportes coletivos como ônibus, metrô, vans e trens	6,7	6,4	6,3	5,6	6,8
l) áreas de lazer	4,4	3,2	3,3	2,1	2,7
m) áreas para prática de esportes	4,2	3	3,1	2	2,5
n) iluminação de ruas e avenidas	6	5	5,4	3,8	5,1
o) atividades de cultura	4,1	2,9	2,9	1,9	2,6
p) ações e eventos para os jovens	3,7	2,6	2,5	1,8	2,4
q) ações e eventos para os idosos	3,7	2,3	1,9	1,4	2
r) acessibilidade das ruas e avenidas para deficientes físicos	2,9	1,8	1,9	1,1	1,4
s) limpeza de ruas e avenidas	5,5	5	5,2	4	4,8
t) coleta de lixo domiciliar	7,8	7,4	7,3	6,9	7,5
u) qualidade do ar	5,3	5,4	7,2	4,7	5,7
v) conservação das áreas verdes	5,7	5,2	7	3,9	5,3
w) segurança	4,6	4	4,8	3,2	3,6
x) quantidade de hospitais públicos	4,5	3,7	2	2,9	4,1
y) quantidade de hospitais particulares	4,5	3,2	1,9	1,9	3,2
z) silêncio das ruas	5,3	5	5,9	3,9	4,7
aa) fornecimento de energia elétrica	8	7,6	8	6,8	7,7
I. SATISFAÇÃO COM O BAIRRO	5,7	5,0	5,1	4,1	4,9
II. PARTICIPAÇÃO COMUNITÁRIA	49	35	56	35	33
III. *FIDELIDADE AO BAIRRO	136	133,5	135,5	117,5	131,5
IV. RISCO DE VIOLÊNCIA	20	20	11	22	19
V. PERCEPÇÃO DE SEGURANÇA	21	21	26	23	22

* Índice de 0 a 200 (0 = extremo negativo e 200 = extremo positivo)

	Casa Verde	Freguesia do Ó	Jaraguá	Limão	Perus	Pirituba	São Domingos
a)	7,9	6,8	7,5	6,6	7	7,1	6,7
b)	8,6	8,6	8,1	8,7	8,1	8,7	8,6
c)	7,6	7,3	6,1	7	6,3	6,9	6,3
d)	7,6	7,4	6,5	7,4	6,3	7,1	7
e)	5,7	4,8	4,6	5,6	5,4	5,4	5,6
f)	5,1	4,7	4,6	5,9	5,8	5,3	5,3
g)	7,3	6,7	6,5	7,5	6,4	6,6	6,9
h)	7,2	7	5,9	6,8	5,8	6,4	6,3
i)	5,8	5,5	4,9	6,2	3,9	5,4	5,3
j)	5,7	5,3	4,8	5,9	5,6	5,7	5,1
k)	7,4	5,9	6,6	7,4	6,6	6,5	5,9
l)	3,9	3	3,1	3,5	3,5	4,1	4,7
m)	3,8	3,2	3	3,1	3,3	3,7	4,4
n)	5,2	4,7	5	5,3	5,6	5,4	6,2
o)	3,6	3,2	2,8	3,1	3,8	3,1	4,1
p)	3,4	3,1	2,3	2,9	3,3	2,8	3,6
q)	3,4	2,5	2,1	2,9	3,1	2,8	3,4
r)	2,7	1,7	1,6	2,3	2,7	1,9	2,7
s)	5,9	5,4	4,4	5,7	5	5,3	5,4
t)	8,1	7,8	7,1	7,8	7,1	7,7	7,6
u)	5,2	5,5	6,5	4,8	4,7	5,6	5,4
v)	5,4	5,2	6	4,5	4,9	5,6	5,8
w)	4,8	4,2	3,9	4,5	3,8	4,7	4,7
x)	4,3	4,5	3,4	4,6	2,8	4,2	3,8
y)	5,3	3,7	3	3,7	2,4	4,1	3,7
z)	5,4	5,6	5,4	5,3	4,5	5,5	5,4
aa)	7,5	7,8	7,5	7,8	7,3	8,1	8,1
I.	5,7	5,2	4,9	5,4	5,0	5,4	5,5
II.	41	32	28	32	35	36	37
III.	150	143,5	126	137	123,5	144	148,5
IV.	24	20	16	25	20	17	18
V.	20	21	14	21	20	24	19

ANHANGUERA

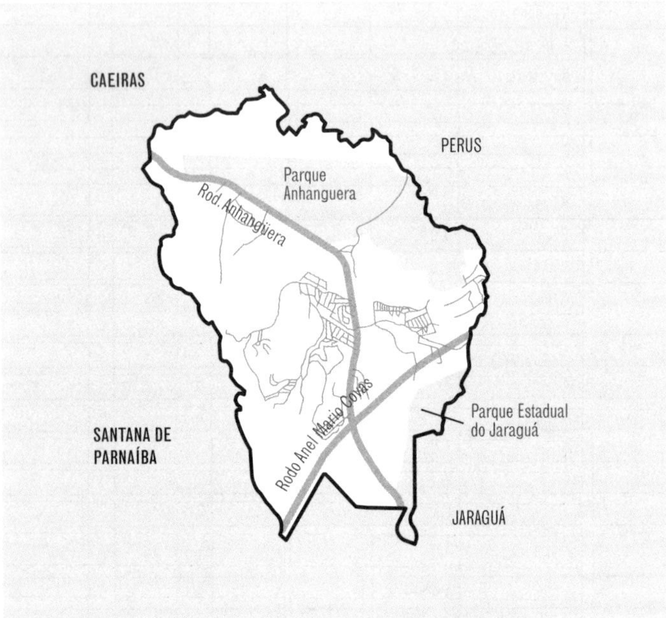

PERFIL (Resposta em %)

		ANHANGUERA	NOROESTE	SÃO PAULO
SEXO	Masculino	50	47	48
	Feminino	50	53	52
IDADE	16 a 24 anos	25	25	24
	25 a 34 anos	28	23	24
	35 a 44 anos	24	21	20
	45 a 59 anos	17	20	20
	60 anos ou mais	5	11	11
MÉDIA DE IDADE		35	37,6	38
ESCOLARIDADE	Fundamental	45	44	40
	Médio	47	46	44
	Superior	8	11	16

PERFIL (Resposta em %)

		ANHANGUERA	NOROESTE	SÃO PAULO
RENDA FAMILIAR MENSAL	Até 5 S.M.	75	78	69
	Mais de 5 a 10 S.M.	13	13	15
	Mais de 10 a 20 S.M.	3	4	7
	Mais de 20 a 50 S.M.		1	3
	Mais de 50 S.M.		0	0
	Não sabe/ recusa	9	4	7
CLASSIFICAÇÃO ECONÔMICA	A	1	2	5
	B	30	32	33
	C	59	56	53
	D	9	8	8
	E		0	1
	Não sabe/ recusa		1	0
OCUPAÇÃO PRINCIPAL	PEA	77	71	72
	NÃO PEA	23	29	28
ESTADO CONJUGAL	Solteiro(a)	37	38	40
	Casado(a)	59	50	46
	Separado(a)/ desquitado(a)/ divorciado(a)	2	7	8
	Viúvo(a)	2	6	6
RELIGIÃO	Católica	59	55	56
	Evangélica pentecostal	29	23	19
	Evangélica não pentecostal	1	5	5
	Espírita kardecista, espiritualista	0	4	5
	Outra religião	2	3	4
	Não tem religião nenhuma	7	8	10
	É ateu/ não acredita em Deus	0	0	1

PERFIL (Resposta em %)

	ANHANGUERA	NOROESTE	SÃO PAULO
Mora em casa	94	84	77
Tempo médio para chegar ao trabalho (em min.)	39	37,8	37,4
IMC - Média	24,5	25,1	24,8
Tem animal de estimação	56	56	54
TV por assinatura	5	22	28
Telefone fixo	67	68	70
Vai ao cinema pelo menos uma vez por semana	5	2	4
Vai ao shopping pelo menos uma vez por semana	15	14	23
Viaja pelo menos uma vez por mês	6	8	10
Vai à academia pelo menos uma vez ou mais por semana	6	8	12
Costuma acessar a internet	40	46	51

Cortado pela rodovia Anhanguera e pelo rodoanel Mário Covas e vizinho da rodovia dos Bandeirantes, o distrito Anhanguera, no extremo noroeste de São Paulo, tem áreas que, por um lado, conservam suas características rurais e, por outro, foram ocupadas por indústrias que aproveitam a logística das rodovias.

Com baixo índice de escolaridade – apenas 8% dos moradores cursaram ensino superior e 45% tem apenas o nível fundamental, Anhanguera tem 25% dos moradores desempregados e outros 11% vivendo de "bico".

O distrito é "jovem", com média de idade de 35 anos, 53% dos moradores com até 34 anos e apenas 5% com mais de 60.

Há outro dado que chama a atenção: 29% frequentam igrejas pentecostais. É um índice bastante alto, um dos maiores da cidade, ainda mais considerando que a média da cidade é de 19%. Mesmo o percentual de 59% de católicos é superior à média de 56% da cidade. E 65% se declaram religiosos praticantes.

Além disso, é o distrito com maior nível de participação em organizações ou movimentos sociais, com 56%. Só os 39% que dizem participar de movimentos ligados à igreja já superam os 36% médios de moradores de São Paulo que têm algum tipo de participação social. Outro dado é que trata-se de um reduto do PT, partido da preferência de 31% dos moradores.

Anhanguera também lidera o *ranking* no uso de ônibus, meio de transporte utilizado por 51% dos moradores para ir ao trabalho. Apenas 7% usam carro, um dos menores índices da cidade. Outros 27% andam a pé. O trajeto demora, em média, 39 minutos, quase dois minutos acima da média.

Para 16% dos moradores, a segurança é a maior vantagem de se viver em Anhanguera. O relacionamento com os vizinhos foi citado por outros 11%. Já a principal reclamação, de 25%, é a manutenção das ruas. O trânsito das rodovias vizinhas, que recebem grandes quantidades de caminhões, é o maior problema para 9%.

BRASILÂNDIA

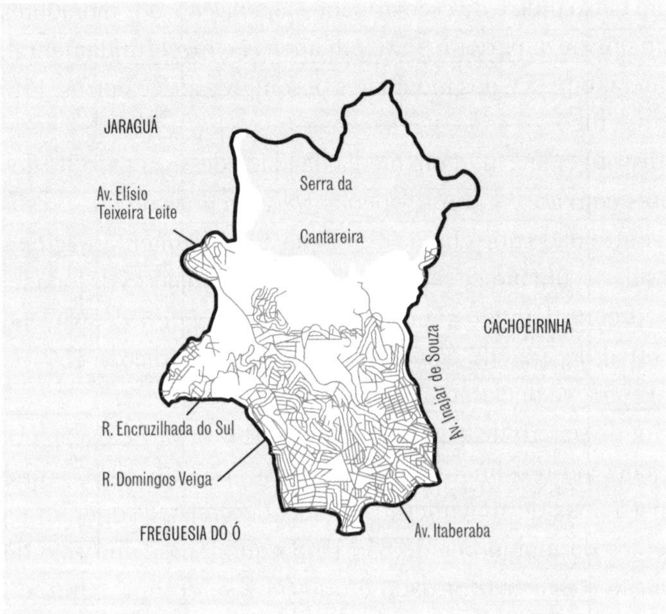

PERFIL (Resposta em %)

		BRASILÂNDIA	NOROESTE	SÃO PAULO
SEXO	Masculino	47	47	48
	Feminino	53	53	52
IDADE	16 a 24 anos	25	25	24
	25 a 34 anos	24	23	24
	35 a 44 anos	25	21	20
	45 a 59 anos	18	20	20
	60 anos ou mais	8	11	11
MÉDIA DE IDADE		36	37,6	38
ESCOLARIDADE	Fundamental	49	44	40
	Médio	45	46	44
	Superior	6	11	16

PERFIL (Resposta em %)

		BRASILÂNDIA	NOROESTE	SÃO PAULO
RENDA FAMILIAR MENSAL	Até 5 S.M.	84	78	69
	Mais de 5 a 10 S.M.	12	13	15
	Mais de 10 a 20 S.M.	2	4	7
	Mais de 20 a 50 S.M.	0	1	3
	Mais de 50 S.M.		0	0
	Não sabe/ recusa	1	4	7
CLASSIFICAÇÃO ECONÔMICA	A	1	2	5
	B	29	32	33
	C	55	56	53
	D	13	8	8
	E	1	0	1
	Não sabe/ recusa	2	1	0
OCUPAÇÃO PRINCIPAL	PEA	77	71	72
	NÃO PEA	23	29	28
ESTADO CONJUGAL	Solteiro(a)	40	38	40
	Casado(a)	52	50	46
	Separado(a)/ desquitado(a)/ divorciado(a)	4	7	8
	Viúvo(a)	3	6	6
RELIGIÃO	Católica	52	55	56
	Evangélica pentecostal	28	23	19
	Evangélica não pentecostal	6	5	5
	Espírita kardecista, espiritualista	2	4	5
	Outra religião	4	3	4
	Não tem religião nenhuma	6	8	10
	É ateu/ não acredita em Deus	1	0	1

PERFIL (Resposta em %)

	BRASILÂNDIA	NOROESTE	SÃO PAULO
Mora em casa	85	84	77
Tempo médio para chegar ao trabalho (em min.)	40	37,8	37,4
IMC - Média	25,2	25,1	24,8
Tem animal de estimação	54	56	54
TV por assinatura	15	22	28
Telefone fixo	62	68	70
Vai ao cinema pelo menos uma vez por semana	1	2	4
Vai ao shopping pelo menos uma vez por semana	7	14	23
Viaja pelo menos uma vez por mês	6	8	10
Vai à academia pelo menos uma vez ou mais por semana	6	8	12
Costuma acessar a internet	44	46	51

Pobre, violento e cheio de problemas. A Brasilândia é o distrito onde os moradores têm a maior insatisfação com o bairro em que moram.

Na pesquisa DNA Paulistano, o Datafolha pediu que os moradores dessem notas de zero a dez para 27 itens, entre serviços e infraestrutura, existentes em seu bairro. A média geral da Brasilândia foi 4,1. A maior, do Alto de Pinheiros e Jardim Paulista, foi 7.

São tantos os problemas que é difícil apontar o principal deles: 19% dizem que é a iluminação pública, 18% dizem que é a situação do asfalto e 13% que é a situação das enchentes e redes de esgoto. O melhor é o relacionamento com os vizinhos (16%), o que ajuda a melhorar a segurança, já que há solidariedade entre eles. Outros 15% apontaram o comércio local como o melhor.

A violência na Brasilândia é contra a vida. Dos cerca de 280 mil habitantes, 11% relataram ter conhecido alguém (parente ou amigo) assassinado no período de um ano.

A situação é tão ruim, na opinião dos próprios moradores, que 34% querem se mudar. Freguesia do Ó (7%) e Casa Verde (5%) seriam os destinos preferidos.

Entre desempregados (22%), pessoas que vivem de "bico" (20%) e assalariados sem registro (7%), 49%, praticamente a metade dos moradores do distrito, estão desempregados ou subempregados. Vivem com até 3 salários mínimos 61% das famílias. A média da cidade é de 49%. Menos de 1% das famílias tem renda superior a 20 salários mínimos.

Os evangélicos pentecostais somam 28% dos moradores do distrito. É um dos maiores percentuais da cidade. Há 52% de católicos e 6% de evangélicos não pentecostais. Mas o percentual de praticantes de suas religiões é de 53%, baixo em relação à média da cidade de 61%.

O ônibus é o principal meio de transporte para se deslocar ao trabalho (46%). Outros 32% andam a pé, 9% usam lotações e apenas 5% usam carro.

CACHOEIRINHA

PERFIL (Resposta em %)

		CACHOEIRINHA	NOROESTE	SÃO PAULO
SEXO	Masculino	49	47	48
	Feminino	51	53	52
IDADE	16 a 24 anos	25	25	24
	25 a 34 anos	24	23	24
	35 a 44 anos	21	21	20
	45 a 59 anos	22	20	20
	60 anos ou mais	9	11	11
MÉDIA DE IDADE		37	37,6	38
ESCOLARIDADE	Fundamental	48	44	40
	Médio	42	46	44
	Superior	9	11	16

PERFIL (Resposta em %)

		CACHOEIRINHA	NOROESTE	SÃO PAULO
RENDA FAMILIAR MENSAL	Até 5 S.M.	78	78	69
	Mais de 5 a 10 S.M.	13	13	15
	Mais de 10 a 20 S.M.	4	4	7
	Mais de 20 a 50 S.M.	0	1	3
	Mais de 50 S.M.		0	0
	Não sabe/ recusa	5	4	7
CLASSIFICAÇÃO ECONÔMICA	A	1	2	5
	B	26	32	33
	C	63	56	53
	D	9	8	8
	E	1	0	1
	Não sabe/ recusa	0	1	0
OCUPAÇÃO PRINCIPAL	PEA	70	71	72
	NÃO PEA	30	29	28
ESTADO CONJUGAL	Solteiro(a)	39	38	40
	Casado(a)	47	50	46
	Separado(a)/ desquitado(a)/ divorciado(a)	9	7	8
	Viúvo(a)	5	6	6
RELIGIÃO	Católica	61	55	56
	Evangélica pentecostal	19	23	19
	Evangélica não pentecostal	5	5	5
	Espírita kardecista, espiritualista	4	4	5
	Outra religião	2	3	4
	Não tem religião nenhuma	8	8	10
	É ateu/ não acredita em Deus	0	0	1

PERFIL (Resposta em %)

	CACHOEIRINHA	NOROESTE	SÃO PAULO
Mora em casa	81	84	77
Tempo médio para chegar ao trabalho (em min.)	44,9	37,8	37,4
IMC - Média	25	25,1	24,8
Tem animal de estimação	60	56	54
TV por assinatura	17	22	28
Telefone fixo	62	68	70
Vai ao cinema pelo menos uma vez por semana	1	2	4
Vai ao shopping pelo menos uma vez por semana	12	14	23
Viaja pelo menos uma vez por mês	7	8	10
Vai à academia pelo menos uma vez ou mais por semana	9	8	12
Costuma acessar a internet	43	46	51

Dos cerca de 160 mil moradores do distrito da Cachoeirinha, no extremo noroeste de São Paulo, 24% não sabem apontar sequer uma qualidade no bairro em que vivem.

Em um local onde a média de idade é de 37 anos e 48% completaram apenas o ensino fundamental, onde a renda familiar para 57% das pessoas não superam os 3 salários mínimos e há 39% de pessoas desempregadas ou subempregadas, a principal preocupação de 21% dos moradores é com os buracos das ruas. Outros 12% reclamam da iluminação pública.

A expectativa de 24% das pessoas é se mudar de bairro: 5% querem ir para a Casa Verde e 4% para Santana.

A invasão de casas é uma constante no distrito: em um ano, 11% das casas foram invadidas, ainda que os ladrões não tenham conseguido levar nada. A maior parte das casas é própria. Enquanto a média da cidade nesse item é de 67%, em Cachoeirinha 76% dos moradores vivem em imóveis próprios. Há 81% de casas térreas e 19% de apartamentos.

Política não é um tema que importa muito: 63% disseram não ter nenhum interesse pelo tema e apenas 6% disseram se interessar muito. Há 61% de católicos, 19% de evangélicos pentecostais, 5% de não-pentecostais e 4% de espíritas.

Sem metrô ou trem disponíveis, os moradores adotam o ônibus como principal meio de locomoção até o trabalho. São 51% que usam esse meio de transporte, 23% que andam a pé e 7% que usam carro. Em média, o trajeto de casa para o trabalho demora cerca de 45 minutos.

O percentual de casas com animais de estimação (60%) é seis pontos percentuais maior que a média da cidade. Os cachorros estão em 43% das casas, os gatos em 13% e 11% têm pássaros.

A música preferida no distrito é a sertaneja, citada por 17% dos moradores. O samba é o tipo de música preferido de 10%.

CASA VERDE

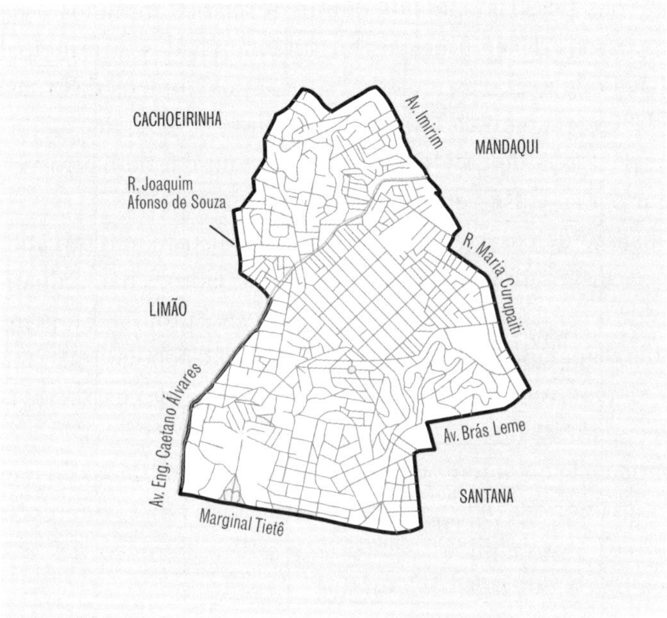

PERFIL (Resposta em %)

		CASA VERDE	NOROESTE	SÃO PAULO
SEXO	Masculino	46	47	48
	Feminino	54	53	52
IDADE	16 a 24 anos	22	25	24
	25 a 34 anos	22	23	24
	35 a 44 anos	19	21	20
	45 a 59 anos	20	20	20
	60 anos ou mais	17	11	11
MÉDIA DE IDADE		40,6	37,6	38
ESCOLARIDADE	Fundamental	39	44	40
	Médio	44	46	44
	Superior	17	11	16

PERFIL (Resposta em %)

		CASA VERDE	NOROESTE	SÃO PAULO
RENDA FAMILIAR MENSAL	Até 5 S.M.	67	78	69
	Mais de 5 a 10 S.M.	21	13	15
	Mais de 10 a 20 S.M.	5	4	7
	Mais de 20 a 50 S.M.	2	1	3
	Mais de 50 S.M.	0	0	0
	Não sabe/ recusa	5	4	7
CLASSIFICAÇÃO ECONÔMICA	A	4	2	5
	B	41	32	33
	C	48	56	53
	D	5	8	8
	E	1	0	1
	Não sabe/ recusa	0	1	0
OCUPAÇÃO PRINCIPAL	PEA	67	71	72
	NÃO PEA	33	29	28
ESTADO CONJUGAL	Solteiro(a)	39	38	40
	Casado(a)	48	50	46
	Separado(a)/ desquitado(a)/ divorciado(a)	6	7	8
	Viúvo(a)	7	6	6
RELIGIÃO	Católica	60	55	56
	Evangélica pentecostal	18	23	19
	Evangélica não pentecostal	3	5	5
	Espírita kardecista, espiritualista	7	4	5
	Outra religião	5	3	4
	Não tem religião nenhuma	8	8	10
	É ateu/ não acredita em Deus		0	1

PERFIL (Resposta em %)

	CASA VERDE	NOROESTE	SÃO PAULO
Mora em casa	93	84	77
Tempo médio para chegar ao trabalho (em min.)	27,2	37,8	37,4
IMC - Média	25,4	25,1	24,8
Tem animal de estimação	63	56	54
TV por assinatura	34	22	28
Telefone fixo	77	68	70
Vai ao cinema pelo menos uma vez por semana	2	2	4
Vai ao shopping pelo menos uma vez por semana	19	14	23
Viaja pelo menos uma vez por mês	10	8	10
Vai à academia pelo menos uma vez ou mais por semana	10	8	12
Costuma acessar a internet	50	46	51

O distrito que deve seu nome a um grupo de moças populares entre os alunos da Faculdade de Direito do Largo São Francisco tem hoje 54% de mulheres entre os seus moradores.

O militar José Arouche de Toledo Rendon, herdeiro do antigo provedor da capitania, Amador Bueno Ribeiro, foi o primeiro diretor da faculdade de direito, criada em 1827. Ele era o herdeiro de um sítio que foi de Amador Bueno na margem direita do rio Tietê.

Historiadores divergem sobre a história a partir daí. Uns dizem que eram suas filhas. Outros, que eram suas irmãs. Uns dizem que era no próprio sítio. Outros, que era na casa onde Rendon morava, na atual rua do Arouche (sim, seu nome batizou a rua e o largo do Arouche). O fato é que a casa era verde e as moças, todas parentes de Rendon, muito populares entre os futuros advogados das primeiras turmas do Largo São Francisco, ficaram conhecidas como "as moças da Casa Verde".

O sítio de Rendon foi vendido, passou por diversos donos, até ser loteado na década de 1910. Os loteadores deram o nome de Vila Tietê ao loteamento, mas não adiantou. Todos chamavam de sítio da casa verde, e o nome ficou. Como não era mais sítio, mas o início de um bairro, a voz do povo prevaleceu e venceu Casa Verde.

Hoje, é um distrito de classe média, onde 51% vivem com renda familiar de 3 a 20 salários mínimos, 17% têm ensino superior e 41% pertencem à classe B.

O principal problema do distrito, apontado por 20%, é a iluminação pública. O melhor é o comércio local (18%) e o relacionamento com os vizinhos (17%).

O maior percentual de moradores que nunca viveu em outro lugar é exatamente da Casa Verde (67%). E apenas 16% pensam em se mudar.

Empatado com o vizinho Limão e com o Carrão, a Casa Verde é o distrito com maior percentual de torcedores do Corinthians (43%).

FREGUESIA DO Ó

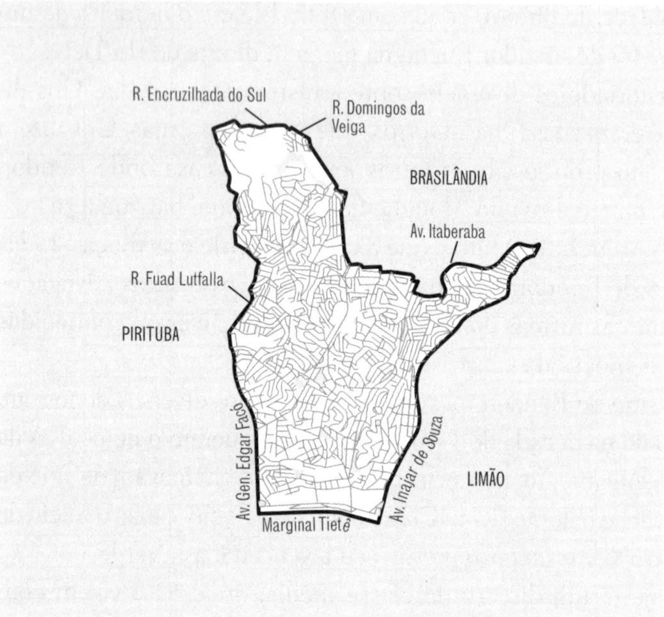

PERFIL (Resposta em %)

		FREGUESIA DO Ó	NOROESTE	SÃO PAULO
SEXO	Masculino	44	47	48
	Feminino	56	53	52
IDADE	16 a 24 anos	24	25	24
	25 a 34 anos	23	23	24
	35 a 44 anos	20	21	20
	45 a 59 anos	20	20	20
	60 anos ou mais	13	11	11
MÉDIA DE IDADE		38,8	37,6	38
ESCOLARIDADE	Fundamental	36	44	40
	Médio	48	46	44
	Superior	16	11	16

PERFIL (Resposta em %)

		FREGUESIA DO Ó	NOROESTE	SÃO PAULO
RENDA FAMILIAR MENSAL	Até 5 S.M.	72	78	69
	Mais de 5 a 10 S.M.	11	13	15
	Mais de 10 a 20 S.M.	6	4	7
	Mais de 20 a 50 S.M.	2	1	3
	Mais de 50 S.M.	0	0	0
	Não sabe/ recusa	8	4	7
CLASSIFICAÇÃO ECONÔMICA	A	3	2	5
	B	43	32	33
	C	48	56	53
	D	6	8	8
	E		0	1
	Não sabe/ recusa		1	0
OCUPAÇÃO PRINCIPAL	PEA	61	71	72
	NÃO PEA	39	29	28
ESTADO CONJUGAL	Solteiro(a)	38	38	40
	Casado(a)	46	50	46
	Separado(a)/ desquitado(a)/ divorciado(a)	8	7	8
	Viúvo(a)	8	6	6
RELIGIÃO	Católica	52	55	56
	Evangélica pentecostal	20	23	19
	Evangélica não pentecostal	4	5	5
	Espírita kardecista, espiritualista	8	4	5
	Outra religião	3	3	4
	Não tem religião nenhuma	11	8	10
	É ateu/ não acredita em Deus	0	0	1

PERFIL (Resposta em %)

	FREGUESIA DO Ó	NOROESTE	SÃO PAULO
Mora em casa	90	84	77
Tempo médio para chegar ao trabalho (em min.)	37	37,8	37,4
IMC - Média	25,3	25,1	24,8
Tem animal de estimação	61	56	54
TV por assinatura	34	22	28
Telefone fixo	77	68	70
Vai ao cinema pelo menos uma vez por semana	3	2	4
Vai ao shopping pelo menos uma vez por semana	16	14	23
Viaja pelo menos uma vez por mês	9	8	10
Vai à academia pelo menos uma vez ou mais por semana	10	8	12
Costuma acessar a internet	52	46	51

Em nenhum distrito de São Paulo há tanta gente fora do mercado de trabalho como na Freguesia do Ó. O percentual de moradores fora da PEA (População Economicamente Ativa) no distrito é de 39%.

Estão incluídos nesse percentual os aposentados (14%), donas de casa (12%), estudantes (9%), desempregados que não procuram emprego (4%) e pessoas que vivem de renda (15%). São pessoas que não trabalham porque a situação econômica da família lhes permite ou porque têm outra fonte de renda.

O total de desempregados (que procuram emprego) no distrito é de 11%, 22% são assalariados registrados, 8% são assalariados sem registro, há 5% de profissionais autônomos, 2% de empresários, 3% de funcionários públicos, 9% de pessoas que vivem de "bico" e 1% de estagiários.

A renda média permite dizer que se trata de um distrito de classe média, com 91% de moradores pertencentes às classes B ou C. Há 3% de classe A, 6% de classe D e menos de 1% de classe E. As classes sociais são estimadas a partir dos bens que a família possui.

Os maiores problemas do distrito são iluminação pública (23% das citações) e a situação do asfalto das ruas (22%). Outros 17% disseram que o distrito não tem problemas.

Já as maiores qualidades são o comércio local (24%), segurança (15%) e o relacionamento com os vizinhos (14%).

É também um dos distritos com moradores mais tradicionais: apenas 38% já moraram em outros locais. Apenas 16% querem se mudar, e 3% querem se mudar para a Lapa (zona oeste).

Embora seja um distrito que já começou a ser explorado pelo mercado imobiliário, com a construção de condomínios verticais, 90% dos moradores ainda vivem em casas térreas.

A violência atinge o distrito: 11% disseram ter conhecido alguém (parente ou amigo) assassinado no próprio bairro no período de um ano. De zero a dez, os moradores atribuíram nota 4,2 para a segurança da Freguesia do Ó.

JARAGUÁ

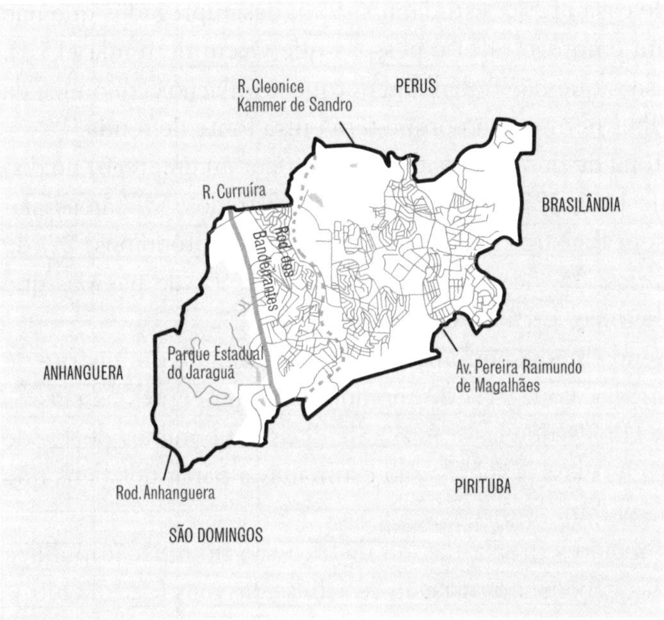

PERFIL (Resposta em %)

		JARAGUÁ	NOROESTE	SÃO PAULO
SEXO	Masculino	49	47	48
	Feminino	51	53	52
IDADE	16 a 24 anos	28	25	24
	25 a 34 anos	25	23	24
	35 a 44 anos	20	21	20
	45 a 59 anos	19	20	20
	60 anos ou mais	8	11	11
MÉDIA DE IDADE		35,6	37,6	38
ESCOLARIDADE	Fundamental	42	44	40
	Médio	49	46	44
	Superior	10	11	16

PERFIL (Resposta em %)

		JARAGUÁ	NOROESTE	SÃO PAULO
RENDA FAMILIAR MENSAL	Até 5 S.M.	81	78	69
	Mais de 5 a 10 S.M.	9	13	15
	Mais de 10 a 20 S.M.	2	4	7
	Mais de 20 a 50 S.M.	1	1	3
	Mais de 50 S.M.		0	0
	Não sabe/ recusa	6	4	7
CLASSIFICAÇÃO ECONÔMICA	A	0	2	5
	B	30	32	33
	C	64	56	53
	D	7	8	8
	E		0	1
	Não sabe/ recusa		1	0
OCUPAÇÃO PRINCIPAL	PEA	76	71	72
	NÃO PEA	24	29	28
ESTADO CONJUGAL	Solteiro(a)	40	38	40
	Casado(a)	49	50	46
	Separado(a)/ desquitado(a)/ divorciado(a)	6	7	8
	Viúvo(a)	5	6	6
RELIGIÃO	Católica	50	55	56
	Evangélica pentecostal	31	23	19
	Evangélica não pentecostal	4	5	5
	Espírita kardecista, espiritualista	3	4	5
	Outra religião	2	3	4
	Não tem religião nenhuma	9	8	10
	É ateu/ não acredita em Deus		0	1

PERFIL (Resposta em %)

	JARAGUÁ	NOROESTE	SÃO PAULO
Mora em casa	65	84	77
Tempo médio para chegar ao trabalho (em min.)	50,9	37,8	37,4
IMC - Média	25,4	25,1	24,8
Tem animal de estimação	49	56	54
TV por assinatura	20	22	28
Telefone fixo	71	68	70
Vai ao cinema pelo menos uma vez por semana	1	2	4
Vai ao shopping pelo menos uma vez por semana	15	14	23
Viaja pelo menos uma vez por mês	7	8	10
Vai à academia pelo menos uma vez ou mais por semana	7	8	12
Costuma acessar a internet	48	46	51

O Jaraguá é um distrito famoso. Localizado no extremo noroeste de São Paulo, vizinho do rodoanel Mário Covas e da rodovia Anhanguera e cortado pela rodovia dos Bandeirantes, o distrito é lembrado por abrigar em seu território o ponto mais alto da cidade, o pico do Jaraguá, ponto turístico da cidade.

O pico fica dentro do parque estadual do Jaraguá, criado em 1961 em uma antiga fazenda adquirida pelo governo do Estado na década de 1930. O objetivo da criação do parque foi garantir a preservação do pico do Jaraguá, com 1.135 metros. Uma estrada asfaltada leva ao pico. Uma aldeia indígena guarani ocupa uma parte da área e organiza feiras de artesanato no alto do pico nos fins de semana.

Mesmo sendo vizinhos de um parque gigante, com quase 5 milhões de metros quadrados de área, trilhas e outras atividades de lazer, 47% dos moradores do Jaraguá não costumam frequentar parques. Na média, 57% dos paulistanos vão a parques ainda que de vez em quando.

O nível de emprego no Jaraguá é preocupante: 24% estão desempregados, 15% vivem de "bico" e 10% são assalariados, mas sem registro em carteira. Os desempregados na cidade chegam a 14%, vivem de "bico" outros 13% e 10% dos assalariados estão sem registro. Mesmo o percentual de assalariados formais, com registro, é preocupante: são apenas 18% ante a média de 23% da cidade.

O "famoso" Jaraguá é o distrito mais pentecostal de São Paulo. Dos cerca de 160 mil moradores do local, 31% são evangélicos pentecostais, maior percentual da cidade. Os católicos somam 50%.

O maior problema do distrito, na opinião de 25% dos moradores, é a quantidade de buracos nas ruas e a qualidade da pavimentação. Para 10%, o trânsito é o maior problema. Outros 10% reclamam da iluminação pública. O melhor é o comércio local (15%), o relacionamento com a vizinhança (13%) e as áreas verdes e qualidade do ar (13%).

LIMÃO

PERFIL (Resposta em %)

		LIMÃO	NOROESTE	SÃO PAULO
SEXO	Masculino	47	47	48
	Feminino	53	53	52
IDADE	16 a 24 anos	25	25	24
	25 a 34 anos	19	23	24
	35 a 44 anos	19	21	20
	45 a 59 anos	22	20	20
	60 anos ou mais	14	11	11
MÉDIA DE IDADE		39,2	37,6	38
ESCOLARIDADE	Fundamental	45	44	40
	Médio	46	46	44
	Superior	10	11	16

PERFIL (Resposta em %)

		LIMÃO	NOROESTE	SÃO PAULO
RENDA FAMILIAR MENSAL	Até 5 S.M.	75	78	69
	Mais de 5 a 10 S.M.	18	13	15
	Mais de 10 a 20 S.M.	3	4	7
	Mais de 20 a 50 S.M.	1	1	3
	Mais de 50 S.M.		0	0
	Não sabe/ recusa	4	4	7
CLASSIFICAÇÃO ECONÔMICA	A	2	2	5
	B	31	32	33
	C	57	56	53
	D	7	8	8
	E	2	0	1
	Não sabe/ recusa	1	1	0
OCUPAÇÃO PRINCIPAL	PEA	70	71	72
	NÃO PEA	30	29	28
ESTADO CONJUGAL	Solteiro(a)	33	38	40
	Casado(a)	50	50	46
	Separado(a)/ desquitado(a)/ divorciado(a)	9	7	8
	Viúvo(a)	9	6	6
RELIGIÃO	Católica	55	55	56
	Evangélica pentecostal	19	23	19
	Evangélica não pentecostal	5	5	5
	Espírita kardecista, espiritualista	6	4	5
	Outra religião	6	3	4
	Não tem religião nenhuma	11	8	10
	É ateu/ não acredita em Deus		0	1

PERFIL (Resposta em %)

	LIMÃO	NOROESTE	SÃO PAULO
Mora em casa	88	84	77
Tempo médio para chegar ao trabalho (em min.)	29,5	37,8	37,4
IMC - Média	24,7	25,1	24,8
Tem animal de estimação	56	56	54
TV por assinatura	18	22	28
Telefone fixo	64	68	70
Vai ao cinema pelo menos uma vez por semana	1	2	4
Vai ao shopping pelo menos uma vez por semana	16	14	23
Viaja pelo menos uma vez por mês	11	8	10
Vai à academia pelo menos uma vez ou mais por semana	8	8	12
Costuma acessar a internet	41	46	51

Já foi difícil viver "do lado de lá" do rio Tietê. A primeira ponte ligando o centro às antigas chácaras do Limão (que inundavam nas épocas de chuvas) só foi construída em 1910. Na década de 1920 iniciou-se a ocupação do distrito, com os primeiros loteamentos. O Tietê ainda fazia curva (seu curso foi alterado posteriormente e hoje é praticamente reto).

Atualmente, é fácil chegar à região central. Pontes não faltam, até uma com o nome do próprio bairro. "Do lado de cá" do Tietê fica a Barra Funda, onde há trem, metrô e ônibus. Mas o meio mais utilizado pelos moradores do Limão para chegar ao trabalho continua sendo mesmo a "sola de sapato".

São cerca de 87 mil moradores no distrito e 40% deles vão a pé ao trabalho. O ônibus é o meio de transporte usado por 37%, e 10% utilizam o carro. Metrô é o meio de transporte de 4% dos moradores, mas isso pode mudar no futuro, quando for concluída a linha que ligará a vizinha Freguesia do Ó ao centro de São Paulo.

As décadas de 1950 e 1960 foram o período de maior desenvolvimento do Limão, com a instalação de dezenas de indústrias. Não se pode dizer que tornou-se uma área industrial, mas foi o fator que permitiu à região crescer e se consolidar como um distrito de classe média.

A economia da região é dominada por assalariados registrados (26%), donas de casa (12%) e aposentados (11%). Há 12% de desempregados, 15% de pessoas que vivem de "bico" e 8% de assalariados sem registro. Vivem com até 2 salários mínimos 32% das famílias do distrito. Apenas 4% têm renda superior a 10 salários mínimos.

Trânsito (14%), iluminação pública (14%) e buracos nas ruas (13%) são os principais problemas do distrito. O comércio local é mencionado como o melhor por 27% dos moradores. Outros 13% dizem que é o relacionamento com os vizinhos e 12% apontam a segurança.

PERUS

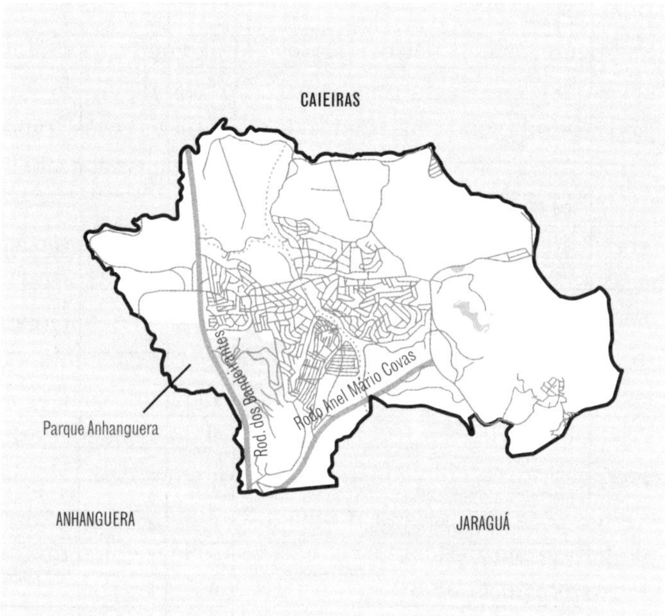

PERFIL (Resposta em %)

		PERUS	NOROESTE	SÃO PAULO
SEXO	Masculino	49	47	48
	Feminino	51	53	52
IDADE	16 a 24 anos	26	25	24
	25 a 34 anos	27	23	24
	35 a 44 anos	19	21	20
	45 a 59 anos	19	20	20
	60 anos ou mais	9	11	11
MÉDIA DE IDADE		35,8	37,6	38
ESCOLARIDADE	Fundamental	51	44	40
	Médio	43	46	44
	Superior	6	11	16

PERFIL (Resposta em %)

		PERUS	NOROESTE	SÃO PAULO
RENDA FAMILIAR MENSAL	Até 5 S.M.	83	78	69
	Mais de 5 a 10 S.M.	10	13	15
	Mais de 10 a 20 S.M.	2	4	7
	Mais de 20 a 50 S.M.		1	3
	Mais de 50 S.M.		0	0
	Não sabe/ recusa	5	4	7
CLASSIFICAÇÃO ECONÔMICA	A	1	2	5
	B	23	32	33
	C	69	56	53
	D	6	8	8
	E	2	0	1
	Não sabe/ recusa	0	1	0
OCUPAÇÃO PRINCIPAL	PEA	68	71	72
	NÃO PEA	31	29	28
ESTADO CONJUGAL	Solteiro(a)	33	38	40
	Casado(a)	54	50	46
	Separado(a)/ desquitado(a)/ divorciado(a)	7	7	8
	Viúvo(a)	5	6	6
RELIGIÃO	Católica	51	55	56
	Evangélica pentecostal	29	23	19
	Evangélica não pentecostal	4	5	5
	Espírita kardecista, espiritualista	2	4	5
	Outra religião	4	3	4
	Não tem religião nenhuma	10	8	10
	É ateu/ não acredita em Deus		0	1

PERFIL (Resposta em %)

	PERUS	NOROESTE	SÃO PAULO
Mora em casa	83	84	77
Tempo médio para chegar ao trabalho (em min.)	38,8	37,8	37,4
IMC - Média	24,8	25,1	24,8
Tem animal de estimação	56	56	54
TV por assinatura	7	22	28
Telefone fixo	63	68	70
Vai ao cinema pelo menos uma vez por semana	2	2	4
Vai ao shopping pelo menos uma vez por semana	12	14	23
Viaja pelo menos uma vez por mês	7	8	10
Vai à academia pelo menos uma vez ou mais por semana	4	8	12
Costuma acessar a internet	42	46	51

A área verde que separava o distrito de Perus, no extremo noroeste, do restante da cidade de São Paulo está cada vez mais cinza. Mas ainda existem muitas áreas livres, a ponto de a subprefeitura local relacioná-las em seu *site*.

Perus é vizinho da rodovia dos Bandeirantes e cortado pelo rodoanel Mário Covas. Mas são o trem, o ônibus e a "sola de sapato" que ajudam os moradores a se deslocar até o trabalho.

O distrito é o campeão, em São Paulo, do uso do trem: 21% da população se vale desse meio de transporte para ir ao trabalho. A linha de trem que liga o centro de São Paulo a Jundiaí corta todo o distrito de Perus. Outros 32% usam ônibus. E 38% andam a pé.

A renda do distrito também não propicia grandes luxos. Dos cerca de 80 mil moradores, 37% têm renda familiar de até 2 salários mínimos e 26% vivem com 2 a 3 salários mínimos. Menos de 1% das famílias têm renda de mais de 20 salários mínimos.

A baixa renda, a distância e a dificuldade de deslocamento levam à baixa escolaridade. Apenas 6% dos moradores cursaram o ensino superior. Já 51% têm apenas o fundamental. E 54% dos moradores são casados contra 33% de solteiros.

O nível de desemprego atinge 17% e outros 15% vivem de "bico". Apenas 18% são assalariados registrados (a média da cidade é de 23%) e 13% dos assalariados não têm registro em carteira. E há, ainda, 5% de desempregados que não procuram emprego.

Perus é habitado hoje, essencialmente, por pessoas que nasceram ali. Houve dois momentos de grande crescimento da população do distrito: a década de 1960, com o êxodo rural, e a década de 1990, com a construção do rodoanel. Hoje, 61% declaram nunca ter vivido em outro bairro, um dos maiores índices da cidade. E 27% dizem que querem se mudar, 7% querem ir para Pirituba e 5% querem mudar de cidade.

PIRITUBA

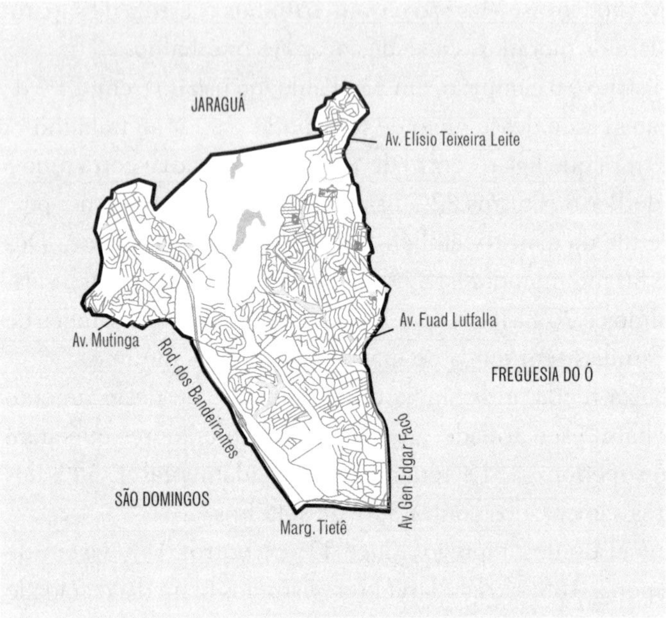

PERFIL (Resposta em %)

		PIRITUBA	NOROESTE	SÃO PAULO
SEXO	Masculino	46	47	48
	Feminino	54	53	52
IDADE	16 a 24 anos	22	25	24
	25 a 34 anos	21	23	24
	35 a 44 anos	20	21	20
	45 a 59 anos	22	20	20
	60 anos ou mais	15	11	11
MÉDIA DE IDADE		39,9	37,6	38
ESCOLARIDADE	Fundamental	40	44	40
	Médio	46	46	44
	Superior	14	11	16

PERFIL (Resposta em %)

		PIRITUBA	NOROESTE	SÃO PAULO
RENDA FAMILIAR MENSAL	Até 5 S.M.	74	78	69
	Mais de 5 a 10 S.M.	16	13	15
	Mais de 10 a 20 S.M.	5	4	7
	Mais de 20 a 50 S.M.	1	1	3
	Mais de 50 S.M.		0	0
	Não sabe/ recusa	4	4	7
CLASSIFICAÇÃO ECONÔMICA	A	4	2	5
	B	41	32	33
	C	50	56	53
	D	5	8	8
	E		0	1
	Não sabe/ recusa	1	1	0
OCUPAÇÃO PRINCIPAL	PEA	66	71	72
	NÃO PEA	34	29	28
ESTADO CONJUGAL	Solteiro(a)	35	38	40
	Casado(a)	52	50	46
	Separado(a)/ desquitado(a)/ divorciado(a)	7	7	8
	Viúvo(a)	6	6	6
RELIGIÃO	Católica	58	55	56
	Evangélica pentecostal	18	23	19
	Evangélica não pentecostal	5	5	5
	Espírita kardecista, espiritualista	7	4	5
	Outra religião	3	3	4
	Não tem religião nenhuma	8	8	10
	É ateu/ não acredita em Deus		0	1

PERFIL (Resposta em %)

	PIRITUBA	NOROESTE	SÃO PAULO
Mora em casa	82	84	77
Tempo médio para chegar ao trabalho (em min.)	32,2	37,8	37,4
IMC - Média	25,2	25,1	24,8
Tem animal de estimação	56	56	54
TV por assinatura	28	22	28
Telefone fixo	74	68	70
Vai ao cinema pelo menos uma vez por semana	2	2	4
Vai ao shopping pelo menos uma vez por semana	18	14	23
Viaja pelo menos uma vez por mês	10	8	10
Vai à academia pelo menos uma vez ou mais por semana	8	8	12
Costuma acessar a internet	48	46	51

Pirituba, na zona noroeste de São Paulo, é um distrito característico da classe média paulistana. O perfil dos moradores é muito parecido com a média da cidade, com algumas poucas nuances.

A exemplo de boa parte dos distritos das zonas norte e leste de São Paulo, Pirituba se formou ao redor da linha do trem. Umas das primeiras referências históricas do distrito é exatamente a construção, na década de 1880, da estação de trem, que ajudava a escoar a produção agrícola da região.

A formação do distrito tem relação direta com a fazenda Barreto, de propriedade do médico paulistano Luiz Pereira Barreto, que cultivou principalmente café.

Na década de 1920, após a morte do proprietário, a fazenda começou a ser loteada pelos herdeiros. O primeiro lote foi exatamente ao lado da estação e deu origem ao desenvolvimento do bairro de Pirituba.

Dos atuais moradores, 60% nunca moraram em outro lugar, um dos maiores índices da cidade. Apenas 17% declararam querer se mudar, e 4% sonham com uma residência na Lapa, distrito da zona oeste.

Uma característica de Pirituba que difere da média da cidade é a quantidade de aposentados que habitam o local. São 13% do total de aproximadamente 170 mil moradores do distrito. O nível de desemprego, embora não seja baixo, não chega a ser alarmante: 10% se declaram desempregados e outros 15% vivem de "bico". E há, ainda, 5% de funcionários públicos, um índice alto, considerando-se que o maior percentual da cidade é de 6%.

O maior problema do distrito, na opinião de 20% dos moradores, é a quantidade de buracos das ruas. Para 15%, o maior incômodo é a ausência de iluminação pública. Outros 13% apontam o trânsito.

O melhor do distrito é o comércio local, citado por 22%. O relacionamento com os vizinhos é considerado a maior qualidade de Pirituba por 12% dos moradores. Outros 11% apontam que o melhor é a segurança.

SÃO DOMINGOS

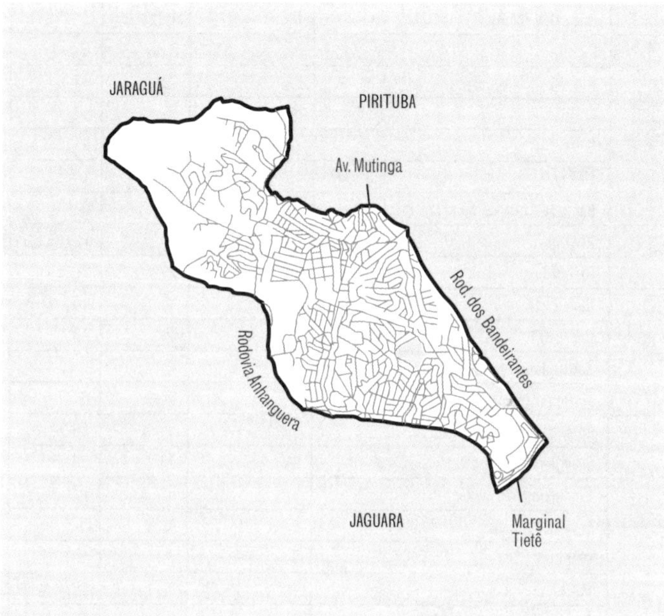

PERFIL (Resposta em %)

		SÃO DOMINGOS	NOROESTE	SÃO PAULO
SEXO	Masculino	49	47	48
	Feminino	51	53	52
IDADE	16 a 24 anos	23	25	24
	25 a 34 anos	26	23	24
	35 a 44 anos	19	21	20
	45 a 59 anos	20	20	20
	60 anos ou mais	13	11	11
MÉDIA DE IDADE		38	37,6	38
ESCOLARIDADE	Fundamental	45	44	40
	Médio	44	46	44
	Superior	11	11	16

PERFIL (Resposta em %)

		SÃO DOMINGOS	NOROESTE	SÃO PAULO
RENDA FAMILIAR MENSAL	Até 5 S.M.	77	78	69
	Mais de 5 a 10 S.M.	13	13	15
	Mais de 10 a 20 S.M.	4	4	7
	Mais de 20 a 50 S.M.	2	1	3
	Mais de 50 S.M.	0	0	0
	Não sabe/ recusa	5	4	7
CLASSIFICAÇÃO ECONÔMICA	A	3	2	5
	B	27	32	33
	C	56	56	53
	D	12	8	8
	E		0	1
	Não sabe/ recusa	2	1	0
OCUPAÇÃO PRINCIPAL	PEA	72	71	72
	NÃO PEA	28	29	28
ESTADO CONJUGAL	Solteiro(a)	35	38	40
	Casado(a)	53	50	46
	Separado(a)/ desquitado(a)/ divorciado(a)	7	7	8
	Viúvo(a)	5	6	6
RELIGIÃO	Católica	59	55	56
	Evangélica pentecostal	21	23	19
	Evangélica não pentecostal	5	5	5
	Espírita kardecista, espiritualista	3	4	5
	Outra religião	5	3	4
	Não tem religião nenhuma	7	8	10
	É ateu/ não acredita em Deus	0	0	1

PERFIL (Resposta em %)

	SÃO DOMINGOS	NOROESTE	SÃO PAULO
Mora em casa	92	84	77
Tempo médio para chegar ao trabalho (em min.)	27,6	37,8	37,4
IMC - Média	25	25,1	24,8
Tem animal de estimação	51	56	54
TV por assinatura	29	22	28
Telefone fixo	67	68	70
Vai ao cinema pelo menos uma vez por semana	3	2	4
Vai ao shopping pelo menos uma vez por semana	15	14	23
Viaja pelo menos uma vez por mês	8	8	10
Vai à academia pelo menos uma vez ou mais por semana	10	8	12
Costuma acessar a internet	47	46	51

De um lado, a rodovia Anhanguera. De outro, a rodovia dos Bandeirantes. No meio, São Domingos, um distrito de baixa renda, baixa escolaridade, mas excelente, na opinião dos próprios moradores.

São cerca de 87 mil moradores. Segundo a pesquisa DNA Paulistano, 31% acham que seu bairro é muito melhor que a maioria dos bairros da capital. Só 7% acham que é pior. E apenas 16% declaram que querem se mudar (a média da cidade é 24%).

O bairro não tem problemas para 22% dos moradores. A manutenção das ruas incomoda 19% das pessoas do distrito. Outros 12% apontam o trânsito como maior problema – além das duas rodovias, São Domingos tem como um de seus limites a Marginal do Tietê, bem na região do complexo viário apelidado de Cebolão.

O melhor do bairro é a segurança para 20% dos moradores e o comércio local para outros 20%. Apenas 11% concluíram o ensino superior e 36% das famílias vivem com renda de até 2 salários mínimos.

Apesar de bem localizado, no início da zona noroeste, vizinho da valorizada Lapa, apenas 8% dos moradores vivem em apartamentos em São Domingos. O mercado imobiliário começa agora a explorar a região. Um exemplo é uma antiga fazenda que pertenceu ao brigadeiro Rafael Tobias de Aguiar e à sua mulher, Domitila de Castro, a marquesa de Santos, que deve ser ocupada por um grande condomínio.

A oferta de transporte coletivo no distrito é limitada. Não há linhas de metrô nem de trem. De zero a dez, os moradores atribuíram nota 5,9 para o item. Apenas 15 distritos, incluindo os distantes Marsilac, Parelheiros e Grajaú, na zona sul, atribuíram nota pior para o transporte coletivo. Para ir ao trabalho, 40% dos moradores andam a pé, 33% usam ônibus e 15% preferem o carro. Com a boa localização do distrito, os trajetos demoram, em média, 27,6 minutos. A média da cidade é 37,4 minutos.

REGIÃO 8 — LESTE

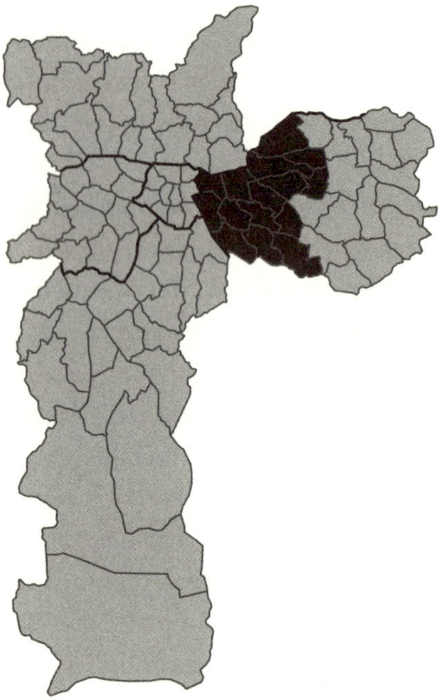

A região leste tem o quarto maior percentual de moradores pertencentes à classe A e o terceiro de pertencentes à classe B. O nível de escolaridade está acima da média da cidade, com maior parcela de moradores que concluíram o ensino médio e 16,1% de pessoas com nível superior completo. Ainda assim, apresenta algumas características que a aproximam mais do perfil das áreas periféricas – extremo leste, extremo sul e noroeste – que do das áreas mais abastadas – oeste e sul.

Os evangélicos, que têm sua maior concentração nas regiões mais afastadas, representam mais de um em cada cinco moradores da zona leste, quase o mesmo índice do extremo sul. A população também tem sua maior parcela na faixa etária entre 16 e 34 anos, o que também é característico das áreas menos favorecidas. Quanto a idas ao cinema, a região só perde em frequência semanal para o extremo leste, e as visitas a parques e até a shoppings só são menos comuns nas áreas periféricas.

Com uma nota para as opções de transporte coletivo acima da média paulistana, a região leste tem quase o mesmo percentual de moradores que vão ao trabalho de ônibus e que preferem fazer o percurso a pé. Os que vão de carro e os que vão de metrô aparecem mais atrás, com percentuais aproximados. O trajeto, seja qual for o meio utilizado, consome, em média, 34,8 minutos.

O Corinthians é o time do coração para a maior parte dos habitantes, compondo a segunda maior torcida do clube na capital. Já os são-paulinos têm na zona leste o endereço da região onde estão menos presentes: apenas 19,7% são fãs do time, o mais baixo índice da cidade.

A região tem o maior percentual de obesos, quase empatada com a região noroeste e, com quase um terço de sua população com sobrepeso, tem um percentual de pessoas abaixo do peso abaixo da média geral. Curiosamente, é o segundo maior índice de pessoas que vão a clubes ou a academias pelo menos uma vez por semana, 27,2%.

SATISFAÇÃO (NOTA MÉDIA DE 0 A 10)	TOTAL SP	TOTAL LESTE	Água Rasa	Aricanduva	Artur Alvim	Belém	Cangaíba
a) não-ocorrência de enchentes, isto é, o escoamento das águas das chuvas	7,5	7,9	8,7	7,8	8,6	8,1	7,8
b) fornecimento de água	8,6	9	9,2	9,1	9	9,1	8,6
c) rede de esgoto	7,1	7,7	8,8	7,8	7,3	7,9	6,9
d) condições de habitação e moradias	7,2	7,6	8,5	7,4	7,6	7,4	7,1
e) conservação das ruas e avenidas	6,1	6	6,4	5,5	6,5	6	5,6
f) asfaltamento de ruas e avenidas	6,2	6,1	6,4	6	6,5	6,2	5,7
g) quantidade de escolas públicas	6,9	7,1	7,8	6,8	7,5	6,5	6,9
h) quantidade de escolas particulares	6,3	6,6	7,5	5,6	6,3	7,8	5,5
i) quantidade de postos de saúde	5,2	5,4	6	5,3	6,1	5,9	5,6
j) não-ocorrência de trânsito	5,8	5,9	5,9	6	6,9	5,2	6,4
k) opções de transportes coletivos como ônibus, metrô, vans e trens	6,7	7,1	7	7	7,6	8	7,7
l) áreas de lazer	4,4	4,2	5	2,6	3,9	5,1	4,7
m) áreas para prática de esportes	4,2	4	4,7	2,4	3,6	4,7	4,4
n) iluminação de ruas e avenidas	6	6,1	6,4	5,7	5,4	6	5,6
o) atividades de cultura	4,1	3,7	4,6	2,5	3,1	4,2	3,6
p) ações e eventos para os jovens	3,7	3,3	4,1	1,9	2,9	3,9	3,2
q) ações e eventos para os idosos	3,7	3,4	4,1	2,2	3,2	4	3,3
r) acessibilidade das ruas e avenidas para deficientes físicos	2,9	2,5	3,2	1,8	2	3,4	2
s) limpeza de ruas e avenidas	5,5	5,3	6,2	4,9	4,9	4,9	4,6
t) coleta de lixo domiciliar	7,8	8	8,3	7,9	7,6	7,6	7,4
u) qualidade do ar	5,3	5	5,4	4,8	5,1	4,6	4,9
v) conservação das áreas verdes	5,7	5	5,8	4,5	4,9	5,3	5
w) segurança	4,6	4,5	5,4	3,7	4,4	5,3	4
x) quantidade de hospitais públicos	4,5	3,8	4,8	2,3	3,3	5,1	2,9
y) quantidade de hospitais particulares	4,5	3,8	5,6	1,9	2,6	6,1	2,6
z) silêncio das ruas	5,3	5,4	6,8	5	5,3	5,8	4,9
aa) fornecimento de energia elétrica	8	8,2	8,7	8,4	8,4	8,4	7,7
I. SATISFAÇÃO COM O BAIRRO	5,7	5,7	6,3	5,1	5,6	6,0	5,4
II. PARTICIPAÇÃO COMUNITÁRIA	49	33	33	40	35	38	31
III. *FIDELIDADE AO BAIRRO	136	142	157	130,5	137	145	130
IV. RISCO DE VIOLÊNCIA	20	19	19	22	20	13	21
V. PERCEPÇÃO DE SEGURANÇA	21	19	21	15	20	21	17

* Índice de 0 a 200 (0 = extremo negativo e 200 = extremo positivo)

	Carrão	Mooca	Penha	Ponte Rasa	São Lucas	Sapopemba	Tatuapé	Vila Formosa	Vila Matilde	Vila Prudente
a)	7	8	8,4	7,9	7,2	8,2	8,3	8,6	7,7	6,9
b)	9	9,3	9,1	9	8,8	9	9,3	9,1	9,2	9,1
c)	7,9	8,5	7,8	7,4	7,7	7,2	8,5	7,9	8,4	7,6
d)	7,9	8,3	7,6	7,4	7,3	7,1	8,4	7,8	8	7,5
e)	6,2	6,8	6,1	6,4	5,8	5,8	6,4	6,4	6,2	5,4
f)	6,4	6,6	6,2	6,8	5,6	6,2	6,3	6,2	6	5,3
g)	7	7,2	7,1	6,8	6,8	7,3	7,2	7	7	7,6
h)	7,6	8,3	7,6	6,8	5,8	5,1	8,3	7,3	7,1	6,8
i)	5,4	6,5	5,4	6,2	5,1	4,5	5,4	4,8	5,4	5,5
j)	5,7	5,6	6,2	6,4	5,7	5,7	3,8	5,5	6,8	5,6
k)	6,9	6,9	8,1	7,2	6,5	6,1	7,8	7,2	7,5	6,7
l)	4,6	5,9	4,5	4	3,5	3,2	6,8	4,6	4,7	3,8
m)	4,4	5,8	4,2	4,1	3,4	3,1	6,5	4,2	4,2	3,6
n)	6,4	6,6	6,5	6	6	6	6,3	6,3	6,6	6,4
o)	4	5,6	4,2	3,6	3,5	3,2	5,5	4	3,5	3,4
p)	3,5	4,9	3,5	3,4	3,1	2,8	5	3,7	3,1	3,2
q)	3,8	5,3	3,6	3,5	3,5	2,6	5,1	3,6	3,7	3,5
r)	3	3,7	3,2	2,6	2,1	2,1	3,5	2,8	2,1	2,7
s)	5,5	5,6	5,8	5,6	5,4	4,9	5,4	5,3	5,7	5,5
t)	8,1	8	8,1	8,2	8,1	8,1	7,9	7,8	8,3	8,1
u)	5,1	5,4	5	5,5	4,9	4,5	4,8	5,2	6	4,8
v)	4,9	5,7	5,1	5	5	4,1	5,7	5,6	5,6	4,9
w)	4,9	6	4,5	4,6	4,1	3,7	5,1	4,7	4,5	5,1
x)	3,2	5,5	3,4	3,8	3,8	3,9	4,5	2,6	3,6	5
y)	4,3	6,9	4,3	3,9	3,5	2,6	6,3	4,3	3,9	4
z)	6,1	6,7	5,5	5,6	4,9	4,3	5,3	5,7	6,4	5,6
aa)	8,4	8,7	8,5	8,2	8,1	7,9	8,5	8,2	8,7	8,4
I.	5,8	6,6	5,9	5,8	5,4	5,2	6,4	5,8	5,9	5,6
II.	34	31	41	34	29	23	38	34	38	38
III.	150,5	168	147,5	140,5	132,5	130	162	149	138,5	153
IV.	18	11	20	14	21	18	18	17	25	15
V.	25	33	14	20	19	16	22	20	13	22

ÁGUA RASA

PERFIL (Resposta em %)

		ÁGUA RASA	LESTE	SÃO PAULO
SEXO	Masculino	45	47	48
	Feminino	55	53	52
IDADE	16 a 24 anos	23	23	24
	25 a 34 anos	18	21	24
	35 a 44 anos	19	19	20
	45 a 59 anos	21	22	20
	60 anos ou mais	19	15	11
MÉDIA DE IDADE		41,8	39,8	38
ESCOLARIDADE	Fundamental	31	38	40
	Médio	44	46	44
	Superior	25	16	16

PERFIL (Resposta em %)

		ÁGUA RASA	LESTE	SÃO PAULO
RENDA FAMILIAR MENSAL	Até 5 S.M.	58	68	69
	Mais de 5 a 10 S.M.	23	18	15
	Mais de 10 a 20 S.M.	7	6	7
	Mais de 20 a 50 S.M.	1	1	3
	Mais de 50 S.M.	0	0	0
	Não sabe/ recusa	9	8	7
CLASSIFICAÇÃO ECONÔMICA	A	8	4	5
	B	45	39	33
	C	38	49	53
	D	7	7	8
	E	1	0	1
	Não sabe/ recusa	0	0	0
OCUPAÇÃO PRINCIPAL	PEA	65	70	72
	NÃO PEA	35	30	28
ESTADO CONJUGAL	Solteiro(a)	39	38	40
	Casado(a)	44	47	46
	Separado(a)/ desquitado(a)/ divorciado(a)	10	8	8
	Viúvo(a)	7	7	6
RELIGIÃO	Católica	54	56	56
	Evangélica pentecostal	16	19	19
	Evangélica não pentecostal	5	4	5
	Espírita kardecista, espiritualista	13	7	5
	Outra religião	6	5	4
	Não tem religião nenhuma	5	9	10
	É ateu/ não acredita em Deus	0	0	1

PERFIL (Resposta em %)

	ÁGUA RASA	LESTE	SÃO PAULO
Mora em casa	84	77	77
Tempo médio para chegar ao trabalho (em min.)	29,9	34,8	37,4
IMC - Média	25	25,1	24,8
Tem animal de estimação	59	57	54
TV por assinatura	58	33	28
Telefone fixo	86	76	70
Vai ao cinema pelo menos uma vez por semana	3	3	4
Vai ao shopping pelo menos uma vez por semana	32	27	23
Viaja pelo menos uma vez por mês	11	11	10
Vai à academia pelo menos uma vez ou mais por semana	17	10	12
Costuma acessar a internet	59	51	51

O vizinho menos famoso da Mooca e do Tatuapé, Água Rasa tem indicadores socioeconômicos mais elevados que a média da cidade de São Paulo.

Enquanto na média da cidade o predomínio é de famílias de classe C (53%), na Água Rasa 45% pertencem à classe B e 8% à classe A. É um indicador da importância econômica que tem o distrito, do qual se tem poucas referências históricas.

O índice de desemprego nesse distrito da zona leste é de 9%, menor que os 14% da média da cidade. Também é superior o número de aposentados: 15% contra 9% no total da capital.

A escolaridade também destoa da característica predominante na cidade. O distrito tem 25% de moradores com ensino superior e 31% com ensino fundamental. Na capital, os índices são de 16% e 40%, respectivamente.

O principal problema do distrito é o trânsito, na opinião de 14% dos moradores. Mas o local é bem avaliado: 32% dizem que não há problema algum.

Um indicador positivo do distrito é a segurança, melhor característica do local para 18% dos entrevistados. O que o bairro tem de melhor, na opinião de 27%, é o comércio local. Outros 15% consideram o relacionamento com os vizinhos.

Outra característica positiva da Água Rasa é a fidelidade de seus moradores. Apenas 12%, metade da média da cidade, querem mudar de bairro – 2% dizem querer ir morar no Tatuapé.

Ao contrário de seus vizinhos "famosos", a Água Rasa ainda não foi atingida pelo *boom* imobiliário. Apenas 16% dos moradores vivem em apartamentos. Os 84% restantes continuam morando em casas térreas.

Em termos políticos, o distrito é dividido. O PT tem a preferência de 14% dos moradores. O PSDB, de 12%. Já no futebol, há desequilíbrio. O Corinthians tem a preferência de 38%, 21% torcem para o São Paulo e 16% se dizem palmeirenses.

ARICANDUVA

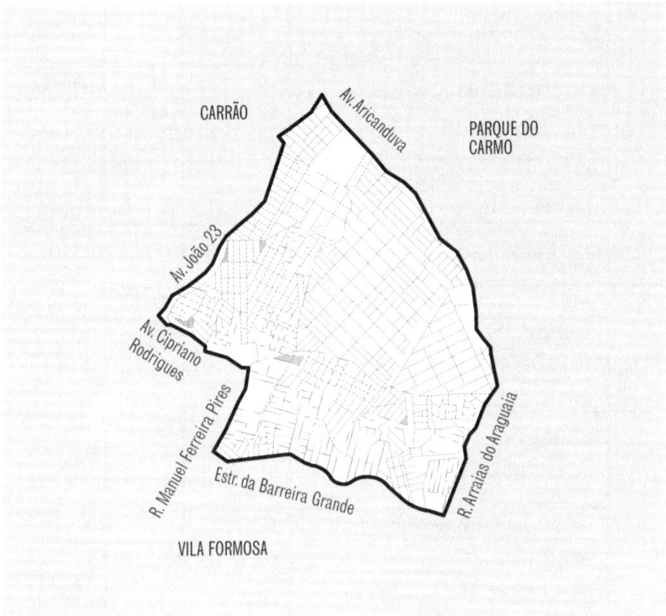

PERFIL (Resposta em %)

		ARICANDUVA	LESTE	SÃO PAULO
SEXO	Masculino	47	47	48
	Feminino	53	53	52
IDADE	16 a 24 anos	24	23	24
	25 a 34 anos	20	21	24
	35 a 44 anos	20	19	20
	45 a 59 anos	21	22	20
	60 anos ou mais	15	15	11
MÉDIA DE IDADE		39,5	39,8	38
ESCOLARIDADE	Fundamental	40	38	40
	Médio	47	46	44
	Superior	13	16	16

PERFIL (Resposta em %)

		ARICANDUVA	LESTE	SÃO PAULO
RENDA FAMILIAR MENSAL	Até 5 S.M.	68	68	69
	Mais de 5 a 10 S.M.	17	18	15
	Mais de 10 a 20 S.M.	5	6	7
	Mais de 20 a 50 S.M.	1	1	3
	Mais de 50 S.M.	0	0	0
	Não sabe/ recusa	7	8	7
CLASSIFICAÇÃO ECONÔMICA	A	4	4	5
	B	40	39	33
	C	50	49	53
	D	6	7	8
	E		0	1
	Não sabe/ recusa	0	0	0
OCUPAÇÃO PRINCIPAL	PEA	72	70	72
	NÃO PEA	28	30	28
ESTADO CONJUGAL	Solteiro(a)	40	38	40
	Casado(a)	50	47	46
	Separado(a)/ desquitado(a)/ divorciado(a)	4	8	8
	Viúvo(a)	6	7	6
RELIGIÃO	Católica	57	56	56
	Evangélica pentecostal	19	19	19
	Evangélica não pentecostal	4	4	5
	Espírita kardecista, espiritualista	6	7	5
	Outra religião	4	5	4
	Não tem religião nenhuma	9	9	10
	É ateu/ não acredita em Deus		0	1

PERFIL (Resposta em %)

	ARICANDUVA	LESTE	SÃO PAULO
Mora em casa	90	77	77
Tempo médio para chegar ao trabalho (em min.)	36,2	34,8	37,4
IMC - Média	25,2	25,1	24,8
Tem animal de estimação	66	57	54
TV por assinatura	27	33	28
Telefone fixo	77	76	70
Vai ao cinema pelo menos uma vez por semana	4	3	4
Vai ao shopping pelo menos uma vez por semana	30	27	23
Viaja pelo menos uma vez por mês	7	11	10
Vai à academia pelo menos uma vez ou mais por semana	7	10	12
Costuma acessar a internet	51	51	51

Na falta de parques e outras áreas de lazer, os moradores do distrito de Aricanduva, na zona leste, se divertem em shoppings.

A pesquisa DNA Paulistano aponta que 81% dos moradores costumam frequentar shopping centers – 71% vão pelo menos uma vez por mês e 30% vão todas as semanas. O shopping Aricanduva, o maior da cidade, é vizinho do distrito.

Já 53% dos moradores de Aricanduva disseram não frequentar parques. Apenas 9% deles vão toda semana a parques. A média da cidade é de 17%.

A questão é que praticamente não há áreas de lazer no distrito, o que faz com que os moradores busquem alternativas.

A nota dos moradores à quantidade de áreas de lazer no seu bairro é de 2,6 (numa escala de zero a dez) em Aricanduva. É muito baixo, ainda mais considerando que a nota média da cidade é 4,0. Áreas para a prática de esportes receberam nota 2,4 contra 3,7 na cidade. Atividades de cultura receberam 2,5 dos moradores do distrito contra 3,7 do total dos paulistanos. Ações para jovens e idosos também são mal avaliadas.

O famoso cemitério de Vila Formosa, o maior do país, onde já foram enterradas cerca de 1,5 milhão de pessoas, curiosamente não fica no distrito de Vila Formosa, mas em Aricanduva. Outra curiosidade é histórica: conta-se que parte do bairro se formou nas terras do português Gabriel Cardoso. Ele teria comprado a área (onde cultivava flores e hortaliças) e um táxi com dinheiro que havia ganhado no jogo do bicho.

O perfil do morador do distrito não é muito diferente da média da cidade: há mais mulheres (53%) que homens, poucos (13%) cursaram o ensino superior, a maioria das família (68%) vive com até 5 salários mínimos por mês, a maioria (57%) é católica e o nível de desemprego (16%) é alto. Corintianos predominam (38%), mas há 20% de torcedores do São Paulo, 13% do Palmeiras e 7% do Santos.

ARTUR ALVIM

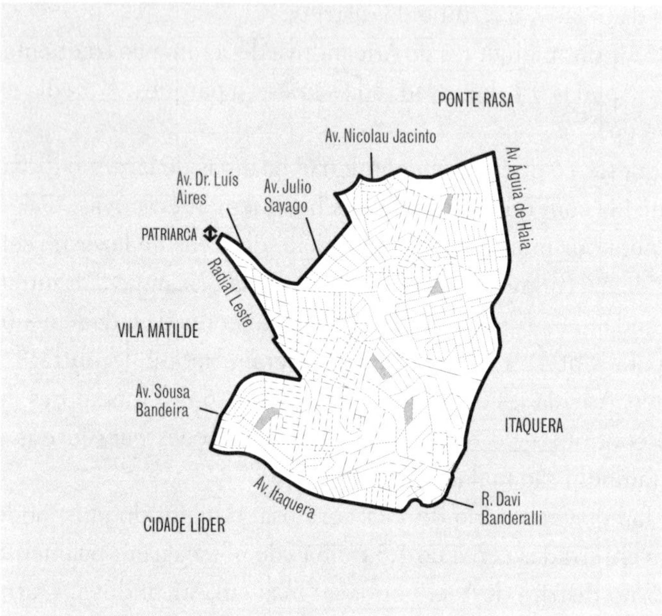

PERFIL (Resposta em %)

		ARTUR ALVIM	LESTE	SÃO PAULO
SEXO	Masculino	46	47	48
	Feminino	54	53	52
IDADE	16 a 24 anos	25	23	24
	25 a 34 anos	21	21	24
	35 a 44 anos	20	19	20
	45 a 59 anos	21	22	20
	60 anos ou mais	13	15	11
MÉDIA DE IDADE		39	39,8	38
ESCOLARIDADE	Fundamental	44	38	40
	Médio	44	46	44
	Superior	13	16	16

PERFIL (Resposta em %)

		ARTUR ALVIM	LESTE	SÃO PAULO
RENDA FAMILIAR MENSAL	Até 5 S.M.	80	68	69
	Mais de 5 a 10 S.M.	12	18	15
	Mais de 10 a 20 S.M.	1	6	7
	Mais de 20 a 50 S.M.	0	1	3
	Mais de 50 S.M.		0	0
	Não sabe/ recusa	7	8	7
CLASSIFICAÇÃO ECONÔMICA	A	1	4	5
	B	28	39	33
	C	61	49	53
	D	10	7	8
	E	0	0	1
	Não sabe/ recusa	0	0	0
OCUPAÇÃO PRINCIPAL	PEA	71	70	72
	NÃO PEA	29	30	28
ESTADO CONJUGAL	Solteiro(a)	41	38	40
	Casado(a)	46	47	46
	Separado(a)/ desquitado(a)/ divorciado(a)	7	8	8
	Viúvo(a)	6	7	6
RELIGIÃO	Católica	51	56	56
	Evangélica pentecostal	20	19	19
	Evangélica não pentecostal	6	4	5
	Espírita kardecista, espiritualista	9	7	5
	Outra religião	5	5	4
	Não tem religião nenhuma	8	9	10
	É ateu/ não acredita em Deus	1	0	1

PERFIL (Resposta em %)

	ARTUR ALVIM	LESTE	SÃO PAULO
Mora em casa	56	77	77
Tempo médio para chegar ao trabalho (em min.)	36,7	34,8	37,4
IMC - Média	24,7	25,1	24,8
Tem animal de estimação	51	57	54
TV por assinatura	17	33	28
Telefone fixo	72	76	70
Vai ao cinema pelo menos uma vez por semana	3	3	4
Vai ao shopping pelo menos uma vez por semana	27	27	23
Viaja pelo menos uma vez por mês	9	11	10
Vai à academia pelo menos uma vez ou mais por semana	9	10	12
Costuma acessar a internet	48	51	51

O engenheiro Artur Alvim participou da construção do "ramal de São Paulo" da estrada de ferro Central do Brasil. Atribui-se a ele o projeto de uma estação em uma região ocupada apenas por chácaras na zona leste da cidade.

A estação foi inaugurada na década de 1920 e deu impulso ao loteamento do bairro, que acabou sendo batizado com o nome da própria estação. A estação, por sua vez, ganhou o nome do engenheiro que a projetou. Assim nasceu o bairro de Artur Alvim, hoje também sede de distrito da subprefeitura da Penha.

O trem faz parte da história e da vida real do distrito. Atualmente, os trens do metrô (que chegou à região em 1987) levam ao trabalho 41% dos moradores de Artur Alvim. Em nenhum outro distrito de São Paulo se utiliza tanto o metrô. Só 8% dos moradores preferem ir ao trabalho de carro. Só oito dos 96 distritos de São Paulo usam menos carro que Artur Alvim. O trem mesmo, aquele da história da formação do bairro, ainda transporta 2% dos moradores do local.

O metrô que leva muito ao trabalho leva pouco ao lazer: 54% dos moradores não costumam ir ao cinema, 82% não frequentam teatro, 64% não vão a shows, 45% não costumam ir a restaurantes, 61% não viajam nos fins de semana. As diversões mais comuns são os shopping centers, frequentados por 74% dos moradores, em que 27% vão todas as semanas, e os parques, aonde 59% costumam ir.

Em Artur Alvim, a maioria dos moradores pertence à classe C. São 61% contra 29% das classes A e B e 10% das classes D e E. O nível de renda não é elevado: 33% das famílias vivem com até 2 salários mínimos mensais e menos de 1% tem renda superior a 10 salários mínimos. Há 20% de moradores desempregados e 10% que vivem de "bico".

Os católicos são 51% dos moradores, menos que a média da cidade, de 56%, e 26% são evangélicos. No total, São Paulo tem 24% de evangélicos.

BELÉM

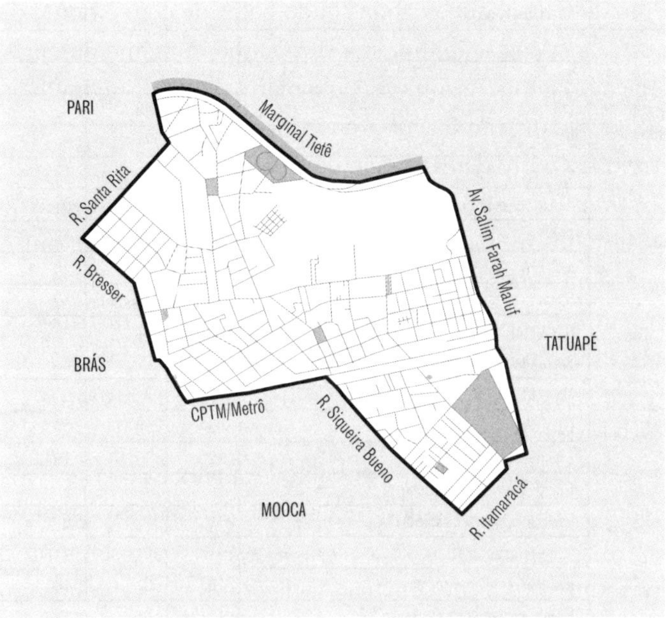

PERFIL (Resposta em %)

		BELÉM	LESTE	SÃO PAULO
SEXO	Masculino	44	47	48
	Feminino	56	53	52
IDADE	16 a 24 anos	20	23	24
	25 a 34 anos	17	21	24
	35 a 44 anos	18	19	20
	45 a 59 anos	24	22	20
	60 anos ou mais	21	15	11
MÉDIA DE IDADE		43	39,8	38
ESCOLARIDADE	Fundamental	32	38	40
	Médio	37	46	44
	Superior	30	16	16

PERFIL (Resposta em %)

		BELÉM	LESTE	SÃO PAULO
RENDA FAMILIAR MENSAL	Até 5 S.M.	53	68	69
	Mais de 5 a 10 S.M.	23	18	15
	Mais de 10 a 20 S.M.	10	6	7
	Mais de 20 a 50 S.M.	5	1	3
	Mais de 50 S.M.		0	0
	Não sabe/ recusa	9	8	7
CLASSIFICAÇÃO ECONÔMICA	A	7	4	5
	B	41	39	33
	C	43	49	53
	D	8	7	8
	E	1	0	1
	Não sabe/ recusa		0	0
OCUPAÇÃO PRINCIPAL	PEA	73	70	72
	NÃO PEA	27	30	28
ESTADO CONJUGAL	Solteiro(a)	39	38	40
	Casado(a)	45	47	46
	Separado(a)/ desquitado(a)/ divorciado(a)	8	8	8
	Viúvo(a)	9	7	6
RELIGIÃO	Católica	60	56	56
	Evangélica pentecostal	12	19	19
	Evangélica não pentecostal	3	4	5
	Espírita kardecista, espiritualista	11	7	5
	Outra religião	4	5	4
	Não tem religião nenhuma	10	9	10
	É ateu/ não acredita em Deus	1	0	1

PERFIL (Resposta em %)

	BELÉM	LESTE	SÃO PAULO
Mora em casa	51	77	77
Tempo médio para chegar ao trabalho (em min.)	24,9	34,8	37,4
IMC - Média	25,3	25,1	24,8
Tem animal de estimação	43	57	54
TV por assinatura	41	33	28
Telefone fixo	76	76	70
Vai ao cinema pelo menos uma vez por semana	4	3	4
Vai ao shopping pelo menos uma vez por semana	29	27	23
Viaja pelo menos uma vez por mês	11	11	10
Vai à academia pelo menos uma vez ou mais por semana	13	10	12
Costuma acessar a internet	56	51	51

O distrito de Belém, na zona leste de São Paulo, é feminino: há 56% de mulheres contra 44% de homens.

O Belém também é um distrito "velho". A média de idade é de 43 anos e 45% dos moradores têm 45 anos ou mais.

É curioso saber que o Belém era, na verdade, Belenzinho, nome que não cabia no letreiro do bonde. Então, lia-se só Belém. A população adotou o nome, e Belenzinho ficou sendo mesmo só um dos bairros do distrito. Isso entre o fim do século 19 e começo do século 20.

É curioso também saber que o distrito, vizinho ao Brás e à Mooca, às margens da Marginal do Tietê, já foi até uma estação climática no século 19, quando a região era conhecida como "Marco da Meia Légua".

Hoje, os moradores dão nota 4,6 para a qualidade do ar, um efeito colateral do desenvolvimento da metrópole que passa até mesmo pela história do Belém.

No início do século passado, chegaram ao Belém as primeiras indústrias. Um dos empresários que investiu na região foi Jorge Street, que construiu não só a Companhia Nacional de Tecidos de Juta como a Vila Maria Zélia, primeira vila operária de São Paulo criada para servir de moradia aos cerca de 2 mil empregados da empresa e suas famílias.

A região já não é mais tão industrializada e vem perdendo, ao longo do tempo, a característica de bairro operário. Hoje, 51% dos moradores vêm de outros locais. E 17% querem mudar de bairro – 4% querem ir para o Tatuapé, sonho de consumo dos emergentes da zona leste.

O principal problema do distrito encravado entre a Marginal do Tietê, a Radial Leste, a avenida Salim Farah Maluf e cortado pela avenida Celso Garcia é o trânsito. É o que apontam 16% dos moradores. Por outro lado, com tão boa localização, não surpreende que a facilidade de acesso ao comércio seja sua principal virtude para 25%. Outros 13% apontam a localização como o melhor do Belém.

CANGAÍBA

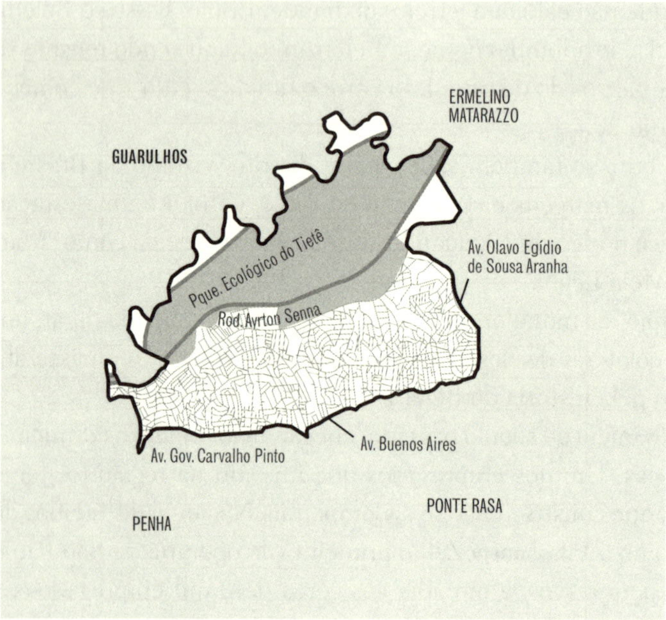

PERFIL (Resposta em %)

		CANGAÍBA	LESTE	SÃO PAULO
SEXO	Masculino	47	47	48
	Feminino	53	53	52
IDADE	16 a 24 anos	24	23	24
	25 a 34 anos	23	21	24
	35 a 44 anos	19	19	20
	45 a 59 anos	21	22	20
	60 anos ou mais	13	15	11
MÉDIA DE IDADE		38,3	39,8	38
ESCOLARIDADE	Fundamental	37	38	40
	Médio	54	46	44
	Superior	9	16	16

PERFIL (Resposta em %)

		CANGAÍBA	LESTE	SÃO PAULO
RENDA FAMILIAR MENSAL	Até 5 S.M.	78	68	69
	Mais de 5 a 10 S.M.	10	18	15
	Mais de 10 a 20 S.M.	5	6	7
	Mais de 20 a 50 S.M.	0	1	3
	Mais de 50 S.M.	0	0	0
	Não sabe/ recusa	7	8	7
CLASSIFICAÇÃO ECONÔMICA	A	3	4	5
	B	31	39	33
	C	59	49	53
	D	7	7	8
	E		0	1
	Não sabe/ recusa	0	0	0
OCUPAÇÃO PRINCIPAL	PEA	72	70	72
	NÃO PEA	27	30	28
ESTADO CONJUGAL	Solteiro(a)	39	38	40
	Casado(a)	51	47	46
	Separado(a)/ desquitado(a)/ divorciado(a)	6	8	8
	Viúvo(a)	4	7	6
RELIGIÃO	Católica	50	56	56
	Evangélica pentecostal	24	19	19
	Evangélica não pentecostal	7	4	5
	Espírita kardecista, espiritualista	5	7	5
	Outra religião	3	5	4
	Não tem religião nenhuma	10	9	10
	É ateu/ não acredita em Deus	1	0	1

PERFIL (Resposta em %)

	CANGAÍBA	LESTE	SÃO PAULO
Mora em casa	76	77	77
Tempo médio para chegar ao trabalho (em min.)	38,5	34,8	37,4
IMC - Média	25,1	25,1	24,8
Tem animal de estimação	53	57	54
TV por assinatura	24	33	28
Telefone fixo	73	76	70
Vai ao cinema pelo menos uma vez por semana	4	3	4
Vai ao shopping pelo menos uma vez por semana	25	27	23
Viaja pelo menos uma vez por mês	9	11	10
Vai à academia pelo menos uma vez ou mais por semana	7	10	12
Costuma acessar a internet	46	51	51

Em Cangaíba, distrito da zona leste paulista, 54% dos moradores têm ensino médio e só 9% chegaram à educação superior. Lá, 20% dos moradores procuram emprego.

Cangaíba é vizinho da tradicional Penha, bem servido por transporte coletivo (nota 7,7 para o item, de acordo com a pesquisa DNA Paulistano), mas nem isso nem o nível médio de ensino da maioria dos moradores garantem o emprego de ninguém, já que 20% dos entrevistados pelo Datafolha no distrito procuram emprego.

Segurança é um dos problemas de Cangaíba. Os moradores dão nota 4,0 para a segurança do distrito (a média da cidade é de 4,3), 10% deles foram assaltados no período de um ano no próprio bairro e 10% também conhecem alguém que foi assaltado na região. São índices que superam a média da capital.

Um dos atrativos do distrito é o parque Tiquatira, na divisa com a Penha. Também é próximo dali o parque ecológico Tietê. Talvez por isso 62% dos moradores costumem frequentar parques, e 20% deles o fazem pelo menos uma vez por semana. Na média, 57% dos paulistanos costumam frequentar parques públicos.

Metade dos moradores do distrito se declara católica, um dos menores índices da cidade, que tem, na média, 56% de adeptos dessa religião. Já 31% são evangélicos (24% pentecostais e 7% não pentecostais). E 51% dos moradores são casados (a média da cidade é de 46%).

Nos demais indicadores, Cangaíba é praticamente uma reprodução do perfil e do pensamento médio do paulistano. A média de idade é de 38,3 anos contra 37,8 da cidade. As mulheres somam 53% dos moradores de Cangaíba contra 52% em São Paulo.

O principal problema do bairro é o grande volume de buracos nas ruas para 13% dos moradores, índice idêntico ao da média da cidade. O comércio local é a maior virtude do distrito para 23% dos moradores, novamente com índice idêntico ao da cidade.

CARRÃO

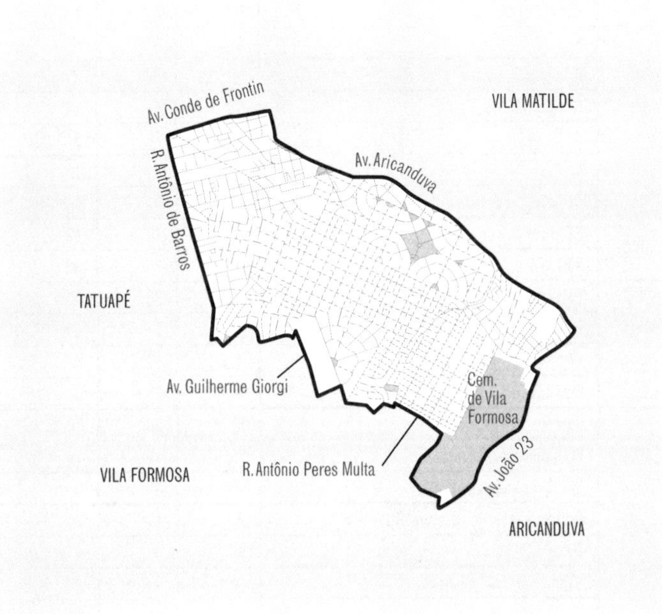

PERFIL (Resposta em %)

		CARRÃO	LESTE	SÃO PAULO
SEXO	Masculino	45	47	48
	Feminino	55	53	52
IDADE	16 a 24 anos	21	23	24
	25 a 34 anos	18	21	24
	35 a 44 anos	21	19	20
	45 a 59 anos	23	22	20
	60 anos ou mais	17	15	11
MÉDIA DE IDADE		41,6	39,8	38
ESCOLARIDADE	Fundamental	42	38	40
	Médio	42	46	44
	Superior	16	16	16

PERFIL (Resposta em %)

		CARRÃO	LESTE	SÃO PAULO
RENDA FAMILIAR MENSAL	Até 5 S.M.	60	68	69
	Mais de 5 a 10 S.M.	22	18	15
	Mais de 10 a 20 S.M.	7	6	7
	Mais de 20 a 50 S.M.	1	1	3
	Mais de 50 S.M.		0	0
	Não sabe/ recusa	9	8	7
CLASSIFICAÇÃO ECONÔMICA	A	5	4	5
	B	39	39	33
	C	48	49	53
	D	8	7	8
	E		0	1
	Não sabe/ recusa		0	0
OCUPAÇÃO PRINCIPAL	PEA	67	70	72
	NÃO PEA	33	30	28
ESTADO CONJUGAL	Solteiro(a)	40	38	40
	Casado(a)	45	47	46
	Separado(a)/ desquitado(a)/ divorciado(a)	7	8	8
	Viúvo(a)	9	7	6
RELIGIÃO	Católica	57	56	56
	Evangélica pentecostal	16	19	19
	Evangélica não pentecostal	4	4	5
	Espírita kardecista, espiritualista	7	7	5
	Outra religião	6	5	4
	Não tem religião nenhuma	10	9	10
	É ateu/ não acredita em Deus		0	1

PERFIL (Resposta em %)

	CARRÃO	LESTE	SÃO PAULO
Mora em casa	87	77	77
Tempo médio para chegar ao trabalho (em min.)	27,9	34,8	37,4
IMC - Média	24,8	25,1	24,8
Tem animal de estimação	57	57	54
TV por assinatura	52	33	28
Telefone fixo	76	76	70
Vai ao cinema pelo menos uma vez por semana	3	3	4
Vai ao shopping pelo menos uma vez por semana	22	27	23
Viaja pelo menos uma vez por mês	8	11	10
Vai à academia pelo menos uma vez ou mais por semana	13	10	12
Costuma acessar a internet	52	51	51

O morador do Carrão gosta da região em que mora. Só 13% querem se mudar de bairro (a média da cidade é de 24%). Mesmo assim, 8% dos que falam que querem se mudar preferem ficar por ali mesmo, no Tatuapé, Mooca, Penha, Vila Formosa ou Vila Matilde.

O melhor do distrito para 34% é que apresenta comércio e serviço completos. A segurança é a principal virtude para 16% e outros 12% apontam o relacionamento com os vizinhos.

Os moradores se dividem ao apontar o que eles consideram o pior do distrito: 12% indicam a iluminação pública, 11% declaram que é o trânsito (o Carrão faz limites com as movimentadas avenidas Aricanduva e Radial Leste) e 10% reclamam dos buracos nas ruas.

Outro aspecto mal avaliado do distrito é a quantidade de hospitais públicos. De zero a dez, os moradores atribuem nota 3,2 ao item.

No Carrão, o interesse por política é baixo: 54% dizem não ter nenhum interesse e apenas 12% dizem ter muito interesse. Já o futebol atrai bastante. Apenas 14% disseram não torcer para nenhum time. Na média, esse indicador é de 20% na cidade.

O Corinthians tem a preferência de 43% dos moradores do distrito. É o distrito mais corintiano da cidade, empatado com Casa Verde e Limão. Os são-paulinos somam 18% e os palmeirenses, 15%. Apesar disso, apenas 23% dizem frequentar jogos ou competições esportivas, índice ligeiramente superior aos 21% da média da cidade.

A média de idade no distrito é de 41,6 anos. O predomínio é de famílias da classe C, com 48% (a média em São Paulo é de 53%), os desempregados são 10% (menos que os 14% da capital), 13% se declaram donas de casa (total de 10% na cidade) e 14% são aposentados (9% na média paulistana). Apenas 19% vivem com até 2 salários mínimos, menos que 28% da cidade, mas só 1% tem renda superior a 20 salários mínimos (a média em São Paulo é de 3%).

MOOCA

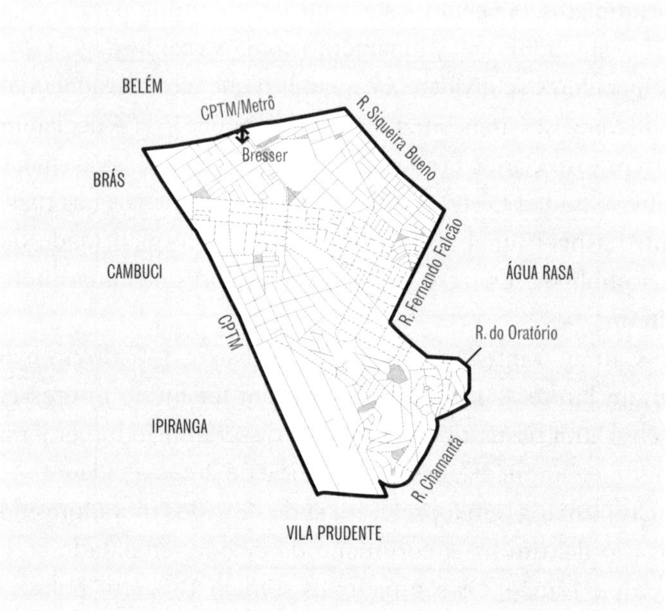

PERFIL (Resposta em %)

		MOOCA	LESTE	SÃO PAULO
SEXO	Masculino	45	47	48
	Feminino	55	53	52
IDADE	16 a 24 anos	17	23	24
	25 a 34 anos	17	21	24
	35 a 44 anos	19	19	20
	45 a 59 anos	24	22	20
	60 anos ou mais	22	15	11
MÉDIA DE IDADE		44,1	39,8	38
ESCOLARIDADE	Fundamental	25	38	40
	Médio	41	46	44
	Superior	34	16	16

PERFIL (Resposta em %)

		MOOCA	LESTE	SÃO PAULO
RENDA FAMILIAR MENSAL	Até 5 S.M.	40	68	69
	Mais de 5 a 10 S.M.	28	18	15
	Mais de 10 a 20 S.M.	16	6	7
	Mais de 20 a 50 S.M.	5	1	3
	Mais de 50 S.M.	0	0	0
	Não sabe/ recusa	10	8	7
CLASSIFICAÇÃO ECONÔMICA	A	11	4	5
	B	54	39	33
	C	30	49	53
	D	4	7	8
	E		0	1
	Não sabe/ recusa	1	0	0
OCUPAÇÃO PRINCIPAL	PEA	66	70	72
	NÃO PEA	34	30	28
ESTADO CONJUGAL	Solteiro(a)	35	38	40
	Casado(a)	45	47	46
	Separado(a)/ desquitado(a)/ divorciado(a)	7	8	8
	Viúvo(a)	13	7	6
RELIGIÃO	Católica	61	56	56
	Evangélica pentecostal	9	19	19
	Evangélica não pentecostal	3	4	5
	Espírita kardecista, espiritualista	11	7	5
	Outra religião	3	5	4
	Não tem religião nenhuma	13	9	10
	É ateu/ não acredita em Deus	0	0	1

PERFIL (Resposta em %)

	MOOCA	LESTE	SÃO PAULO
Mora em casa	50	77	77
Tempo médio para chegar ao trabalho (em min.)	28,4	34,8	37,4
IMC - Média	25	25,1	24,8
Tem animal de estimação	50	57	54
TV por assinatura	57	33	28
Telefone fixo	80	76	70
Vai ao cinema pelo menos uma vez por semana	1	3	4
Vai ao shopping pelo menos uma vez por semana	25	27	23
Viaja pelo menos uma vez por mês	14	11	10
Vai à academia pelo menos uma vez ou mais por semana	17	10	12
Costuma acessar a internet	59	51	51

A Mooca é um distrito antigo. Não pelos mais de 450 anos de história, completados em 2006, o que dá ao local uma aura de tradição, fama que corre o Brasil. É que a média de idade no distrito é de 44,1 anos, 16,7% maior que a da cidade.

De acordo com a pesquisa DNA Paulistano, 46% dos moradores têm mais de 45 anos. A média da cidade é de 31%. Na outra ponta, 34% têm até 34 anos contra uma média da capital de 48%.

Localizada no "início" da zona leste, a Mooca tem a qualidade do comércio local, segurança e o relacionamento entre os vizinhos como suas principais virtudes. Na opinião de 37% dos moradores, o bairro em que ele mora simplesmente não tem problemas.

Fidelidade é uma das marcas da Mooca. A pesquisa aponta que 52% dos moradores acreditam que seu bairro é muito melhor que os demais bairros da cidade. Apenas 8% gostariam de se mudar – a média da cidade é de 24%.

Famosa pela qualidade de vida que ostenta e propaga, a Mooca é um dos locais de maior interesse do mercado imobiliário. E há uma curiosidade aí: exatos 50% dos moradores disseram ao Datafolha morar em casa; outros 50% declararam residir em apartamento.

Talvez esse *boom* imobiliário seja o principal responsável pelo trânsito carregado que já atinge o distrito e que, para 16% dos moradores, é o principal problema.

Distrito com bons níveis de escolaridade – 66% dos moradores têm nível superior de ensino – e renda – 62% têm renda superior a 10 salários mínimos –, a Mooca é um reduto tucano: 13% dos moradores declaram o PSDB como seu partido de preferência contra 9% do PT. Apesar disso, apenas 2% integram partidos políticos. No total, 69% declararam não participar de nenhum tipo de organização ou movimento social.

PENHA

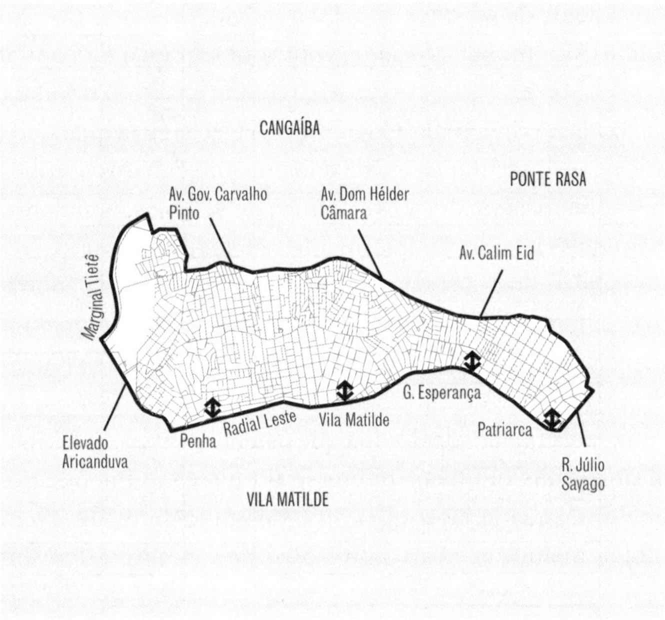

PERFIL (Resposta em %)

		PENHA	LESTE	SÃO PAULO
SEXO	Masculino	46	47	48
	Feminino	54	53	52
IDADE	16 a 24 anos	22	23	24
	25 a 34 anos	21	21	24
	35 a 44 anos	18	19	20
	45 a 59 anos	22	22	20
	60 anos ou mais	17	15	11
MÉDIA DE IDADE		41	39,8	38
ESCOLARIDADE	Fundamental	43	38	40
	Médio	43	46	44
	Superior	14	16	16

PERFIL (Resposta em %)

		PENHA	LESTE	SÃO PAULO
RENDA FAMILIAR MENSAL	Até 5 S.M.	69	68	69
	Mais de 5 a 10 S.M.	18	18	15
	Mais de 10 a 20 S.M.	5	6	7
	Mais de 20 a 50 S.M.	1	1	3
	Mais de 50 S.M.		0	0
	Não sabe/ recusa	6	8	7
CLASSIFICAÇÃO ECONÔMICA	A	5	4	5
	B	33	39	33
	C	54	49	53
	D	7	7	8
	E	1	0	1
	Não sabe/ recusa		0	0
OCUPAÇÃO PRINCIPAL	PEA	68	70	72
	NÃO PEA	32	30	28
ESTADO CONJUGAL	Solteiro(a)	37	38	40
	Casado(a)	46	47	46
	Separado(a)/ desquitado(a)/ divorciado(a)	8	8	8
	Viúvo(a)	10	7	6
RELIGIÃO	Católica	58	56	56
	Evangélica pentecostal	14	19	19
	Evangélica não pentecostal	6	4	5
	Espírita kardecista, espiritualista	7	7	5
	Outra religião	7	5	4
	Não tem religião nenhuma	8	9	10
	É ateu/ não acredita em Deus		0	1

PERFIL (Resposta em %)

	PENHA	LESTE	SÃO PAULO
Mora em casa	84	77	77
Tempo médio para chegar ao trabalho (em min.)	32,6	34,8	37,4
IMC - Média	25,5	25,1	24,8
Tem animal de estimação	62	57	54
TV por assinatura	31	33	28
Telefone fixo	78	76	70
Vai ao cinema pelo menos uma vez por semana	2	3	4
Vai ao shopping pelo menos uma vez por semana	36	27	23
Viaja pelo menos uma vez por mês	13	11	10
Vai à academia pelo menos uma vez ou mais por semana	8	10	12
Costuma acessar a internet	51	51	51

O distrito da Penha, na zona leste, é uma espécie de São Paulo em miniatura. Pelo menos no que diz respeito ao perfil e ao pensamento do morador médio da cidade.

O nível de escolaridade do morador da Penha é equivalente ao da média da cidade, com pequena variação dentro da margem de erro da pesquisa. No distrito, são 43% de ensino fundamental, 43% de médio e 14% de superior. Na cidade, 40%, 44% e 16%, respectivamente.

No distrito, 69% das famílias vivem com renda de até 5 salários mínimos, mesmo percentual da cidade. São 33% de famílias de classe B e 54% de classe C na Penha (na cidade, 33% e 54%).

O nível de desemprego de 15% é apenas um ponto percentual superior à média da cidade. Há 9% de donas de casa, um ponto percentual a menos que no total de São Paulo. Os casados somam 46% do total dos moradores da Penha e da cidade. Os católicos chegam a 58% no distrito, dois pontos percentuais acima da média paulistana.

Há 35% de torcedores do Corinthians entre os penhenses e 33% entre os paulistanos. São-paulinos somam 22% nos dois casos. Palmeirenses são 15% na Penha e 14% na capital. Santistas, 5% e 6%, respectivamente.

Um resgate da história do distrito mostra que essas aparentes similaridades não são apenas coincidências. A história da Penha está intimamente ligada à história da formação de São Paulo desde pelo menos o século 17, quando se registra a construção de uma capela e o início de um povoado. O "pelo menos" fica por conta da suspeita histórica de que os índios guaianases faziam o local, às margens do riacho Tiquatira, de ponto de descanso em suas idas e vindas entre São Paulo de Piratininga (antigo nome da cidade) e Bertioga, no litoral.

Mas teria de haver ao menos uma diferença. E há algumas. Na Penha, 22% dos moradores dizem preferir música sertaneja. Na cidade, esse índice é de 16%. Os adeptos do rock são 11% no distrito e 7% na cidade.

PONTE RASA

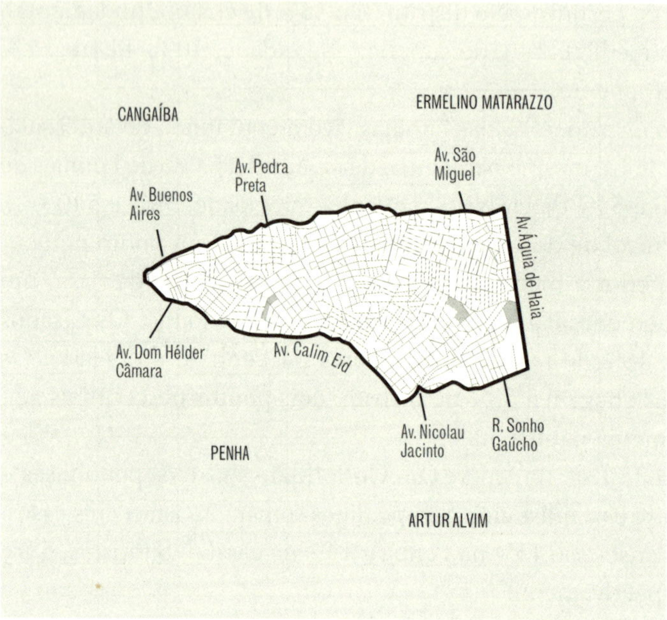

PERFIL (Resposta em %)

		PONTE RASA	LESTE	SÃO PAULO
SEXO	Masculino	48	47	48
	Feminino	52	53	52
IDADE	16 a 24 anos	23	23	24
	25 a 34 anos	23	21	24
	35 a 44 anos	21	19	20
	45 a 59 anos	21	22	20
	60 anos ou mais	12	15	11
MÉDIA DE IDADE		38,3	39,8	38
ESCOLARIDADE	Fundamental	34	38	40
	Médio	51	46	44
	Superior	15	16	16

PERFIL (Resposta em %)

		PONTE RASA	LESTE	SÃO PAULO
RENDA FAMILIAR MENSAL	Até 5 S.M.	68	68	69
	Mais de 5 a 10 S.M.	20	18	15
	Mais de 10 a 20 S.M.	3	6	7
	Mais de 20 a 50 S.M.	0	1	3
	Mais de 50 S.M.		0	0
	Não sabe/ recusa	9	8	7
CLASSIFICAÇÃO ECONÔMICA	A	3	4	5
	B	48	39	33
	C	43	49	53
	D	4	7	8
	E	1	0	1
	Não sabe/ recusa	0	0	0
OCUPAÇÃO PRINCIPAL	PEA	70	70	72
	NÃO PEA	30	30	28
ESTADO CONJUGAL	Solteiro(a)	38	38	40
	Casado(a)	46	47	46
	Separado(a)/ desquitado(a)/ divorciado(a)	7	8	8
	Viúvo(a)	9	7	6
RELIGIÃO	Católica	48	56	56
	Evangélica pentecostal	25	19	19
	Evangélica não pentecostal	6	4	5
	Espírita kardecista, espiritualista	8	7	5
	Outra religião	4	5	4
	Não tem religião nenhuma	8	9	10
	É ateu/ não acredita em Deus		0	1

PERFIL (Resposta em %)

	PONTE RASA	LESTE	SÃO PAULO
Mora em casa	87	77	77
Tempo médio para chegar ao trabalho (em min.)	35,7	34,8	37,4
IMC - Média	25	25,1	24,8
Tem animal de estimação	63	57	54
TV por assinatura	27	33	28
Telefone fixo	74	76	70
Vai ao cinema pelo menos uma vez por semana	3	3	4
Vai ao shopping pelo menos uma vez por semana	21	27	23
Viaja pelo menos uma vez por mês	8	11	10
Vai à academia pelo menos uma vez ou mais por semana	9	10	12
Costuma acessar a internet	56	51	51

Ali na Ponte Rasa, no meio da zona leste, segurança é uma das virtudes. Outra virtude é ter poucos problemas.

Para 15% dos moradores do distrito, a principal qualidade do bairro é a segurança. Os indicadores de violência apontados pelos próprios moradores atestam essa característica.

Apenas 5% das casas foram invadidas no período de um ano, menos que a média de 8% registrada na cidade. Somente 2% dos moradores conhecem alguém que foi assassinado nos 12 meses anteriores à pesquisa. A média da capital é de 7%.

Mesmo sendo considerado um distrito seguro, 7% apontam a violência como o principal problema do local. Não chega a ser um índice alarmante, mas é superior aos 6% registrados em toda a cidade. Os maiores problemas da Ponte Rasa, no entanto, são iluminação pública (11%), buracos nas ruas (9%), trânsito (9%) e sujeira nas ruas (9%).

Já para expressivos 30%, o distrito é excelente e não tem problemas.

Entre as maiores qualidades estão o comércio local (24%) e o relacionamento com vizinhos (17%).

Outra característica da Ponte Rasa é o alto percentual de evangélicos pentecostais. São 25% no distrito. A média da cidade é de 19%. O alto número de evangélicos ocorre em detrimento dos católicos, que somam 48%, o quinto menor percentual da cidade.

Os moradores locais são majoritariamente fiéis. Enquanto 24% dos paulistanos sonham em mudar de bairro, na Ponte Rasa o índice é de 18%, e 5% revelam o desejo de morar no Tatuapé.

O Corinthians domina a preferência dos moradores, com 41% de torcedores da equipe. Já o São Paulo tem 19% de torcedores, o Palmeiras 10% e o Santos, 7%.

Vizinha da secular Penha e do tradicional Ermelino Matarazzo, a Ponte Rasa sofre com a falta de dados históricos. São quase inexistentes os registros de sua formação.

SÃO LUCAS

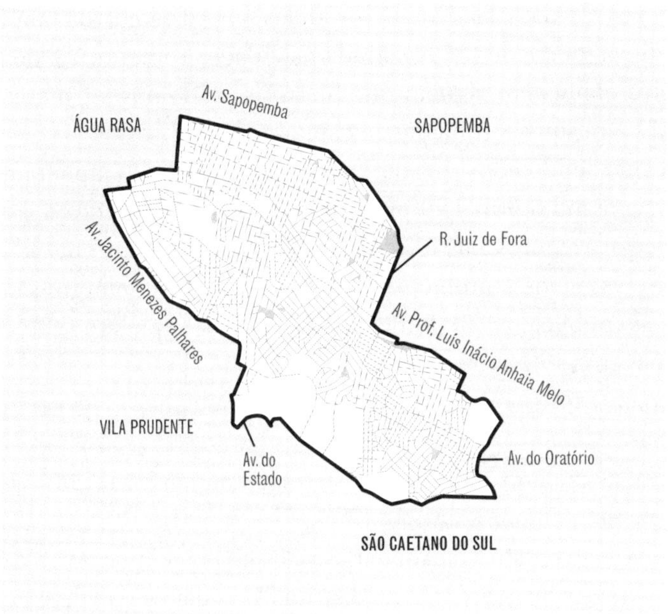

PERFIL (Resposta em %)

		SÃO LUCAS	LESTE	SÃO PAULO
SEXO	Masculino	48	47	48
	Feminino	52	53	52
IDADE	16 a 24 anos	23	23	24
	25 a 34 anos	20	21	24
	35 a 44 anos	21	19	20
	45 a 59 anos	20	22	20
	60 anos ou mais	16	15	11
MÉDIA DE IDADE		40,1	39,8	38
ESCOLARIDADE	Fundamental	38	38	40
	Médio	45	46	44
	Superior	17	16	16

PERFIL (Resposta em %)

		SÃO LUCAS	LESTE	SÃO PAULO
RENDA FAMILIAR MENSAL	Até 5 S.M.	67	68	69
	Mais de 5 a 10 S.M.	18	18	15
	Mais de 10 a 20 S.M.	7	6	7
	Mais de 20 a 50 S.M.	0	1	3
	Mais de 50 S.M.		0	0
	Não sabe/ recusa	8	8	7
CLASSIFICAÇÃO ECONÔMICA	A	2	4	5
	B	38	39	33
	C	52	49	53
	D	7	7	8
	E	0	0	1
	Não sabe/ recusa		0	0
OCUPAÇÃO PRINCIPAL	PEA	68	70	72
	NÃO PEA	32	30	28
ESTADO CONJUGAL	Solteiro(a)	38	38	40
	Casado(a)	48	47	46
	Separado(a)/ desquitado(a)/ divorciado(a)	7	8	8
	Viúvo(a)	7	7	6
RELIGIÃO	Católica	58	56	56
	Evangélica pentecostal	20	19	19
	Evangélica não pentecostal	3	4	5
	Espírita kardecista, espiritualista	7	7	5
	Outra religião	4	5	4
	Não tem religião nenhuma	9	9	10
	É ateu/ não acredita em Deus	0	0	1

PERFIL (Resposta em %)

	SÃO LUCAS	LESTE	SÃO PAULO
Mora em casa	82	77	77
Tempo médio para chegar ao trabalho (em min.)	36,9	34,8	37,4
IMC - Média	24,8	25,1	24,8
Tem animal de estimação	59	57	54
TV por assinatura	32	33	28
Telefone fixo	77	76	70
Vai ao cinema pelo menos uma vez por semana	1	3	4
Vai ao shopping pelo menos uma vez por semana	24	27	23
Viaja pelo menos uma vez por mês	9	11	10
Vai à academia pelo menos uma vez ou mais por semana	11	10	12
Costuma acessar a internet	51	51	51

O morador do distrito de São Lucas, na divisa com São Caetano do Sul, se mostra satisfeito com o bairro em que mora. Ainda mais agora, que há a expectativa, já anunciada pelo governo do Estado, de fazer o metrô chegar até lá, próximo à avenida do Oratório, além da construção em andamento do corredor de ônibus Expresso Tiradentes (antigo Fura-Fila).

E quem declara que quer se mudar – 24%, percentual idêntico à média da cidade –, demonstra a intenção de ficar por ali mesmo: 6% querem ir para a Vila Prudente, 4% para a Mooca, 2% para o Tatuapé e outros 2% para o Ipiranga, todos distritos vizinhos.

A relação com os vizinhos está na raiz da própria formação do distrito. Enquanto São Lucas era um grande brejo, Vila Prudente, Vila Formosa e Sapopemba estavam em plena expansão. Depois, durante décadas a partir de 1950, quando o bairro começou a se desenvolver, os moradores dependiam do comércio nos distritos vizinhos, principalmente na Mooca.

Essa questão está resolvida. Para 30% dos moradores de São Lucas, o melhor do distrito hoje é o comércio local. O bom relacionamento com os vizinhos, tradicional em bairros populares e periféricos, é o que há de melhor para 14% dos moradores.

Já o pior do bairro, para 13%, são as ruas esburacadas. E 28% acham que São Lucas é perfeito, que não tem problema algum.

O interesse por política é baixo no distrito: 55% disseram não dar nenhuma importância para o assunto. Mesmo assim, São Lucas pode ser considerado um reduto do PT, já que 21% dos moradores declararam ser esse seu partido de preferência. Outros 8% preferem o PSDB.

A participação em organizações ou movimentos sociais também é baixa: apenas 29% disseram participar de algo, e 20% frequentam movimentos ligados a igrejas. No distrito, 58% são católicos e 20%, evangélicos pentecostais.

SAPOPEMBA

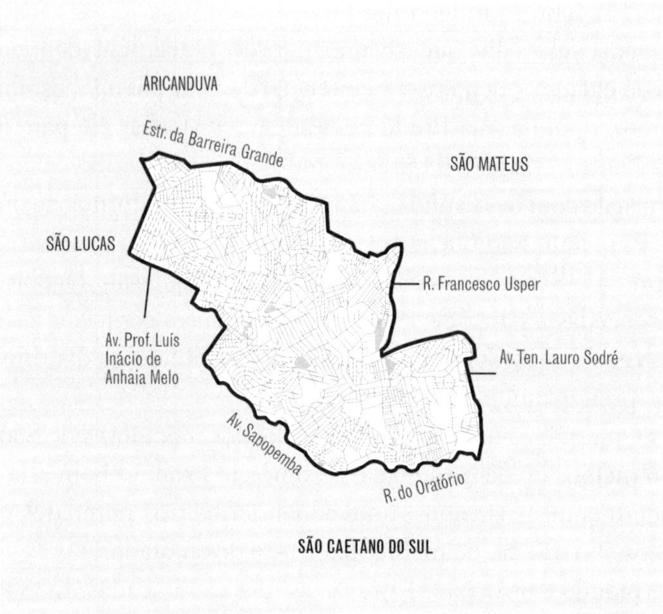

PERFIL (Resposta em %)

		SAPOPEMBA	LESTE	SÃO PAULO
SEXO	Masculino	51	47	48
	Feminino	49	53	52
IDADE	16 a 24 anos	25	23	24
	25 a 34 anos	25	21	24
	35 a 44 anos	22	19	20
	45 a 59 anos	19	22	20
	60 anos ou mais	8	15	11
MÉDIA DE IDADE		36,5	39,8	38
ESCOLARIDADE	Fundamental	44	38	40
	Médio	51	46	44
	Superior	5	16	16

PERFIL (Resposta em %)

		SAPOPEMBA	LESTE	SÃO PAULO
RENDA FAMILIAR MENSAL	Até 5 S.M.	79	68	69
	Mais de 5 a 10 S.M.	13	18	15
	Mais de 10 a 20 S.M.	1	6	7
	Mais de 20 a 50 S.M.	1	1	3
	Mais de 50 S.M.		0	0
	Não sabe/ recusa	7	8	7
CLASSIFICAÇÃO ECONÔMICA	A	1	4	5
	B	36	39	33
	C	55	49	53
	D	8	7	8
	E	0	0	1
	Não sabe/ recusa		0	0
OCUPAÇÃO PRINCIPAL	PEA	75	70	72
	NÃO PEA	25	30	28
ESTADO CONJUGAL	Solteiro(a)	38	38	40
	Casado(a)	50	47	46
	Separado(a)/ desquitado(a)/ divorciado(a)	8	8	8
	Viúvo(a)	3	7	6
RELIGIÃO	Católica	58	56	56
	Evangélica pentecostal	23	19	19
	Evangélica não pentecostal	3	4	5
	Espírita kardecista, espiritualista	1	7	5
	Outra religião	4	5	4
	Não tem religião nenhuma	12	9	10
	É ateu/ não acredita em Deus		0	1

PERFIL (Resposta em %)

	SAPOPEMBA	LESTE	SÃO PAULO
Mora em casa	81	77	77
Tempo médio para chegar ao trabalho (em min.)	41,9	34,8	37,4
IMC - Média	25,3	25,1	24,8
Tem animal de estimação	57	57	54
TV por assinatura	11	33	28
Telefone fixo	69	76	70
Vai ao cinema pelo menos uma vez por semana	2	3	4
Vai ao shopping pelo menos uma vez por semana	18	27	23
Viaja pelo menos uma vez por mês	10	11	10
Vai à academia pelo menos uma vez ou mais por semana	8	10	12
Costuma acessar a internet	44	51	51

Quem mora por ali gosta de dizer que é vizinho da maior avenida do Brasil e a terceira maior do mundo. São cerca de 45 quilômetros, sendo 29 quilômetros no município de São Paulo, com várias denominações. Mas na zona leste é conhecida por avenida Sapopemba. A antiga estrada de Sapopemba, construída como estrada rural no século 19, é ainda mais antiga que o quase centenário bairro com o mesmo nome, fundado em 1910. E, é claro, muito mais extensa. A avenida começa na região da Água Rasa, corta todo o distrito de Sapopemba e só termina perto do centro de Ribeirão Pires.

Mas a fama (e o orgulho) permeia o distrito, um dos nove da cidade com mais homens (51%) que mulheres (49%), segundo a pesquisa DNA Paulistano.

Sapopemba já foi considerado, na década de 1990, o distrito mais violento da zona leste e um dos mais perigosos de São Paulo. Uma das explicações, na ocasião, era que a avenida (novamente a então citada) trazia insegurança. A situação foi satisfatoriamente revertida (a violência não é maior que a média da cidade), mas a sensação de insegurança permanece.

Entre os moradores, 28% dizem se sentir muito inseguros ao andar à noite pelo bairro em que moram. Na média, esse percentual é de 20% na cidade. E os indicadores de violência aferidos pela pesquisa apontam que a região é relativamente segura: no período de um ano, 7% das casas foram invadidas, 7% dos moradores sofreram assalto ou agressão e 8% conheciam alguma vítima de assassinato.

Mais uma prova de que a estreita avenida Sapopemba está totalmente integrada à vida do distrito: o maior problema do local, na opinião de 14% dos moradores, é justamente o trânsito. Para 10%, são os buracos das ruas. Já o destaque é para o comércio local. E qual é o principal centro comercial do distrito? Adivinhou: a avenida Sapopemba.

TATUAPÉ

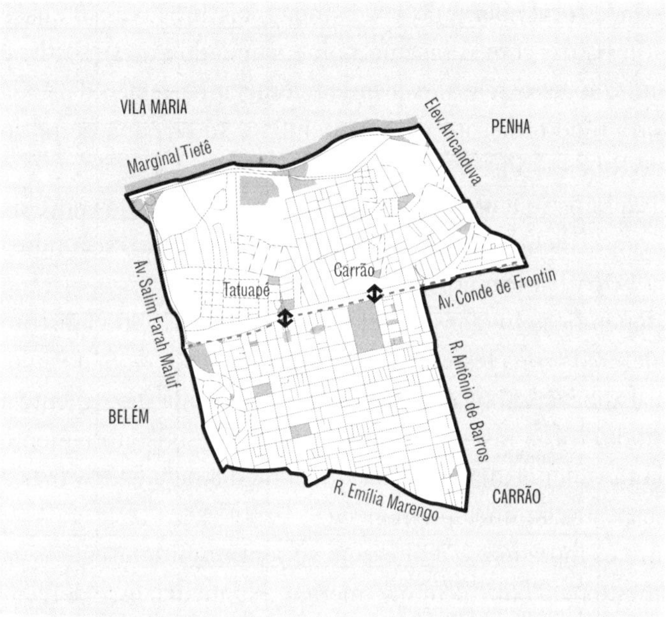

PERFIL (Resposta em %)

		TATUAPÉ	LESTE	SÃO PAULO
SEXO	Masculino	45	47	48
	Feminino	55	53	52
IDADE	16 a 24 anos	21	23	24
	25 a 34 anos	21	21	24
	35 a 44 anos	12	19	20
	45 a 59 anos	27	22	20
	60 anos ou mais	20	15	11
MÉDIA DE IDADE		42,3	39,8	38
ESCOLARIDADE	Fundamental	19	38	40
	Médio	41	46	44
	Superior	40	16	16

PERFIL (Resposta em %)

		TATUAPÉ	LESTE	SÃO PAULO
RENDA FAMILIAR MENSAL	Até 5 S.M.	37	68	69
	Mais de 5 a 10 S.M.	29	18	15
	Mais de 10 a 20 S.M.	19	6	7
	Mais de 20 a 50 S.M.	6	1	3
	Mais de 50 S.M.	1	0	0
	Não sabe/ recusa	7	8	7
CLASSIFICAÇÃO ECONÔMICA	A	20	4	5
	B	50	39	33
	C	29	49	53
	D	2	7	8
	E		0	1
	Não sabe/ recusa		0	0
OCUPAÇÃO PRINCIPAL	PEA	65	70	72
	NÃO PEA	35	30	28
ESTADO CONJUGAL	Solteiro(a)	35	38	40
	Casado(a)	49	47	46
	Separado(a)/ desquitado(a)/ divorciado(a)	7	8	8
	Viúvo(a)	9	7	6
RELIGIÃO	Católica	58	56	56
	Evangélica pentecostal	10	19	19
	Evangélica não pentecostal	5	4	5
	Espírita kardecista, espiritualista	14	7	5
	Outra religião	3	5	4
	Não tem religião nenhuma	8	9	10
	É ateu/ não acredita em Deus	0	0	1

PERFIL (Resposta em %)

	TATUAPÉ	LESTE	SÃO PAULO
Mora em casa	50	77	77
Tempo médio para chegar ao trabalho (em min.)	28,9	34,8	37,4
IMC - Média	25	25,1	24,8
Tem animal de estimação	50	57	54
TV por assinatura	67	33	28
Telefone fixo	85	76	70
Vai ao cinema pelo menos uma vez por semana	7	3	4
Vai ao shopping pelo menos uma vez por semana	43	27	23
Viaja pelo menos uma vez por mês	20	11	10
Vai à academia pelo menos uma vez ou mais por semana	17	10	12
Costuma acessar a internet	68	51	51

Só o trânsito atrapalha a boa qualidade de vida do Tatuapé, na opinião dos moradores.

Entre 1992 e 2007, o Tatuapé foi o distrito da zona leste com o maior número de unidades residenciais verticais lançadas pelo mercado imobiliário. A boa qualidade de vida do local atraiu esses novos moradores e acabou afetada com a chegada de tanta gente. De zero a dez, os moradores dão nota 3,8 para o trânsito – a média da cidade é de 5,5. Para 23% dos entrevistados pelo Datafolha, o trânsito é o pior problema do distrito. Outros 24% disseram que o Tatuapé não tem problema algum.

Nem mesmo a existência de uma linha de metrô cortando o bairro – 25% usam o metrô para trabalhar – minimiza o problema do trânsito. Não é para menos, já que 28% utilizam preferencialmente o carro.

O melhor do bairro para 46% dos moradores é a qualidade e a proximidade do comércio e dos serviços.

Outro efeito colateral do *boom* imobiliário do distrito – 50% moram em casa e outros 50% em apartamento – é o crescimento dos indicadores de violência. No total, 15% dos moradores do Tatuapé foram assaltados no próprio bairro em que moram no período de um ano. É o maior percentual da cidade. Para 11%, a segurança é o melhor do Tatuapé; para 8%, a violência é o pior.

Distrito caracterizado por uma classe média emergente – 50% se enquadram na classe B e 20% são de classe A –, 17% dos moradores do Tatuapé são aposentados contra uma média de 9% da cidade. O índice de desemprego é de 8%, baixo diante dos 14% da média paulistana.

A maioria dos moradores se declara católica (58%), mas o destaque no aspecto religioso do Tatuapé é o percentual de espíritas kardecistas. São 14% contra 5% da média paulistana. MPB é o tipo de música preferido de 21% dos moradores (10% é a média da cidade) e 12% preferem rock.

VILA FORMOSA

PERFIL (Resposta em %)

		VILA FORMOSA	LESTE	SÃO PAULO
SEXO	Masculino	47	47	48
	Feminino	53	53	52
IDADE	16 a 24 anos	22	23	24
	25 a 34 anos	21	21	24
	35 a 44 anos	17	19	20
	45 a 59 anos	22	22	20
	60 anos ou mais	18	15	11
MÉDIA DE IDADE		40,8	39,8	38
ESCOLARIDADE	Fundamental	40	38	40
	Médio	41	46	44
	Superior	20	16	16

PERFIL (Resposta em %)

		VILA FORMOSA	LESTE	SÃO PAULO
RENDA FAMILIAR MENSAL	Até 5 S.M.	65	68	69
	Mais de 5 a 10 S.M.	19	18	15
	Mais de 10 a 20 S.M.	7	6	7
	Mais de 20 a 50 S.M.	2	1	3
	Mais de 50 S.M.	0	0	0
	Não sabe/ recusa	7	8	7
CLASSIFICAÇÃO ECONÔMICA	A	4	4	5
	B	44	39	33
	C	44	49	53
	D	6	7	8
	E	2	0	1
	Não sabe/ recusa		0	0
OCUPAÇÃO PRINCIPAL	PEA	68	70	72
	NÃO PEA	32	30	28
ESTADO CONJUGAL	Solteiro(a)	37	38	40
	Casado(a)	46	47	46
	Separado(a)/ desquitado(a)/ divorciado(a)	9	8	8
	Viúvo(a)	8	7	6
RELIGIÃO	Católica	57	56	56
	Evangélica pentecostal	15	19	19
	Evangélica não pentecostal	4	4	5
	Espírita kardecista, espiritualista	8	7	5
	Outra religião	5	5	4
	Não tem religião nenhuma	9	9	10
	É ateu/ não acredita em Deus	2	0	1

PERFIL (Resposta em %)

	VILA FORMOSA	LESTE	SÃO PAULO
Mora em casa	81	77	77
Tempo médio para chegar ao trabalho (em min.)	27,7	34,8	37,4
IMC - Média	25	25,1	24,8
Tem animal de estimação	61	57	54
TV por assinatura	41	33	28
Telefone fixo	77	76	70
Vai ao cinema pelo menos uma vez por semana	5	3	4
Vai ao shopping pelo menos uma vez por semana	32	27	23
Viaja pelo menos uma vez por mês	12	11	10
Vai à academia pelo menos uma vez ou mais por semana	10	10	12
Costuma acessar a internet	50	51	51

O morador da Vila Formosa gosta do local onde mora. Nenhum problema se destaca e poucos querem se mudar.

Localizada na zona leste, ao lado do emergente Tatuapé, às vezes é até confundida com o vizinho mais famoso. O Anália Franco, bairro que ganhou a fama de "Jardins da Zona Leste" e já é considerado um bairro nobre, fica na área do distrito da Vila Formosa, apesar de o mercado imobiliário preferir chamar a região de "Alto do Tatuapé".

Uma curiosidade: a Vila Formosa, típico bairro da classe média paulistana, foi projetado para ser um loteamento de alto padrão. Já o Anália Franco, hoje um bairro de alto padrão, abrigava o lixão que envergonhava os primeiros moradores da Vila Formosa. Historiadores da região apontam que foi exatamente a existência do lixão, desativado na década de 1950, que impediu o bom desenvolvimento da Vila Formosa.

Apenas 18% dos moradores da Vila Formosa querem se mudar do bairro. A média da cidade é de 24%. Para 32% dos moradores, a Vila Formosa não tem problema algum, e 35% julgam que seu bairro é muito melhor que os demais da cidade. A maior qualidade é o comércio disponível no local, item apontado por 40% dos moradores.

As principais reclamações são em relação à iluminação pública e à má conservação das ruas – cada um com 11% das citações. A saúde também é fator de preocupação. De zero a dez, os moradores da Vila Formosa deram notas inferiores à média da cidade para apenas 2 de 27 itens listados pelo Datafolha: número de hospitais públicos e de postos de saúde.

Em dois itens o perfil do morador da Vila Formosa se diferencia bastante da média paulistana: 61% possuem animais de estimação (54% na média de São Paulo) e 40% são corintianos (33% no total da cidade).

VILA MATILDE

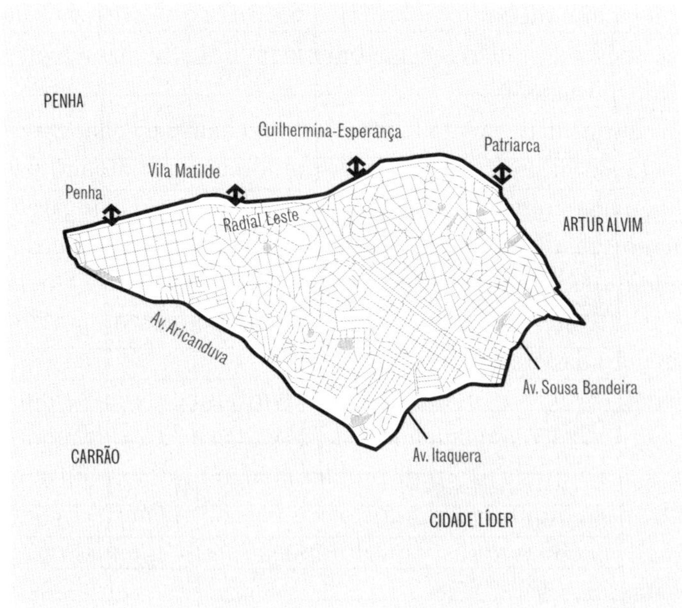

PERFIL (Resposta em %)

		VILA MATILDE	LESTE	SÃO PAULO
SEXO	Masculino	46	47	48
	Feminino	54	53	52
IDADE	16 a 24 anos	22	23	24
	25 a 34 anos	20	21	24
	35 a 44 anos	19	19	20
	45 a 59 anos	22	22	20
	60 anos ou mais	17	15	11
MÉDIA DE IDADE		40,3	39,8	38
ESCOLARIDADE	Fundamental	34	38	40
	Médio	45	46	44
	Superior	20	16	16

PERFIL (Resposta em %)

		VILA MATILDE	LESTE	SÃO PAULO
RENDA FAMILIAR MENSAL	Até 5 S.M.	63	68	69
	Mais de 5 a 10 S.M.	19	18	15
	Mais de 10 a 20 S.M.	7	6	7
	Mais de 20 a 50 S.M.	2	1	3
	Mais de 50 S.M.	0	0	0
	Não sabe/ recusa	8	8	7
CLASSIFICAÇÃO ECONÔMICA	A	5	4	5
	B	46	39	33
	C	43	49	53
	D	6	7	8
	E	0	0	1
	Não sabe/ recusa	0	0	0
OCUPAÇÃO PRINCIPAL	PEA	71	70	72
	NÃO PEA	29	30	28
ESTADO CONJUGAL	Solteiro(a)	42	38	40
	Casado(a)	41	47	46
	Separado(a)/ desquitado(a)/ divorciado(a)	9	8	8
	Viúvo(a)	7	7	6
RELIGIÃO	Católica	54	56	56
	Evangélica pentecostal	16	19	19
	Evangélica não pentecostal	4	4	5
	Espírita kardecista, espiritualista	10	7	5
	Outra religião	5	5	4
	Não tem religião nenhuma	11	9	10
	É ateu/ não acredita em Deus		0	1

PERFIL (Resposta em %)

	VILA MATILDE	LESTE	SÃO PAULO
Mora em casa	92	77	77
Tempo médio para chegar ao trabalho (em min.)	38,1	34,8	37,4
IMC - Média	24,9	25,1	24,8
Tem animal de estimação	69	57	54
TV por assinatura	42	33	28
Telefone fixo	77	76	70
Vai ao cinema pelo menos uma vez por semana	3	3	4
Vai ao shopping pelo menos uma vez por semana	29	27	23
Viaja pelo menos uma vez por mês	11	11	10
Vai à academia pelo menos uma vez ou mais por semana	13	10	12
Costuma acessar a internet	58	51	51

A falta de segurança incomoda os moradores do religioso distrito da Vila Matilde, na zona leste de São Paulo.

Para 12% dos moradores, a violência é o principal problema do bairro. É o mesmo índice dos que reclamam da iluminação pública precária.

A queixa não é à toa. No bairro escuro e inseguro, 13% dos moradores foram assaltados ou agredidos no próprio bairro e 13% das casas foram invadidas no período de um ano. Mesmo bem localizado, vizinho da Penha e do Tatuapé, é um distrito ainda praticamente inexplorado pelo mercado imobiliário: apenas 8% vivem em apartamento.

Para tentar amenizar o problema, os moradores recorrem a sistemas de segurança: 32% dos moradores de casas têm grade alta, 27% recorrem a cão de guarda, 27% têm janelas especiais ou portas com grades, 14% instalaram fechaduras específicas e por aí vai.

Mas a falta de segurança não impede o morador da Vila Matilde de se relacionar com a vizinhança. Ao contrário: 19% dizem que é essa a maior qualidade do bairro em que moram. Outros 23% apontam o comércio local como o melhor.

Formada na década de 1920 às margens da linha de trem recém-construída pelo governo do Estado, a Vila Matilde é religiosa: 67% dos moradores se dizem praticantes de suas religiões. A média da cidade é de 61%. Os católicos são 54% na Vila Matilde, 20% são evangélicos (pentecostais ou não) e 10% se declaram espíritas.

A linha de trem que deu origem ao bairro hoje tem um metrô como vizinho. Menos de 1% dos moradores ainda utiliza o trem como principal meio de transporte, mas 26% usam o metrô. Apenas 10% preferem o carro (a média da cidade é de 14%). No entanto, o caminho até o trabalho é longo. Em média, o trajeto demora 38,1 minutos. Para 14%, o trajeto leva mais de uma hora.

VILA PRUDENTE

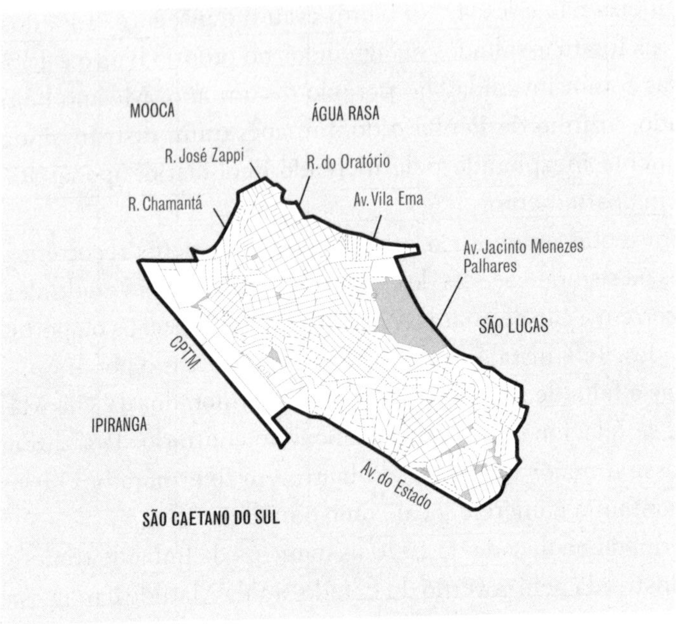

PERFIL (Resposta em %)

		VILA PRUDENTE	LESTE	SÃO PAULO
SEXO	Masculino	47	47	48
	Feminino	53	53	52
IDADE	16 a 24 anos	20	23	24
	25 a 34 anos	21	21	24
	35 a 44 anos	19	19	20
	45 a 59 anos	22	22	20
	60 anos ou mais	18	15	11
MÉDIA DE IDADE		41,6	39,8	38
ESCOLARIDADE	Fundamental	39	38	40
	Médio	44	46	44
	Superior	17	16	16

PERFIL (Resposta em %)

		VILA PRUDENTE	LESTE	SÃO PAULO
RENDA FAMILIAR MENSAL	Até 5 S.M.	72	68	69
	Mais de 5 a 10 S.M.	15	18	15
	Mais de 10 a 20 S.M.	4	6	7
	Mais de 20 a 50 S.M.	1	1	3
	Mais de 50 S.M.		0	0
	Não sabe/ recusa	9	8	7
CLASSIFICAÇÃO ECONÔMICA	A	4	4	5
	B	37	39	33
	C	53	49	53
	D	7	7	8
	E		0	1
	Não sabe/ recusa		0	0
OCUPAÇÃO PRINCIPAL	PEA	68	70	72
	NÃO PEA	31	30	28
ESTADO CONJUGAL	Solteiro(a)	33	38	40
	Casado(a)	48	47	46
	Separado(a)/ desquitado(a)/ divorciado(a)	9	8	8
	Viúvo(a)	9	7	6
RELIGIÃO	Católica	62	56	56
	Evangélica pentecostal	19	19	19
	Evangélica não pentecostal	2	4	5
	Espírita kardecista, espiritualista	8	7	5
	Outra religião	4	5	4
	Não tem religião nenhuma	5	9	10
	É ateu/ não acredita em Deus		0	1

PERFIL (Resposta em %)

	VILA PRUDENTE	LESTE	SÃO PAULO
Mora em casa	78	77	77
Tempo médio para chegar ao trabalho (em min.)	29,2	34,8	37,4
IMC - Média	25,1	25,1	24,8
Tem animal de estimação	46	57	54
TV por assinatura	44	33	28
Telefone fixo	73	76	70
Vai ao cinema pelo menos uma vez por semana	3	3	4
Vai ao shopping pelo menos uma vez por semana	37	27	23
Viaja pelo menos uma vez por mês	11	11	10
Vai à academia pelo menos uma vez ou mais por semana	12	10	12
Costuma acessar a internet	49	51	51

O distrito de Vila Prudente, na divisa com São Caetano do Sul, é um típico reduto da classe média emergente paulistana. Em certa medida, a Vila Prudente reproduz o perfil do paulistano em geral: branco, católico, corintiano, de classe C, anda de ônibus ou a pé, não frequenta a vida cultural da cidade, mas vai a restaurantes, lê jornais e revistas, vê televisão, gosta de música sertaneja ou MPB e mora em casa própria.

O distrito tem uma pequena diferença de perfil em relação à média da capital: é mais velho. Dos 104.307 moradores da Vila Prudente (IBGE, estimativa para 2008), 18% têm 60 anos ou mais. A média da cidade é de 11%. De 16 a 24 anos são 20% contra 24% de toda a capital. A média de idade do distrito é de 41,6 anos.

Com isso, há proporcionalmente mais aposentados na Vila Prudente (16%) que na média da cidade (9%).

A média de idade é alta porque a maioria dos moradores da Vila Prudente, antiga região operária, sempre viveu ali (64%) e não quer se mudar (88%). Apenas 6% acreditam que seu bairro é pior que os demais da cidade. A média na capital é de 12%.

A Vila Prudente se formou no fim do século 19, quando a família Falchi de imigrantes italianos comprou terras para montar uma fábrica de chocolates e loteamentos para a moradia dos operários. O então presidente, Prudente de Moraes, deu apoio à iniciativa e foi homenageado com o nome do bairro.

Embora seja um distrito de classe média, a principal reclamação dos moradores (buracos nas ruas) é típica de bairros mais pobres. Para 21% dos moradores da Vila Prudente, as vias do distrito sofrem com a falta de manutenção (a média da cidade é de 13%). Outros 12% reclamam do trânsito.

Quando o assunto é o melhor do bairro, três temas se destacam: comércio local (22%), segurança (17%) e o relacionamento com os vizinhos (13%).

ANÁLISE DE PESQUISA

A. PERFIL SOCIOECONÔMICO E CULTURAL DO PAULISTANO

Por Leonardo Avritzer e Alexander Cambraia N. Vaz

De modo geral, pode-se dizer que São Paulo é uma cidade de mulheres e jovens. As mulheres são a maioria na cidade. Sua vantagem média em relação ao número de homens é de 5,75 pontos percentuais, sendo que nas regiões centro e norte, ela passa dos 12%. São Paulo é também uma cidade jovem. Para todas as regiões, a maioria dos entrevistados declarou ter entre 16 e 34 anos, com média de 47%. Destaque para as regiões extremo sul e extremo leste, nas quais este percentual atinge 58%. Assim, mulheres e jovens predominam no panorama social da metrópole.

Chamam a atenção, também, os resultados aferidos para a variável cor atribuída. Para aqueles que se declararam brancos, a média observada para o conjunto das regiões é de 49,5%, ao passo que, para aqueles que se declararam pretos e pardos, 45%. Vale notar que, se considerarmos apenas aqueles que se declararam pretos, o percentual médio cai para 13%. Dissonâncias em relação a estes valores foram encontradas nas regiões extremo leste, noroeste e extremo sul, onde a média para entrevistados brancos ficou bem abaixo da geral, 40%, e, para pretos e pardos, bem acima, 55%. Por outro lado, destaque para a região oeste, na qual brancos somam 62% e pretos e pardos apenas 31%. Assim, podemos dizer que há uma estratificação de raça por região na cidade de São Paulo. Se é verdade, neste sentido, que mulheres e jovens predominam na cidade como um todo, no que diz respeito à raça há uma variação significativa por regiões.

Variação que também é encontrada ao se analisar a escolaridade do paulistano. A média conjuntural de respondentes com superior completo é de 18,5%. As regiões oeste, sul e centro foram as que mais pontuaram acima desse valor, com média de 30%, valendo novo destaque para a região oeste, que marcou 38%. Por outro lado, as regiões extremo leste e extremo sul contam com uma média bem abaixo, de 8%. Estas duas regiões, por sinal, junto à região noroeste, são aquelas que mais pontos percentuais alcançaram para indivíduos que só têm até o ensino fundamental, contando com uma média de 46% face à média geral de 38%.

Tais resultados começam a apontar para uma dada relação entre escolaridade, cor atribuída e, principalmente, os dados sobre faixa etária, já que regiões onde se concentram maior número de idosos e brancos, como a oeste, são justamente aquelas onde o nível de escolaridade é maior. A seu turno, regiões como extremo leste, noroeste e extremo sul, que contam com maior proporção de jovens e de pretos e pardos, são aquelas onde o nível de escolaridade é consideravelmente menor. Vale, no entanto, levantar também outras variáveis relevantes para essa relação, como é o caso do elemento renda familiar mensal.

De fato, vale a observação dos dados. As regiões noroeste, extremo leste e extremo sul, de maioria preta e parda e de baixas escolaridade e faixa etária, são exatamente aquelas nas quais existe o maior percentual de indivíduos que ganham no máximo 2 salários mínimos (SM), com uma média 12 pontos percentuais acima da média geral, de 22%. A seu turno, nas demais regiões, onde as proporções de brancos e de maiores escolaridade e idade aumentam, os indivíduos que ganham de 5 a 10 SM somam 3 pontos percentuais acima da média geral de 16%. Se aumentarmos ainda mais a faixa de renda, considerando aqueles que ganham de 10 a 20 SM, é possível observar que as regiões leste, oeste e sul, de maioria branca e com escolaridade e idade bem acima da média, sobressaem, com uma média de 15,5% contra a média geral de 9,5%, ou seja, a diferença em pontos percentuais é dobrada, de 3 para 6. Essa é uma tendência observável para as faixas superiores, de indivíduos que ganham de 20 a 50 SM e de indivíduos que ganham mais de 50 SM.

A exposição de todos os dados revela um perfil de cunho variado da cidade de São Paulo, à guisa da região considerada. Regiões cujos dados mostraram maior renda, como centro, leste, oeste e sul, foram exatamente aquelas que também demonstraram predominância de respondentes brancos e maiores escolaridade e faixa etária. Vale notar o posicionamento constantemente alto das duas últimas, oeste e sul. A seu turno, extremo leste, noroeste e extremo sul foram regiões que ficaram abaixo da média para praticamente todas as variáveis analisadas nas quais estar acima da média implicava melhoria do atributo, como para o quesito renda.

PERFIL CULTURAL

É interessante observar o que significa o lazer para o paulistano. Uma média de 23% dos respondentes para as regiões afirmou que frequenta bares **mais** de 1 vez por semana, destacando-se as regiões centro, oeste e sul, que obtiveram percentuais relativamente maiores. Parece que estas regiões têm fatualmente uma "vida cultural" mais agitada que as demais. Questionados sobre a frequência de ida a teatros, uma média de 63% de respondentes dessas regiões afirmou não frequentar jamais esse tipo de atividade, ao passo que nas outras regiões essa média sobe a 81%. As regiões norte e sul são aquelas em que os dados apontam uma "vida noturna" mais agitada, com 10% dos respondentes declarando que frequentam boates e danceterias **mais** de 1 vez por semana, ao passo que a média geral observada é de 6%.

Coletou-se também dados para os bairros, indagando-se aos indivíduos o que achavam em relação aos demais. Para as regiões do centro, norte, oeste e sul, obteve-se uma média de 37% de respondentes que achavam seu bairro muito melhor. As regiões leste, extremo leste, noroeste e extremo sul obtiveram uma média bem menor para esta mesma classificação, 19%. É interessante também observar o fator contrário, isto é, o percentual de respondentes que disseram achar seu bairro *pior* que os demais. Neste caso, a situação se inverte: a média para os primeiros bairros é de 5%, ao passo que, para os últimos, 11%. Ainda nesta temática, foi indagado se os indivíduos gostariam de mudar de bairro. Nas regiões onde um percentual maior dos indivíduos achou seu bairro melhor que os demais, a média de respostas positivas foi de 20%. Já para as outras regiões, nas quais a maioria das respostas foi de indivíduos que achavam seu bairro pior, a vontade de mudar é maior, alcançando 25%.

LEONARDO AVRITZER, doutor em Sociologia pela New School for Social Research, é professor da UFMG (Universidade Federal de Minas Gerais)

ALEXANDER CAMBRAIA N. VAZ, mestre em Ciência Política pela UFMG, é assistente do professor Leonardo

B. SITUAÇÃO SOCIOECONÔMICA DO PAULISTANO

Por Ricardo Antunes

A pesquisa "DNA Paulistano" estampa, sob diversos modos e olhares, uma cidade de contrastes: ricos e pobres, proprietários e despossuídos, empregados e desempregados, escolarizados e semiescolarizados, consumidores e sobreviventes. No meio, a franja dos remediados, dos pequenos proprietários, dos "autônomos" quase sem trabalho, dos que fazem "bicos" e sobrevivem como podem. São Paulo é tanto a cidade dos que vivem em favelas quanto daqueles que se escondem nos condomínios fechados.

São Paulo explodiu, ao longo do século 20, como berço da industrialização brasileira. E, com ela, vivenciou um monumental processo de urbanização, acentuado ainda mais a partir dos anos 1950. Se, como lembra Mike Davis, naquele ano havia no mundo 86 cidades com mais de um milhão de habitantes, em meados da década de 2000 essa cifra chegou a 400 cidades, que serão mais de 550 em 2015. (Mike Davis, *Planeta Favela*, Boitempo, 2006, SP, p. 13).

São Paulo está entre as gigantes, no topo da lista. Mas, para além da pujança de uma cidade que se *urbanizou industrializando-se* (ou vice-versa), hoje ela experimenta um contramovimento que caminha *pari passo* com a desindustrialização que deslanchou especialmente depois dos anos 1990. Neste complexo processo, as clivagens de renda, classes sociais, propriedade, emprego, consumo e escolaridade, dentre tantas outras chagas afloradas em seu DNA, se exasperaram.

Em São Paulo convivem, não sem tantas contradições, a *orla dos pobres* com a *zona dos ricos*. Talvez nenhum outro bairro expresse com tanta força este mundo (aparentemente) dual e de contrastes como o Morumbi. Bairro dos ricos que encontra-se cercado por favelas, de que é o melhor exemplo Paraisópolis, a segunda maior da cidade, na vizinha Vila Andrade, onde ricos e pobres fazem uma fotografia assustadora e antípoda. Vale quantificar: no bairro "nobre", 62% ganham até 5 salários mínimos, mas

5% recebem entre 20 e 50 salários mínimos, sendo que 6% não sabem (ou se recusam) a dizer quanto percebem de renda.

No topo da pirâmide, a escolaridade é alta para os que são detentores de bens materiais e simbólicos (26%) e na base muitos (36%) estão paralisados na escolaridade fundamental. Padrão similar se verifica nos padrões de consumo, onde 41% dos habitantes do Morumbi têm TV por assinatura, enquanto na Vila Andrade esse índice é de 18%, onde 82% ganham até 5 salários mínimos, como assalariados pobres, trabalhadores informalizados e desempregados, que totalizam 25%, o maior índice registrado na pesquisa. Enquanto somente 6% têm escolaridade superior em Vila Andrade, 54% restringem-se ao ensino fundamental.

Renda e escolaridade aqui caminham em um triste paralelo convergente para aqueles que detêm maior parcela da renda e da propriedade e que, por isso, estão no topo da estrutura de classes. Jardim Paulista, Alto de Pinheiros e Perdizes (zona oeste), Moema (zona sul) – onde 53% ganham entre 10 e 20 SM –, além de Pacaembu e Higienópolis (centro), são outros exemplos da convergência entre propriedade, renda e consumo.

No extremo oposto, temos os despossuídos que se esparramam pela periferia. A fotografia da periferia é outra: salários baixos, altos níveis de informalidade e desemprego, educação reduzida ao ensino fundamental, consumo agudamente restringido, despossessão e violência acentuadas, transportes precários (que fazem com que grande parte da população trabalhadora ande a pé para trabalhar), dentre outros infortúnios.

Em Guaianases (zona leste), 61% recebem até 3 SM; 21% são assalariados e 18% estão desempregados, sendo que 14% vivem na informalidade. Só 5% têm curso superior. Sem opções de cultura e lazer, levam em média 45 minutos para chegar (a pé ou de ônibus) ao trabalho. Em Itaquera e no bairro dormitório José Bonifácio, estes dados se exacerbam.

Esse *topos* se repete, com mais ou menos intensidade, na Vila Remédios (zona norte), com altos índices de desemprego e subemprego; na Cidade Líder (zona leste) – onde se realizou a filmagem do belo e sensível *Linha de Passe*, de Walter Salles e Daniela Thomas – em Itaquera onde mais de 50% percebem até 3 SM e quase 20% encontram-se desempregados. Brasilândia e Cachoeirinha são bairros onde o desemprego e o subemprego se misturam.

Mas São Paulo tem uma forte classe média, assalariada, que oscila entre a vida melhor e o risco cotidiano da erosão social. A zona leste é uma mescla de periferia e bairros mais aquinhoados. Na Água Rasa, um quarto da população tem ensino superior, enquanto quase um terço tem formação básica. Na estrutura de classes, há uma oscilação entre as camadas médias e os assalariados que conseguem um padrão de vida razoável (quase 60% têm TV por assinatura) e dispõem de padrões de consumo acima da média da cidade, tendência esta ratificada nos níveis de educação superior (bem acima da média da cidade). Renda, consumo e escolaridade continuam em paralelo quando se trata dos estratos médios da população. Belém, um distrito que já foi exemplo de bairro operário e que hoje conta com forte presença feminina, e Carrão, com um setor de serviços e comércio, estampam o crescimento da cidade dos estratos médios.

A capital paulista é também a cidade do *labor*: pouco mais de 70% de sua população está ocupada na PEA (população economicamente ativa) e, mesmo experimentando um acentuado processo de desindustrialização e deslocalização, desenha-se uma *nova morfologia do trabalho*. Exemplo disso é o bairro do Brás (centro), que foi responsável pelo acolhimento de importante fluxo migratório, na virada do século 19 para o 20, quando recebeu imigrantes italianos que conformaram nosso primeiro operariado industrial. Hoje, o Brás, junto com o Bom Retiro, acolhem uma nova industrialização (quase) subterrânea, que se utiliza do trabalho imigrante predominantemente boliviano, que trabalha em condições de semiescravidão nas pequenas unidades do ramo de confecções, com jornadas que chegam a 18 horas de trabalho, frequentemente sob o comando de outro imigrante, o coreano.

Mas, se é forte o processo de *favelização* da cidade na *orla dos pobres*, há também o seu contrário: as classes burguesas e as camadas médias altas isolam-se cada vez mais na *zona dos ricos*, construindo uma miríade de condomínios fechados que se espalham para as áreas mais seguras, verdes, longe das chamadas "classes perigosas", do risco acentuado do crime, da insegurança, da poluição sonora e ambiental etc. O exemplo mais emblemático vem da grande São Paulo (Barueri), onde foi concebido um condomínio majestoso denominado *Alphaville*, enclave profundamente elitizado e excludente, confirmando que a topografia da cidade, em sua dimensão socioeconômica-espacial é, então, a cidade dos contrastes. Que o "DNA Paulistano" estampa de forma exasperada.

RICARDO LUIZ COLTRO ANTUNES, livre docente pela Unicamp, é professor de Sociologia no Instituto de Filosofia e Ciências Humanas da Unicamp (IFCH-Unicamp)

C. SEGURANÇA

Por Sérgio Adorno

Sentimentos coletivos de medo e insegurança face ao crime e à violência nas metrópoles modernas não são fenômenos recentes, conforme demonstram estudos históricos e sociológicos. Tampouco, exclusivos de sociedades, como a brasileira, imersas em processos de modernização econômica e consolidação de experiências políticas democráticas. Fato inegável, a exacerbação dos sentimentos coletivos de insegurança, disseminado nas conversas cotidianas e repercutido na mídia impressa e eletrônica, parece ter encontrado lugar próprio na vida urbana das metrópoles contemporâneas. No Brasil, não tem sido diferente.

À primeira vista, pode-se pensar que se trate de uma reação de massas, com forte apelo emocional, diante da escalada do crime violento que se enraizou em alguns bairros e cujas consequências limitaram o direito de ir e vir de qualquer cidadão, independentemente de seu sexo, gênero, geração, classe, riqueza ou poder. Por certo, o crime cresceu e se tornou violento. Os cidadãos tornaram-se mais inseguros diante das incertezas quanto ao futuro de suas vidas e a seus próximos, bem como ao destino de seu patrimônio pessoal. Não há como negar a correlação entre medo, insegurança e o crescimento da violência.

Ainda assim, a pesquisa "DNA Paulistano" vem sugerir o quanto essas relações são complexas e mediadas por um cem número de outras circunstâncias. Não são desconhecidas as profundas mudanças que metrópoles, como São Paulo, vem experimentando desde o início do século passado na esteira da urbanização e industrialização aceleradas. Em especial, há 60 anos, vem se conformando esta região metropolitana com a expansão do perímetro urbano, com a criação de novos bairros (produto de novos loteamentos ou de ocupação desordenada), com a expansão do comércio e dos serviços para além de seus tradicionais postos na região central, com a abertura de novas vias, ao que se sucede a expansão do transporte público e a intensificação da circulação de veículos de propriedade privada, com a chegada de novos moradores em busca de oportunidades de inserção no mercado de trabalho. Tudo isso se traduz em burburinho, barulho, desgaste dos equipamentos urbanos, assim como aumento da demanda por serviços públicos, quer de infraestrutura, como saneamento, esgotamento, iluminação, asfalto, calçamento, transporte público, como também escolas, hospitais, parques e – certamente – segurança pública, porque as cidades são percebidas como palco de violência desmesurada.

Não há consenso entre os pesquisadores a respeito das causas do crescimento dos crimes e da violência nesta sociedade. Elas são múltiplas: combinam-se entre si de forma singular diante de cenários tão distintos como o crime organizado e a violência doméstica. Ainda assim, não há como desconhecer relações entre as mudanças urbanas recentes e seus efeitos nos padrões de comportamento. A rapidez das transformações altera formas de sociabilidade e de socialidade, mais propriamente a natureza dos vínculos entre próximos e estranhos, entre classes sociais, entre os gêneros, entre as gerações, entre as etnias. Tudo o que parecia, digamos em um tempo não muito distante, familiar e próximo, é completamente revertido em estranhamento e distância. A incerteza diante das expectativas de uns em relação aos outros se manifesta tanto nas relações contratuais de trabalho – afinal, manterei meu trabalho amanhã? – quanto nas relações íntimas e afetivas. O vínculo contratual, do tipo "até que a morte vos separe", perde seu sentido. Em seu lugar, o lenitivo "que seja intenso enquanto dure".

Não por acaso, entre gerações começam a se revelar agudas divergências a propósito do caráter imperativo das normas, aspecto agravado em sociedades como a brasileira, cujos cidadãos sempre desconfiaram da eficácia das leis e de sua aplicação universal. Confrontos abertos com as autoridades encarregadas de aplicar lei e ordem tornam-se matéria recorrente no noticiário cotidiano. Aquilo que, no passado recente, era distante, torna-se paradoxalmente próximo e familiar – o risco de ser vítima ou testemunha de crimes, inclusive os mais graves. É justamente nos bairros, onde a vida social pulsa com intensidade e onde os contatos pessoais são frequentes, que os fatos acontecem, os crimes são relatados, a experiência subjetiva ganha força de verdade. É também nos bairros que se estabelecem relações subjetivas entre o espaço urbano e a (in)segurança.

A pesquisa "DNA Paulistano" tem, entre outros méritos, o de demonstrar a heterogeneidade que atravessa as regiões e os 96 distritos que compõem a cidade de São Paulo. Cada bairro parece ter uma história tão singular que demarca as percepções das principais qualidades e dos principais problemas vividos por seus moradores. Algumas são histórias seculares que se foram transformando ao longo do tempo. Outras, histórias de constituição recente, porém já espelham uma espécie de personalidade própria, circunscrevendo a identidade de seus habitantes. Um dos aspectos mais interessantes, revelado pela pesquisa, é justamente a percepção desigual da insegurança.

Essas percepções colocam sob suspeita algumas associações que, no imaginário coletivo, parecem verdades absolutas. A ideia de associar o crime e a violência à pobreza e presença de pobres, à degradação dos edifícios e das vias públicas e à ausência de instituições de promoção de bem-estar como se fossem nexos inexoráveis parece comprometida face aos dados. Do mesmo modo, não parece haver causalidade direta entre fatos e percepções sociais. O risco de ser vítima de ofensa criminal nem sempre está lastreado em fatos. Não raro, nos bairros onde as condições de vida e de infraestrutura urbana são mais favoráveis e onde habitam moradores com elevada escolaridade e maior renda, é mais exacerbado o sentimento de insegurança, a despeito das taxas baixas de criminalidade violenta. Em outros, onde as condições são declaradamente desfavoráveis e as taxas de crime são elevadas, é como se a insegurança fosse uma espécie de destino trágico e inescapável. O risco de ser vítima é naturalizado a tal ponto que deixa de ser problema.

Em alguns bairros, é clara a associação entre as condições precárias de infraestrutura urbana, a elevada incidência de crimes e a percepção da violência como problema relevante. Neles, elevada proporção de moradores, acima da média para o município, já testemunharam crimes ou conhecem pessoas que foram vítimas até mesmo de homicídio. Em outros distritos, afirma-se não haver problemas de segurança, a despeito de as estatísticas oficiais de criminalidade indicarem o contrário. Mais curioso ainda é constatar, em alguns, o reconhecimento de que o bairro é seguro, porém há tantos crimes, que uma proporção acima da média já os testemunhou. Essas percepções contraditórias não parecem privilégio desta ou daquela região. Atravessam todo o tecido urbano. Explicá-las requer instrumentos de análise mais sofisticados, com apelo às etnografias locais e à história de constituição de cada bairro, o que, aliás, vem sugerido na própria pesquisa.

Seria preciso também adensar o conhecimento de seus moradores a respeito do modo como se relacionam com o espaço, com os equipamentos urbanos, com as instituições e as autoridades encarregadas de promover políticas de bem-estar social e de assegurar lei e ordem. Igualmente, – e talvez o mais importante – como vivem a experiência de vizinhança, aspecto contemplado na pesquisa, pois neste domínio é possível identificar padrões de conflito social local, na origem dos quais emergem as representações sobre medo e insegurança coletivos. No entanto, nada disso terá sentido se a experiência do bairro não for, por assim dizer, pensada sob a perspectiva dos diferentes grupos que compõem a estrutura social dos bairros, em especial se considerada a maior presença de jovens e crianças, a maior presença de mulheres, de pessoas idosas e aposentados, de famílias originárias do bairro.

SÉRGIO ADORNO, professor titular de Sociologia, é coordenador do NEV/USP e do INCT Violência, Democracia e Segurança Cidadã, coordenador da Cátedra UNESCO Educação para a Paz, Direitos Humanos, Democracia e Tolerância, e coordenador da área de Sociologia da CAPES

D. PARTICIPAÇÃO SOCIAL E POLÍTICA

Por Leonardo Avritzer

A pesquisa "DNA Paulistano" é uma importante iniciativa para a sociedade civil se conhecer melhor e para o governo conhecer melhor a sociedade. Ela confirma dois aspectos importantes da participação do paulistano: em primeiro lugar, a maior parte da população da cidade de São Paulo não tem nenhum tipo de participação social. Esse dado, que aparece na tabela 29 para cada um dos tipos de participação, mostra que mais de 90% da população paulistana não participa de grêmios escolares, sociedades de amigos de bairro, partidos políticos e organizações não governamentais. Assim, ainda temos na cidade de São Paulo, como no resto do Brasil (segundo o IBGE) um índice bastante alto de não-participação. Esse traço, histórico da formação da sociabilidade no Brasil permanece importante, mas não é essa a novidade da pesquisa. A novidade é que a não-participação vem diminuindo e a participação vem crescendo significativamente, em particular naquilo que se denomina de participação comunitária.

O dado mais importante gerado pela pesquisa no que diz respeito a isso é aquele que mostra que 49% da população da cidade de São Paulo tem algum tipo de participação comunitária. A participação comunitária é entendida como os seguintes tipos de atividades: movimentos ligados à igreja, trabalhos voluntários e comunitários, encontros de jovens e casais, sociedades de amigos de bairro, ONG e grêmios escolares. Em primeiro lugar, entre as atividades com alta participação vêm as atividades ligadas à igreja, que expressam índices que variam de um máximo de 29% na região norte e um mínimo de 21% na região oeste. Em segundo lugar vem a participação em trabalhos voluntários, em terceiro lugar, a participação em ONG e em quarto lugar, a participação em sociedades de amigos de bairro. Algumas reflexões sobre esses dados são importantes: a primeira entre elas é que o maior incentivador da participação social na cidade de São Paulo tem sido, desde a redemocratização, a igreja católica na cidade. É interessante notar que existe pouca variação na participação em atividades ligadas à igreja. A porcentagem varia em torno dos 25% na maior parte dos casos. Há também na cidade de São Paulo uma tradição de participação popular não religiosa. Historicamente, essa participação tem sido mais baixa do que a participação em associações religiosas e tem variado mais fortemente entre as regiões. Na região central ela alcança 7% da população, ao passo que na região noroeste apenas 4%. Assim, podemos afirmar que a participação em associações na cidade tem crescido (em pesquisa anterior, alcançava apenas 19%), mas que ela é ainda desigual no que diz respeito à participação civil e religiosa. A associação a ONG vem aumentando, mas é ainda muito desigual na cidade como um todo, especialmente nas regiões de população de renda mais baixa.

Uma segunda questão relevante é o interesse pela política. Os dados gerais para São Paulo mostram pouco interesse por ela: um em cada cinco paulistanos se interessa, dado esse que discrepa de alguns dados internacionais disponíveis. 70% da população da França manifesta interesse pela política e 60% da população dos Estados Unidos, de acordo com a pesquisa mundial sobre valores coordenada por Ronald Ingelhart. Duas questões são relevantes de serem pensadas no que diz respeito ao interesse pela política. A primeira delas é que há, segundo a literatura na área, uma ligação entre a participação em associações e o interesse pela política. Tal ligação nos faz supor que esse interesse pode aumentar no futuro à medida que se consolide o aumento da participação. Uma segunda questão muito importante de ser observada é que esse é um dos dados que mais variam entre regiões, atingindo o máximo de 21% na zona oeste e um mínimo de 11% nas zonas noroeste e extremo leste. Vale a pena chamar a atenção para algumas correlações: a região oeste de São Paulo é a região com a maior incidência de associativismo não-ligado a atividades religiosas. Ela é também a região na qual aparece o percentual mais elevado de indivíduos interessados pela política.

Seria possível assim propor a seguinte análise acerca do interesse dos paulistanos pela política: o interesse do paulistano pela política é baixo devido ao ainda baixo percentual de indivíduos que participam de associações na cidade. Ainda que esse percentual tenha crescido na cidade de São Paulo nos últimos anos, a predominância do associativismo de base religiosa faz com que o interesse pela comunidade seja mais elevado do que o interesse por questões políticas de cunho mais generalista.

Por fim, vale a pena tratar, ainda que rapidamente, da questão dos partidos políticos na cidade de São Paulo. A participação nesse setor é bastante baixa. Mais de 95% dos respondentes em todas as regiões afirmaram não participar de partidos. Esse dado mostra a enorme dificuldade dos partidos brasileiros em se tornarem formas de participação social da população. Ele também discrepa fortemente de dados para os Estados Unidos e a Europa, onde a participaçao em partidos é uma das formas principais de atuação. Assim, podemos perceber a relevância e a dificuldade de expandir as formas de ativismo no Brasil. Para ampliá-las é importante superar a falta de interesse da população por política e, ao mesmo tempo, conseguir trazer a participação social existente para processos decisórios conjuntos entre o sistema político e a sociedade civil. A dificuldade é que, apesar de estar havendo um aumento na participação social, esta é ainda limitada a alguns poucos setores. Ampliar essa participação tanto no que diz respeito à quantidade quanto às áreas e temas nos quais a participação ocorre aumentaria a possibilidade de melhorar a qualidade da democracia no Brasil e a performance do sistema político.

LEONARDO AVRITZER, doutor em Sociologia pela New School for Social Research, é professor da UFMG (Universidade Federal de Minas Gerais)

E. TRÂNSITO E TRANSPORTE

Por Eduardo Alcântara de Vasconcellos

As respostas dadas pelos entrevistados sobre o transporte público e o trânsito na cidade de São Paulo refletem com clareza as políticas que foram adotadas nos últimos 50 anos, cujos resultados vemos no nosso cotidiano. Nota-se uma preocupação grande com as condições do transporte público e do congestionamento de trânsito, e não poderiam ser outros os resultados de políticas de incentivo ao uso do automóvel, de manutenção de sistemas precários de transporte coletivo e de crescimento urbano descontrolado. É interessante ressaltar que as avaliações médias dos munícipes sobre estes dois temas (5,5 para trânsito e 6,8 para a oferta de transporte público) são piores, na média da cidade, que as avaliações dadas pelas pessoas aos serviços de luz, água, esgoto, condições de habitação, coleta de lixo e oferta de escolas públicas, que têm a maioria das notas entre 7 e 8.

No entanto, o transporte público e o trânsito têm notas superiores àquelas dadas a importantes serviços, como lazer, cultura, limpeza das ruas, hospitais, situando-se assim na faixa das notas "médias" dadas pelas pessoas.As notas dadas ao trânsito são mais baixas que aquelas dadas ao transporte público, em todas as regiões. Um dos motivos que podem explicar este resultado é o fato de o trânsito afetar todas as pessoas, ao passo que o transporte público afeta apenas aqueles que o usam ou que dependem de pessoas que o usam. Assim, o sentimento de que o trânsito é ruim torna-se generalizado, levando a notas, por região, que chegam a ser 30% mais baixas que aquelas dadas ao transporte coletivo.

Um outro aspecto que pode ser mencionado é que as pessoas podem ter uma visão favorável de um modo de transporte sem necessariamente usá-lo. Este parece ser o caso do metrô, que por sua qualidade conquistou a confiança da sociedade paulistana, mesmo dentre os usuários permanentes do automóvel.

Quando são analisadas as respostas específicas do trânsito, observa-se que as regiões de onde saem as notas mais baixas são centro, sul (Moema) e oeste. Isto está fortemente relacionado à maior renda média destes locais e à existência de um grande número de automóveis, que são intensamente utilizados por seus proprietários. Já a nota baixa dada pela população do extremo sul (Campo Limpo, Cidade Dutra) está mais associado às limitações do sistema viário local e de suas ligações com outras áreas da cidade.

Quando são observados os dados referentes ao uso dos diversos modos de transporte pelas pessoas, a natureza socialmente injusta do congestionamento torna-se gritantemente clara. A viagem para o trabalho, que ocorre principalmente nos horários de pico, é feita predominantemente em transporte público ou a pé (cerca de 70% do total em várias regiões). Isto significa que uma minoria de pessoas que usa o automóvel é responsável pelo congestionamento. Esse fato ocorre porque o veículo é um consumidor voraz do espaço viário – um carro precisa de cerca de 40 m^2 para circular pela cidade a uma velocidade de 25 km por hora. Bastam poucos carros para encher uma quadra, algumas dezenas para congestionar o centro de um bairro e um ou dois milhares para congestionar um bairro inteiro.

As notas altas dadas pelas pessoas ao transporte público têm relação estreita com a existência do metrô perto do seu bairro, e as melhores notas são das pessoas que moram em áreas servidas direta ou indiretamente por ele. Até na zona leste – onde está a linha vermelha do metrô (linha leste-oeste) que apresenta elevados carregamentos e desconforto nos sentidos "de pico" – o transporte recebeu uma das maiores notas. No extremo oposto (extremo sul) a nota dada ao transporte público foi a menor de todas, em uma região completamente afastada do metrô e também sem acesso ao trem.

A pergunta que surge naturalmente é "mas e o ônibus"? Embora o sistema de ônibus seja universal, cobrindo todas as regiões do município, ele não vem conseguindo conquistar a confiança das pessoas, em função da superlotação em algumas áreas e horários e da irregularidade na frequência. Essa irregularidade – oposta à regularidade garantida pelo metrô – é fruto principalmente da falta de prioridade na circulação e do congestionamento provocado pelos automóveis. De fato, os trechos nos quais o ônibus desfruta de alguma prioridade não passam de 2% do sistema viário total e, historicamente, poucos recursos têm sido aplicados nos cuidados com a circulação dos ônibus. A operação ou é inexistente ou limitada, fazendo com que vias precárias, estacionamento irregular e ausência de prioridade na circulação reduzam a velocidade para cerca de 12 km/h nos horários de pico, muito abaixo do que poderia ser obtido com uma operação permanente de larga escala.

As regiões mais distantes do centro e menos servidas por transporte público são as que apresentam os mais altos tempos de viagem para o trabalho, como o extremo sul e o extremo leste – da ordem de 50 a 60 minutos. A necessidade desses deslocamentos de grande distância está ligada ao processo de construção da cidade em uma sociedade com grandes disparidades sociais e econômicas entre as pessoas e com um mercado imobiliário operando com baixo nível de controle público no tocante à distribuição mais adequada entre locais de residência, comércio e empregos.

A enorme concentração de empregos na área central da cidade cria grandes movimentos pendulares todos os dias, que vêm de áreas distantes. O exemplo mais contundente é o da zona leste, de onde todos os dias uma enorme quantidade de pessoas se dirige à área central ou a regiões ainda mais distantes. Por outro lado, a zona central em si é o exemplo mais claro de um outro padrão, em que moradia e emprego estão mais próximos, levando ao intenso uso da caminhada para o trabalho (53%) e a tempos de viagem mais curtos (23 minutos). Mesmo com esses tempos de viagem elevados, é interessante observar que as pessoas não deixam que eles subam excessivamente (por exemplo, duas horas em cada sentido).

Conforme constataram vários estudos internacionais, as pessoas procuram otimizar seus deslocamentos, mantendo o tempo médio de percurso por sentido em torno de uma hora. As diferenças constatadas pela pesquisa mostraram que os valores vão de 23 minutos (centro) a 38 minutos (Vila Matilde) e até um máximo de 62 minutos (Grajaú).

EDUARDO ALCÂNTARA DE VASCONCELLOS, engenheiro civil e sociólogo, consultor na área de transporte e trânsito, assessor da ANTP – Associação Nacional de Transportes Públicos, e diretor do Instituto Movimento

F. INFRAESTRUTURA, SAÚDE E EDUCAÇÃO

Por Marcos Campagnone

Os números do "DNA Paulistano" retratam o quadro de desigualdade da cidade, que é constituída por áreas bem providas de infraestrutura, circundadas por áreas precárias, onde muitas vezes os aspectos positivos são as boas relações de vizinhança ou o comércio local – que não dependem necessariamente da iniciativa do poder público. Em algumas localidades precárias, como Parelheiros e Marsilac, o único aspecto positivo é o ar puro que se respira – aliás, um bem cada vez mais escasso na cidade.

Os números mostram que em São Paulo são gritantes os contrastes entre áreas qualificadas e outras bem maiores desqualificadas – que, em geral, caracterizam as cidades brasileiras. É de causar perplexidade a dura realidade de muitos paulistanos, cuja aspiração maior é mudar-se para outra localidade, muitas vezes para um distrito vizinho. É o caso da Brasilândia, onde a precariedade abala a autoestima dos moradores, gerando alta insatisfação com o local onde moram, sendo 34% do total de moradores que querem se mudar. Em Guaianases e Lajeado, 40% dos moradores desejam ir para outro lugar. Em algumas localidades, é expressivo o percentual de moradores que não apontam sequer uma qualidade no lugar onde moram.

Há uma correlação entre o grau de pertencimento e a qualidade dos serviços públicos e da infraestrutura instalada. Jardim Paulista e Alto de Pinheiros, apontados como os melhores lugares para se viver, apresentam os maiores índices de satisfação da cidade com os serviços públicos e a infraestrutura.

Embora comumente se faça uma leitura da cidade identificando-se uma área central bem estruturada que sofre esvaziamento populacional, circundada por áreas periféricas de infraestrutura precária e elevada densidade demográfica, o "DNA Paulistano", ao colocar uma lupa nos distritos, mostra que existem realidades que fogem ao senso comum. No distrito da Sé, mais central, a precariedade é tanta como a de regiões periféricas, enquanto no Parque do Carmo, no extremo leste, é elevado o índice de satisfação com a oferta de infraestrutura e serviços públicos.

Falta de manutenção de calçadas e ruas esburacadas, bem como falta de pavimentação ou pavimentação ruim são algumas das principais queixas dos paulistanos em todas as regiões. O percentual de moradores que reclama chega a 25% em Anhanguera, 21% em Cachoeirinha, 25% no Jaraguá, 20% em Pirituba, 21% na Vila Prudente, 20% em Iguatemi, 22% em São Rafael, 49% em Marsilac e 47% em Parelheiros, embora nestes dois últimos distritos, existam restrições por conta da preservação ambiental. O problema é apontado em grande número dos distritos, variando apenas o grau de insatisfação dos moradores com esta falha da zeladoria urbana da cidade que impacta fortemente a acessibilidade dos paulistanos. É elevado o número de paulistanos que se deslocam a pé pela cidade, sendo 40% no Limão, 38% em Perus, 40% no Pq. São Domingos, 44% no Mandaqui e 64% no Bom Retiro. Onde menos se anda a pé na cidade, que é no distrito do Butantã, o número chega a 22%.

A iluminação também é muito mal avaliada pelos paulistanos, sendo a maior deficiência em muitos bairros. Geralmente, esta é percebida como fator de vulnerabilidade, já que a iluminação precária aumenta a sensação de insegurança. A falta de iluminação é o principal problema para 20% dos moradores da Casa Verde, para 18% na Vila Maria e para 23% na Freguesia do Ó. No Brás, 76% dos moradores evitam circular por certas vias à noite; no Jaçanã, são 70%. Por outro lado, no Jardim Paulista é onde melhor se avalia a iluminação.

O excesso de barulho é a segunda queixa mais frequente em muitos distritos nas várias regiões da cidade. Geralmente, é causado pelo excesso de veículos e, em algumas localidades, pelo movimento dos bares ou som alto ligado nos carros. Na zona sul, o tráfego aéreo do aeroporto de Congonhas também contribui com a poluição sonora. Este é motivo de reclamação em distritos como Pinheiros, Jardim Paulista, Vila Leopoldina, Consolação, Parque do Carmo e Campo Belo, dentre outros.

Além do barulho que o excesso de veículos provoca, o trânsito é um dos principais problemas da cidade, embora a avaliação no total da cidade não tenha ficado abaixo da média. Em Santana, Itaim Bibi, Vila Leopoldina, Jardim Paulista, Perdizes, Consolação, Mooca, Tatuapé, Campo Belo, Vila Mariana, Santo Amaro e Vila Andrade, a ocorrência de trânsito é apontada como um dos principais problemas. Nos distritos mais periféricos, como Jardim Helena, São Rafael, Vila Curuçá, Cidade Dutra e Itaim Paulista a queixa relativa ao trânsito decorre mais da falta ou precaridade de sinalização nas ruas – falta de semáforos, de placas com nomes das ruas, de sinalização nos cruzamentos e lombadas.

A sujeira nas ruas também é motivo de reclamação nas várias regiões. Nos distritos do centro, o problema decorre do enorme fluxo de pessoas. Na Barra Funda, são as áreas sem uso que acumulam sujeira nas ruas, e no Morumbi a falta de limpeza incomoda mais que o trânsito. A falta de limpeza também apresenta baixo desempenho nos distritos do extremo sul. No que se refere à coleta do lixo, o serviço é em geral bem avaliado, sendo no distrito de Campo Grande a maior nota para o serviço.

A oferta de áreas de lazer é muito mal avaliada em praticamente toda a cidade. Na região noroeste, em nove distritos dentre dez, a população demonstrou insatisfação com a oferta de áreas de lazer. Assim como no extremo leste, em quinze distritos dentre dezessete a população demonstrou insatisfação e no extremo sul, dentre catorze distritos, apenas dois apresentam satisfação com áreas de lazer acima da média. Nessas áreas, sem opções de lazer, predomina uma população mais jovem, com alto índice de criminalidade e violência.

Quando se avalia a quantidade de unidades de saúde pública e privada, a nota da população é abaixo da média. A população dependente do SUS está concentrada nas regiões periféricas, mais carentes dos serviços de saúde. É sabido que mais de 25% dos distritos paulistanos não oferecem sequer um leito à população. A considerar ainda que esta avaliação não aponta outras carências dos serviços de saúde, como a falta de médicos, que é elevada nos bairros mais afastados da cidade.

O mesmo ocorre com relação à avaliação da quantidade de escolas públicas e privadas, que alcança bons resultados em geral, mas é insuficiente para avaliar a qualidade da escolaridade e a demanda por vagas em creches, EMEI e escolas profissionalizantes.

O processo caótico de urbanização de São Paulo gerou um sistema de infraestrutura desarticulado, que impacta negativamente a produtividade urbana, com altos custos sociais e ambientais, decorrentes das políticas públicas não empreendidas. A qualificação das periferias e o desenvolvimento de novas centralidades no município podem contribuir para reduzir a necessidade de deslocamentos e aumentar a produtividade das pessoas, além de reduzir a poluição do ar, que afeta a qualidade de vida com impacto na expectativa de vida.

As enormes desigualdades sociais e territoriais podem ser compensadas com o resgate do espaço público para o cidadão. O poder público municipal tem o dever de avançar no Direito à Cidade, consagrado no Estatuto da Cidade. A organização do espaço público torna o espaço mais prazeroso para as pessoas viverem e realizarem suas atividades com segurança.

O "DNA Paulistano" pode ajudar no desenvolvimento de um sistema de informações gerenciais para subsidiar a população no processo de planejamento consagrado pela Lei Orgânica Municipal que prevê os Conselhos de Representantes atuando junto às Subprefeituras. A adequação da estrutura político-administrativa pode otimizar a infraestrutura e o serviço público e converter o espaço público em lugar de integração social. A cidade precisa ser construída coletivamente e os paulistanos precisam reiventar sua maneira de com ela se relacionar.

MARCOS CAMPAGNONE, engenheiro civil pela USP, mestre em Planejamento Urbano e doutor em Administração pela FGV, é Professor do Curso "Gerente de Cidade" da FAAP.

G. INCLUSÃO E EXCLUSÃO

Por Maura Véras

São Paulo concentra as polaridades das cidades mundiais. Deixa transparecer processos contraditórios que abrangem desde as conhecidas tendências de desconcentração metropolitana à diminuição do número de indústrias e terceirização, das crescentes exclusão e miséria sociais ao aumento do desemprego. As consequentes configurações espaciais resultam em periferias desequipadas com crise de moradias populares (favelas, cortiços, casas precárias, *homeless*) ou condomínios fechados para estratos de renda média e alta que se autossegregam em seu complemento comercial (os *shopping centers*). Tal desigualdade do espaço gera zonas de deterioração em contraste com áreas de renovação urbana, além da distribuição diferenciada de ocorrência de chacinas, risco de violência, discriminação, e do cenário de devastação ecológica.

O acesso à terra e aos espaços urbanos, midiatizado pelos rendimentos da população, é submetido ao valor fundiário e combina determinações econômicas às de etnicidade. Trata-se de uma privatização do espaço produzido coletivamente por estratos sociais ou etnias, ou, ainda, de uma dada interpenetração delas: há uma combinação de efeitos segregadores do mercado e de discriminação étnico-cultural, formando territorialidades marcadas por certo "*apartheid*" social. [SILVA, M. N. *Nem Para Todos é a Cidade* -Tese de Doutorado apresentada à PUC-SP, São Paulo, 2005; OLIVEIRA, R. *Segregação em São Paulo*, Tese de Doutorado apresentada à PUC-SP, São Paulo, 2007]

Assim, bairros expressam diferentes porções da cidade, fazendo cidadãos se apropriarem de seu espaço, (re)significando-o. O território, mais do que espaço físico, é identitário, memória, "lugar". [SANTOS, Milton. *O Espaço do Cidadão*. São Paulo, Nobel, 2003]

A cidade do terciário avançado torna-se evidente no quadrante centro-sudoeste (Centro Novo, Nova Faria Lima, Jardins, av. Berrini) em torno da Marginal do Pinheiros: são torres de edifícios "inteligentes", centros empresariais com *shopping centers* temáticos, centros de convenção, salas de espetáculo, sedes de bancos e empresas transnacionais, nova centralidade da cidade mundial. [FRUGOLI JR, Heitor. *Centralidade em São Paulo*. São Paulo, EDUSP/FAPESP, 2000]

O capital imobiliário joga um papel primordial nessas novas centralidades, investindo em novas áreas como certa autofagia urbana, pois logo outra frente de expansão surgirá. Em contraste com o extremo sul, a zona leste da cidade (em especial seus extremos periféricos) apresenta precariedade das condições habitacionais, alta mortalidade infantil, alto índice de homicídios, com baixo investimento do mercado imobiliário formal, exceção aos conjuntos habitacionais de promoção pública, como os da Cohab ou CDHU em Cidade Tiradentes, Itaquera, Guaianases, Iguatemi, cercados de loteamentos clandestinos. [VÉRAS, Maura. "Novos Olhares Sobre São Paulo" IN *Revista Margem*. São Paulo, EDUC/FAPESP, 1997]

O modelo centro/periferia deve, pois, ser relativizado e atualizado por surgirem novas espacialidades, sem a simplicidade do esquema dicotômico. [CALDEIRA, Tereza. *A Cidade dos Muros, Crime, Segregação e Cidadania em São Paulo*. São Paulo, Editora 34 e EDUSP, 2000; SASSEN, Saskia. *As Cidades na Economia Mundial*. São Paulo, Nobel, 1998]

Mesmo na região extremo sul há bairros que exibem maior grau de exclusão social. O caso do Jardim Ângela é um exemplo, apresentando altos índices de homicídio juvenil, domicílios precários com ausência de equipamentos urbanos. Os chefes de família ali residentes eram migrantes, sendo que cerca de 80% provinham do norte e do nordeste (os dados são da Secretaria Municipal de Planejamento da Cidade de São Paulo).

O delineamento desses contrastes pode prolongar-se por mais tempo, pois uma cartografia sociológica evidencia desigualdade entre os cidadãos. Além de revelar porções territoriais pela presença ou carência dos equipamentos urbanos, demonstra as condições de acessibilidade, moradia, lazer, trabalho, transporte em uma dada contextura.

As condições de cidadania se explicitam, portanto, pelo "lugar" em que estão esses moradores da capital paulista. Constitui-se uma topografia social que denuncia a perversa estabilidade da desigualdade de recursos no espaço urbano, resultando em pobreza e riqueza, na dialética inclusão/exclusão social. [VÉRAS, Maura. *Desigualdades Brasileiras: Pobreza, Inclusão e Exclusão Sociais em São Paulo* - Colóquio Hexápolis, Providence, EUA, 2003]

No caso de São Paulo, deve-se evitar, contudo, a visão dualista centro/periferia, pois, apesar de o quadrante sudoeste apresentar ocupação pelos estratos de alta e média rendas, há exemplo emblemático de fragmentação, uma vez que ao lado do Morumbi está a favela de Paraisópolis. Muitas zonas do centro estão deterioradas, bem como há várias periferias: a pobreza vem se espraiando até mesmo para além das fronteiras municipais, atingindo vastas zonas da região metropolitana.

Com uma população que reúne nativos e migrantes (do exterior, de outras regiões do país e do interior do estado), a convivência urbana em São Paulo reveste-se de caráter problemático, incluindo processos de proximidade/distância sociais e de alteridade.

A cidade concebida pragmaticamente para "funcionar como máquina" é a cidade da circulação, dos viadutos, das vias expressas, da velocidade. Transforma-se, assim, numa disforme rede de pontos de partida e de chegada, de fluxos, sem que seus cidadãos se apropriem como fruição. Muitos marcos da cidade, como edificações, avenidas e monumentos, acabam por perder seu sentido: transfiguram-se ou desaparecem. Dessa forma, muitos moradores perdem suas referências.

É digno de nota a ausência de equipamentos de educação, cultura e lazer, incluindo esporte para a população jovem, que predomina nos extremos da cidade, combinando-se grupos etários e étnicos que propiciam potencialidades e também problemas e exclusão. Muito se tem falado dos movimentos de música popular das ruas e das periferias, como o rap, o hip-hop, e hoje também na escritura dita marginal, como os saraus da Cooperifa (Bin, 2008). [BIN, Marco Antônio. *As Redes de Escrituras nas Periferias de São Paulo* - Projeto de Tese de Doutorado apresentado à PUC-SP, São Paulo, 2008]

Por sua vez, no processo em que nossa população se torna mais idosa, cerca de 10% estão na chamada terceira idade, e sua distribuição se nota em determinadas porções das regiões centrais, de urbanização consolidada, melhor servidas de equipamentos sociais. Contudo, nas regiões periféricas, embora a terceira idade não seja muito numerosa entre segmentos mais empobrecidos (outra característica da desigualdade social), as pessoas idosas sofrem as carências de serviços urbanos e equipamentos sociais das zonas de exclusão em que residem. De modo geral, a cidade não lhes apresenta condições adequadas de vivência e fruição, pois a população idosa necessita de transporte coletivo com aspectos específicos, guias de calçadas rebaixadas, parques sem violência, jardins públicos, calçadas em bom estado de conservação e uma série de atributos que faltam a todos os cidadãos da metrópole, com poucas exceções.

A pesquisa acabou por documentar certas inadequações e ineficácias das políticas públicas para segmentos que, em geral, não participam da população economicamente ativa. As categorias que receberam as piores avaliações no ranking de satisfação dos pesquisados foram: acessibilidade de ruas para deficientes (2,9), ações e eventos para jovens (3,7), e para idosos (3,7). Receberam igualmente baixa avaliação as áreas de lazer (4,4), áreas para a prática de esportes (4,2) e atividades culturais (4,1).

MAURA VÉRAS, doutora e livre docente em Sociologia pela PUC-SP

CONCLUSÃO

DNA PAULISTANO – PESQUISA A SERVIÇO DA DEMOCRACIA

Alessandro Janoni Hernandes
Diretor de Pesquisas do Datafolha

O "Projeto Ouvindo SP", desenvolvido pelo instituto de pesquisas Datafolha e que deu origem à série "DNA Paulistano", publicada pelo jornal *Folha de S.Paulo* no segundo semestre de 2008, encontra fundamentação teórica nas bases do conceito de democracia participativa. O objetivo era criar um instrumento de intervenção na esfera púbica, mediante o estudo de opinião pública, para auxílio na elaboração de políticas adequadas à realidade da cidade de São Paulo, levando-se em conta sua heterogeneidade geográfica, demográfica, social e econômica.

O projeto original, além de apresentar uma pesquisa detalhada para a identificação de demandas locais e avaliação de satisfação dos cidadãos em relação a vários aspectos dos 96 distritos do município, previa ainda a realização de arenas regionais para a discussão dos resultados obtidos e deliberação sobre temas correspondentes. A ideia era subsidiar o planejamento de políticas públicas eficientes, desenhadas de acordo com o diagnóstico obtido pelo Datafolha em cada uma das unidades administrativas da cidade.

A tendência de valorização da opinião pública como ferramenta na relação entre sociedade e Estado é relativamente recente. Apesar de inerente ao processo democrático, seu uso político foi potencializado na segunda metade do século 20. O fato é considerado por alguns autores como resposta à crise do sistema de representação no qual se baseia o desenho hegemônico e liberal das sociedades democráticas contemporâneas.

O ponto crítico do sistema de representação que acabou por fertilizar o cenário sobre o qual se desenvolveu a demanda por uma alternativa democrática com foco na soberania popular foi a relação insatisfatória entre representantes e representados. Experiências negativas na representação por delegação, na qual representantes eleitos passam frequentemente a agir de acordo com seus próprios interesses em vez de atender aos interesses dos representados, configuram uma das justificativas mais comuns no debate sobre a viabilidade de instrumentos de participação.

Recentemente, com a absorção de técnicas e conceitos de gestão da iniciativa privada por parte da administração pública, a opinião do cidadão ganhou novas formas de abordagem e um espaço ainda mais relevante. O dever do representante em prestar conta de seus atos aos representados, o intraduzível *accountability*, propagou a ideia de governança na esfera pública, onde antes imperava apenas a diretriz forte e em sentido único da concepção paternalista do Estado e sua respectiva definição de governo.

E pesquisas, como o "DNA Paulistano", enquadram-se em diferentes momentos dessa nova matriz funcional do modelo de gestão pública. Pode servir de sistema de informação na fase de planejamento estratégico e definição de metas táticas, como também, posteriormente, ser indicador de desempenho na avaliação das políticas adotadas.

Há, porém, os que lançam contrainiciativas de participação e o consequente instrumentalismo da opinião pública, o que alguns autores chamam de teorias "da complexidade" e da "apatia política". A primeira enfatiza o despreparo da população para julgar ou avaliar temas sobre os quais desconhece ou não domina, e a segunda refere-se à crença de que a população não se interessa ou se mobiliza por assuntos relativos à política.

Esses argumentos são geralmente aplicados pelos que defendem o sistema de representação e instauram, de outro modo, um grande paradoxo, pois é justamente no sistema de representação que se encontra uma das respostas para o dilema: como o cidadão pode ser considerado capaz e preparado para eleger seus representantes, avaliá-los, reelegê-los e não ter a mesma qualificação para discutir as questões que o atingem diretamente, como os problemas de seu dia-a-dia?

O projeto do Datafolha, que deu origem ao "DNA Paulistano", anula ambas as teorias. Minimiza a complexidade dos temas ao estimular o diagnóstico preciso, com base em escalas de repertório cultural e familiar (atribuição de notas de zero a dez), sobre problemas e aspectos da vida cotidiana na mais próxima unidade de referência geográfica do entrevistado – o bairro e a rua onde ele vive.

E elimina o viés da apatia política e de uma eventual falta de mobilização e interesse de potenciais participantes, pois se utiliza das técnicas amostrais e estatísticas de representatividade sociológica e das metodologias de abordagem e coleta de dados das pesquisas de opinião pública.

Esse, aliás, é um dos pontos fortes do projeto e que o diferencia de experiências institucionalizadas de participação política, que dependem da mobilização do cidadão para se concretizar. O fato de a abordagem partir do Datafolha e de a amostra representar o universo total da população de cada um dos 96 distritos da cidade de São Paulo anula eventuais distorções de perfil socioeconômico, demográfico ou político no produto do levantamento. Afasta-se assim, ainda, a frequente crítica de aparelhamento partidário que iniciativas de democracia direta e participativa costumam receber.

Mas o projeto que deu origem ao "DNA Paulistano" tinha a presunção de ir além. O desenho do processo e os detalhes dos procedimentos técnicos garantiriam a fidedignidade dos resultados e sua importância como reflexo das características de vida, demandas e prioridades dos moradores de cada região da cidade. Já a divulgação dos dados, combinada ao debate nas arenas regionais, forneceriam o caráter propositivo e o consequente estabelecimento de metas. Na iniciativa privada, por exemplo, há vários exemplos de pagamento de gratificações, com base no cumprimento de metas de satisfação do consumidor.

Por questão de calendário inadequado e por receio de uso político dos eventos, já que se tratava de ano eleitoral, o módulo das arenas regionais para discussão dos resultados da pesquisa foi descartado. Sobre a divulgação dos dados, optou-se por cadernos semanais ao longo dos meses de agosto e setembro, que agregaram os 96 distritos em oito macrorregiões. Com isso, um dos principais diferenciais do projeto, o grau inédito de detalhamento dos resultados pelas menores unidades administrativas do município, teve abordagem secundária, já que o espaço editorial para cada distrito era reduzido para a divulgação da matriz completa de avaliação que os moradores faziam dos vários aspectos do bairro onde vivem.

Daí a importância desta publicação. Ela permite a comunicação completa das médias atribuídas pela população à estrutura e à dinâmica do bairro onde moram. Daqui a quatro anos, no término de mais um período administrativo, será possível notar as mudanças de satisfação dos cidadãos em cada bairro. No total, são 32 índices que configuram indicadores de satisfação do cidadão com o fornecimento de água, a rede de esgoto, fornecimento de energia, iluminação pública, condições de moradia, conservação de ruas e avenidas, asfaltamento, ocorrência de enchente, trânsito, quantidade de escolas, de hospitais, de postos de saúde, atividades de cultura e lazer, opções de transporte, limpeza das ruas, coleta de lixo, qualidade do ar, conservação de áreas verdes, segurança, silêncio das ruas, eventos para jovens e idosos, acessibilidade para deficientes físicos, participação comunitária, grau de fidelidade ao bairro e risco de violência.

Para cada um desses itens, os paulistanos atribuíram uma nota de zero a dez, levando-se em conta a realidade do bairro onde moram. O desenho amostral da pesquisa contempla leitura para os 96 distritos de São Paulo, subdivididos em oito regiões:

- CENTRO: Bela Vista, Bom Retiro, Brás, Cambuci, Consolação, Liberdade, Pari, República, Santa Cecília e Sé

- LESTE: Água Rasa, Aricanduva, Artur Alvim, Belém, Cangaíba, Carrão, Mooca, Penha, Ponte Rasa, São Lucas, Sapopemba, Tatuapé, Vila Formosa, Vila Matilde, Vila Prudente

- EXTREMO LESTE: Cidade Líder, Cidade Tiradentes, Ermelino Matarazzo, Guaianases, Iguatemi, Itaim Paulista, Itaquera, Jardim Helena, José Bonifácio, Parque do Carmo, São Mateus, São Miguel, São Rafael, Vila Curuçá, Vila Jacuí, Lajeado

- OESTE: Alto de Pinheiros, Barra Funda, Butantã, Itaim Bibi, Jaguara, Jaguaré, Jardim Paulista, Lapa, Morumbi, Perdizes, Pinheiros, Raposo Tavares, Rio Pequeno, Vila Leopoldina, Vila Sônia

- NORTE: Jaçanã, Mandaqui, Santana, Tremembé, Tucuruvi, Vila Guilherme, Vila Maria, Vila Medeiros

- NOROESTE: Anhanguera, Brasilândia, Cachoeirinha, Casa Verde, Freguesia do Ó, Jaraguá, Limão, Perus, Pirituba, São Domingos

- SUL: Campo Belo, Cursino, Ipiranga, Jabaquara, Moema, Sacomã, Saúde, Vila Mariana

- EXTREMO SUL: Campo Grande, Campo Limpo, Capão Redondo, Cidade Ademar, Cidade Dutra, Grajaú, Jardim Ângela, Jardim São Luís, Marsilac, Parelheiros, Pedreira, Santo Amaro, Socorro, Vila Andrade.

E os resultados, de um modo geral, revelam uma cidade orgânica, com relativa universalização do essencial para manter a base de sua dinâmica econômica e de contrastes regionais marcantes. A nota média total resultante da avaliação que os paulistanos fizeram dos 32 itens apresentados foi 5,7. Entre as oito grandes regiões, três tiveram desempenho geral abaixo da média: extremo sul (4,9), noroeste (5,0), e extremo leste (5,2). Apresentaram índice próximo à média as zonas leste (5,7), centro (5,8) e norte (5,8). A zona sul recebeu nota 5,9 e a região com melhor avaliação foi a oeste, com média 6,1.

Entre os 96 distritos, 44 tiveram desempenho abaixo da média de satisfação. São eles, em ordem crescente de notas obtidas no total de 28 itens: Brasilândia, Grajaú, Marsilac, Lajeado, Parelheiros, São Rafael, Capão Redondo, Jardim Ângela, Cidade Ademar, Cachoeirinha, Jardim Helena, Jardim São Luís, Jaraguá, Itaim Paulista, Brás, Sé, Pedreira, Perus, Anhanguera, Aricanduva, Vila Andrade, Iguatemi, Campo Limpo, Raposo Tavares, Jaçanã, Guaianases, Sapopemba, Vila Curuçá, Freguesia do Ó, Vila Jacuí, Cidade Líder, Tremembé, Cidade Tiradentes, Cangaíba, São Lucas, Itaquera, Pirituba, Sacomã, Limão, Bom Retiro, São Mateus, Ermelino Matarazzo, São Domingos e Pari.

Obtiveram notas próximas à média: Morumbi, Vila Sônia, Artur Alvim, Cidade Dutra, Vila Prudente, Rio Pequeno, Jaguaré, República, Casa Verde, Jaguara, Cursino, São Miguel Paulista, Jabaquara, Ponte Rasa, Itaim Bibi, Vila Formosa, Carrão e Socorro.

Ficaram um pouco acima da média Barra Funda, José Bonifácio, Campo Grande, Vila Medeiros, Penha, Cambuci, Vila Matilde, Saúde, Parque do Carmo, Ipiranga, Mandaqui, Belém, Bela Vista, Vila Guilherme, Campo Belo, Vila Maria, Tucuruvi, Santo Amaro, Santana, Santa Cecília, Liberdade, Butantã, Água Rasa, Tatuapé e Lapa.

Os distritos que tiveram melhor desempenho, com média igual ou superior a 6,5 foram, também em ordem crescente, Moema, Pinheiros, Mooca, Perdizes, Consolação, Vila Leopoldina, Vila Mariana, Jardim Paulista e Alto de Pinheiros.

Quando se focaliza cada um dos itens avaliados pela população na pesquisa, nota-se que as altas médias obtidas no total da amostra para o fornecimento de água (8,6), energia elétrica (8), coleta de lixo domiciliar (7,8), escoamento das chuvas (7,5), habitação (7,2) e rede de esgoto (7,1) refletem a satisfação com o sistema de saneamento ambiental da cidade, base do processo de urbanização e condição fundamental para a instalação dos vetores de produção.

A oferta de serviços de educação também alcançou bons índices no geral: a quantidade de escolas públicas recebeu nota 6,9 e de escolas particulares 6,3. As variáveis referentes à qualidade da estrutura viária e de deslocamento da cidade também apresentaram, no geral, um desempenho satisfatório. Sob este aspecto, as opções de transporte foram o item que mais se destacou, com média geral de 6,7, seguido pelo asfaltamento (6,2), conservação (6,1) e iluminação (6) de ruas e avenidas. Até a avaliação do trânsito, no total da cidade, não ficou abaixo da média (5,8).

A conservação das áreas verdes recebeu 5,7. Limpeza e silêncio das ruas conseguiram 5,5 e 5,3, respectivamente. Nesse patamar, encontrou-se também a avaliação da qualidade do ar (5,3).

Já as categorias referentes à área da saúde obtiveram índices inferiores à média. À quantidade de postos, por exemplo, foi atribuída nota 5,2. Para a quantidade de hospitais públicos, a nota é bem menor: 4,5 – a mesma, aliás, que foi obtida para a quantidade de hospitais particulares.

Quanto à segurança, a nota média atribuída pela população a São Paulo foi 4,6. O risco de violência, com base em variáveis de vitimização, é de 20% para o total da amostra. No extremo oposto, a percepção de segurança alcança o mesmo patamar: 21%. Em relação ao grau de participação dos moradores da capital em atividades comunitárias, a prática de algum tipo ação chega a 49%.

As categorias com pior desempenho no *ranking* de satisfação dos paulistanos refletem a aparente inadequação de políticas públicas a segmentos que geralmente não participam da população economicamente ativa. As notas mais baixas são as verificadas na acessibilidade de ruas e avenidas para deficientes físicos (2,9), nas ações e eventos para jovens (3,7) e idosos (também 3,7). O raciocínio vale para os itens que são geralmente descartados da dinâmica usual do mercado de trabalho. Também tiveram notas abaixo da média as áreas de lazer (4,4), áreas para prática de esportes (4,2) e atividades culturais (4,1).

Ao se observar as médias obtidas por esses aspectos em cada um dos distritos de São Paulo, tem-se uma matriz das percepções de demanda e prioridades das populações locais que, por si só, configura indicador essencial, com a possibilidade de, até mesmo, cruzamento com dados secundários, para o planejamento de ações da gestão pública. O estabelecimento de metas que considere a satisfação dos moradores de cada distrito é um parâmetro reconhecido de monitoramento da eficiência das políticas públicas. E o "DNA Paulistano" possibilita a definição do primeiro ponto para acompanhamento de eventuais variações ao longo do tempo em cada uma dessas regiões.

As enchentes, por exemplo, incomodam mais os moradores do centro e do norte. Ao se focalizar os distritos, o problema é maior para os que vivem em Cambuci, Sé, Tremembé, Ipiranga, Jardim Helena, Bom Retiro, Pari, Brasilândia, Brás, Jardim São Luís e Vila Curuçá.

O fornecimento de água, apesar de obter alta nota de satisfação em quase todos os bairros da cidade, é um problema gritante em Marsilac e Parelheiros. O mesmo acontece com a rede de esgotos, que além desses dois bairros, também recebeu média baixa em Brasilândia, Cidade Ademar, Pedreira e Vila Andrade.

As condições de habitação e moradia não tiveram notas abaixo de 5 em nenhum distrito. As piores médias, entretanto, se verificaram em Marsilac, Brasilândia e Sé. A manutenção de ruas e avenidas é um problema gravíssimo em Marsilac, Brasilândia, Parelheiros, São Rafael, Jaraguá, Freguesia do Ó, Sé e Pedreira. Em relação ao asfaltamento, agrega-se a essas seis primeiras o distrito de Capão Redondo.

Sobre a quantidade de escolas públicas, todos os bairros atribuíram notas iguais ou superiores a cinco. As piores médias, porém, figuraram nos distritos de Sé, Parelheiros, Grajaú, Brás e Jardim Ângela. Em relação à quantidade de escolas particulares, as piores notas foram observadas em Marsilac, Parelheiros, Grajaú, Jardim Ângela, Lajeado, Brasilândia, Anhanguera, Cidade Tiradentes, São Rafael, Brás e Iguatemi.

Na área da saúde, a percepção quanto à quantidade de postos de atendimento ficou abaixo da média em vários distritos: Parelheiros, Brás, Marsilac, Grajaú, Perus, Bom Retiro, São Rafael, Jaçanã, Jardim Helena, Morumbi, Brasilândia, Anhanguera, Sapopemba, Itaquera, Socorro, Lajeado, Vila Curuçá, Cachoeirinha, Jaguara, Vila Andrade, Cidade Líder, Jaguaré, Campo Belo, Itaim Bibi, Jardim Ângela, Itaim Paulista, Cidade Dutra, Vila Formosa, Moema, Cidade Tiradentes, Iguatemi, Parque do Carmo, Jaraguá, Campo Limpo, Vila Sônia e Saúde.

Quando a pergunta se refere à quantidade de hospitais públicos, os resultados são muito piores. Pouquíssimos são os distritos que conseguiram nota igual ou superior a 5 nesse quesito. Dos 96 distritos, apenas 18 conseguem tal proeza (República, Cambuci, Vila Prudente, Mandaqui, Santa Cecília, Butantã, Belém, Rio Pequeno, Santana, Pinheiros, Campo Grande, Liberdade, Ipiranga, Mooca, Consolação, Bela Vista, Vila Mariana e Jardim Paulista). As piores médias se encontraram em Marsilac, Parelheiros e Anhanguera.

Ainda em relação à rede particular, o resultado é um pouco melhor, pelo menos em dispersão. Notas superiores a 5 foram verificadas em 38 dos 96 distritos. Marsilac, Parelheiros e Grajaú foram os distritos com pior nota nesse aspecto.

Quando se trata da avaliação que os paulistanos fazem do trânsito em seus bairros, percebeu-se que o problema é maior nas zonas oeste e extremo sul. Entre os distritos, os que demandam mais atenção para o assunto são Jardim Paulista, Itaim Bibi, Vila Andrade, Moema, Tatuapé, Jardim São Luís e Pinheiros. Ainda na dinâmica de deslocamento pela cidade, as opções de transporte foram melhores avaliadas no centro e na zona norte. Na segmentação por distritos, percebeu-se que o transporte coletivo incomoda principalmente os moradores de Grajaú, Jardim Ângela e Parelheiros.

Quando se calcula uma média para a avaliação que os paulistanos de cada região fizeram das áreas para a prática de lazer e esportes em seus bairros, o resultado são notas baixíssimas por toda a cidade. Dos 96 distritos, 74 atribuem escores inferiores a 5. Os únicos que conseguiram médias iguais ou superiores a 6 foram Consolação, Perdizes, Parque do Carmo, Liberdade, Vila Guilherme, Jardim Paulista, Tatuapé, Moema, Vila Mariana, Vila Leopoldina e Alto de Pinheiros. Nesses quesitos, os piores bairros avaliados foram Lajeado, Brasilândia, São Rafael, Itaim Paulista, Parelheiros, Jardim Ângela, Grajaú, Marsilac, Capão Redondo, Aricanduva, Cachoeirinha, Jardim Helena, Iguatemi e Raposo Tavares.

A mesma tendência se observa em relação às atividades culturais. Apenas nove distritos conseguiram notas superiores a 6: Vila Leopoldina, Alto de Pinheiros, Liberdade, Perdizes, Bela Vista, Vila Mariana, Consolação, Pinheiros e Jardim Paulista.

No item ações e eventos para jovens, apenas dois distritos obtiveram notas iguais ou superiores a 6: Pinheiros e Jardim Paulista. Outros nove ficaram com notas entre 5 e 6. Todos os demais tiveram médias inferiores a 5. Lajeado e Brasilândia têm o pior desempenho.

Na avaliação das ações e eventos para idosos, a situação é ainda mais agravante. Nenhum distrito chegou a receber nota 6. Consolação foi a região que recebeu a maior média, 5,8. Nos distritos de Marsilac, Brasilândia, Lajeado, Grajaú, São Rafael, Itaim Paulista e Anhanguera a nota atribuída pelos moradores locais ao quesito não chegou a 2.

E o pior item avaliado pelos paulistanos, de um modo geral, aparece com média superior a 5 apenas no distrito da Consolação. Em todos os outros, a nota atribuída à acessibilidade para deficientes físicos ficou abaixo desse patamar. Em distritos como Marsilac e Grajaú, a média foi apenas 1.

Quanto aos itens de saneamento e conservação ambiental, há também contrastes interessantes, apesar de as notas serem mais altas. A coleta de lixo domiciliar, por exemplo, foi bem avaliada em toda a cidade. Porém as médias mais baixas são observadas em distritos centrais, como Sé, Bela Vista, Brás e República, o que configura tendência oposta à verificada em outros itens de saneamento, como fornecimento de água e rede de esgotos.

Sobre a limpeza de ruas e avenidas, a ordem se restabelece e, novamente, bairros como Marsilac, Grajaú, Parelheiros e Capão Redondo têm o pior desempenho. Dos centrais, o Brás é o que pior nota obtém nesse item. Campo Belo, Perdizes e Alto de Pinheiros são os que obtêm as maiores médias nesse aspecto.

Já sobre a qualidade do ar, as piores notas são observadas nos distritos de Sé, República, Cidade Ademar, Brás, Bela Vista, Vila Andrade, Capão Redondo, Bom Retiro, Barra Funda e Sapopemba. Coincidência ou não, as médias mais baixas de preservação de áreas verdes são Cidade Ademar, Sé, Capão Redondo, Brasilândia, Lajeado, Brás, Sapopemba e Jardim Helena.

Quanto à iluminação de ruas e avenidas, novos distritos aparecem como os mais problemáticos. As menores médias de satisfação com o item figuram em bairros da zona norte: Brasilândia, Jaçanã, Freguesia do Ó, Jaraguá, Cachoeirinha, Casa Verde, Vila Maria e Limão. Sobre o fornecimento de energia elétrica, as notas são bem maiores e expressivas por toda a cidade. Apenas um distrito recebeu média inferior a 7: Brasilândia, que teve 6,8.

Se há um aspecto, porém, que parece unir moradores de diferentes bairros é a questão da poluição sonora. A reclamação parte de moradores da região central como Sé e República, de áreas mais nobres, como Pinheiros e Itaim Paulista, e incomoda também os que vivem na periferia, em bairros como Grajaú, Brasilândia, Capão Redondo, Vila Andrade, Cidade Ademar e Lajeado. Os bairros mais silenciosos, na opinião de seus habitantes, são Marsilac e Alto de Pinheiros.

Sobre segurança, temática tão presente no debate sobre a cidade de São Paulo, três variáveis podem compor o mapa dos reflexos da violência sobre os bairros da capital. A mais importante delas é um índice médio de vitimização que revela o risco de determinadas categorias de crime ocorrerem em cada um dos distritos. Os bairros onde a probabilidade de sofrer algum tipo de violência é igual ou maior que 25% são Campo Limpo, São Miguel Paulista, Limão, Vila Matilde, Cidade Líder, Jardim Helena, Capão Redondo, São Mateus e Jaçanã.

Como era de se esperar nesses bairros, as duas outras variáveis relativas ao assunto também se encontram abaixo da média. As exceções ficam a favor da percepção de falsa segurança que três bairros parecem imprimir em seus moradores. São eles: Limão, Capão Redondo e Jardim Helena. Os distritos que obtiveram o índice de menor risco de violência foram Moema e Alto de Pinheiros.

Como se viu na descrição dos resultados, é possível, por meio da segmentação dos indicadores de satisfação dos mais diferentes aspectos por distritos administrativos, uma leitura sintética e direta do *ranking* de prioridades temáticas para cada bairro e região. O acompanhamento desses índices, ao longo do tempo e ao final do período oficial do mandato municipal, fornece o diagnóstico de eficiência das políticas públicas adotadas durante a gestão. Seu monitoramento pode auxiliar nos processos de elaboração de metas, desenvolvimento de estratégias e ponderação do orçamento. Para o Datafolha, com o "DNA Paulistano", fica a convicção de que o primeiro passo já foi dado.

Este livro foi composto nas fontes Fairfield
e Grotesque e impresso pela gráfica Corprint em abril
de 2009 sobre papel Chamois Fines Dunas 80g/m^2.